Erich von
Pommern

Das Majestätssiegel
Erichs von Pommern

Heinz Barüske

Erich von Pommern

Ein nordischer König
aus dem Greifengeschlecht

HINSTORFF

Abbildung auf dem Schutzumschlag: Bildnis Erichs von Pommern (unbekannter Künstler). © Nationalhistorisches Museum Frederiksborg in Hillerød/Dänemark

Bildnachweis:
Archiv des Verfassers: Abb. S. 2, 43, 46, 47, 50, 58, 65, 125, 161, 168, 173, 197, 239, 257, 261
Hans-Christian Barüske: Abb. S. 14, 45, 89, 123, 149, 189, 191, 267
Stürtz Verlag Würzburg: Abb. S. 269
Jens Uldum: Abb. S. 17

Die Deutsche Bibliothek – CIP-Einheitsaufnahme

Barüske, Heinz:
Erich von Pommern : ein nordischer König aus dem Greifengeschlecht ; [ein Lebensbild] / Heinz Barüske. – Rostock : Hinstorff, 1997
ISBN 3-356-00721-1

1. Auflage 1997
Herstellung: MEDIEN PROFIS GMBH
Printed in Germany
ISBN 3-356-00721-1

Inhalt

Vorwort

Erich von Pommern, der Ende des 14. Jahrhunderts von der dänisch-norwegischen Königin Margrete I. als sechs- oder siebenjähriges Kind adoptierte Sohn des Herzogs Wartislaw VII. von Pommern-Stolp und seiner Gemahlin Maria von Mecklenburg, hat in der historischen Forschung und Literatur eine oft extrem unterschiedliche Beurteilung seines späteren Wirkens als König der Union der nordischen Staaten (Kalmarer Union) erfahren.

So schreibt beispielsweise Goswin von der Ropp in seiner 1875 in Leipzig herausgekommenen Habilitationsschrift folgendes: „Eine der unerquicklichsten Erscheinungen auf dem Throne der durch die Union verbundenen skandinavischen Reiche ist König Erich, der Pommer ... Seiner verfehlten Politik ist es zuzuschreiben, daß von dem durch ihn bevorzugten Lande, von Dänemark aus, der Antrag gestellt werden konnte, dem Grundsatz der Kalmarer Union, ein Herrscher in den drei Reichen, wieder aufzugeben. Welche Seite seiner Regierungstätigkeit man auch hervorsucht, überall begegnen dieselben Charaktereigenschaften des Königs, eigensinniges Verhalten an einer vorgefaßten Meinung und Mangel an jeder Einsicht in die Aufgaben, welche Skandinavien ihm stellte. Zu Gunsten eines Landstrichs im äußersten Süden seines weiten Reiches verwendet er alle ihm zur Verfügung stehenden Kräfte auf einen unglücklich und unglaublich fehlerhaft geführten Krieg ...“[1)]

Ganz abgesehen davon, daß es in einer wissenschaftlichen Abhandlung wohl kaum angebracht erscheint, mit einer im Superlativ vorgebrachten negativen Beurteilung König Erichs die Einführung zu beginnen, weist auch der letzte Satz der hier zitierten Passage eine Merkwürdigkeit auf, aus der man auf eine Unkenntnis der dänischen Vorunionszeit seitens des Autors schließen kann.

Mit dem zitierten „Landstrich“ ist das große Herzogtum Schleswig gemeint, das durch Belehnungen, Verpfändungen und ähnliches an die Schauenburger Grafen gefallen war und von Dänemarks alter Grenze, der Eider, bis hinauf ins jütische Land, zur Königsau (Kongeåen), reichte. Dieses Gebiet war zu einem großen Teil von Dänen bewohnt, und man nannte es Sønderjylland (Südjütland).

Nach Auffassung des rechtskundigen Königs Erich, und laut Bestätigung durch das „Kaiserurteil“ des deutsch-römischen Königs Sigismund gehörte dieses Land zum Königreich Dänemark. Erich war sich darüber im klaren, daß dieser „Landstrich“ jederzeit als Basis für Expansionsbestrebungen der Schauenburger benutzt werden konnte, denn noch immer war im dänischen Volk die Erinnerung an das Vordringen des Grafen Gerhard mit einem starken Heer bis nach Randers lebendig, das ihm allerdings 1340 den Tod brachte.

Der Kampf um die Wiedergewinnung dieses Gebiets war für König Erich eine nationale Aufgabe. Sie konnte nicht durch Verhandlungen gelöst werden, sondern nur mit Waffengewalt und diente ausschließlich dem Schutz des Königreichs Dänemark und der mit diesem verbundenen anderen beiden Reiche.

Daß König Erich diesen langwierigen Kampf verlor, lag nicht an seiner Unfähigkeit, sondern an der materiellen Überlegenheit des Gegners. Es war vor allem das reiche Hamburg, welches es ermöglichte, starke Söldnerheere für den Krieg aufstellen zu lassen, während König Erichs Truppen oft junge, kaum ausgebildete schwedische Bauernjungen als Verstärkung bekamen.

Bewertungen des Unionskönigs, wie sie oben am Beispiel der Einführung der Roppschen Abhandlung zitiert wurden, gingen in den Jahrhunderten nach dem Tod des Unionskönigs immer wieder in die historische Literatur ein und machen sich hier und da noch in unserer Zeit bemerkbar, insbesondere bei Autoren, die –

wie es aussieht – sich frühere Darstellungen zunutze machen. So heißt es beispielsweise in dem Artikel „König Erich, der Pommer" von Karl Rosenow (1873-1958): „Nach welcher Seite hin man diese Regierungstätigkeit auch betrachtet, überall begegnet man denselben Fehlern: eigensüchtigem Festhalten an einer einmal gefaßten Meinung und Mangel an Einsicht in die Aufgaben, die Skandinavien ihm stellte." [2)]

Das sind Worte von der Ropps, allerdings nicht zitiert und ohne genaue Quellenangabe. Nun könnte man sagen, Rosenow sei ein Heimatforscher gewesen, der sich, von Beruf Lehrer, um Rügenwalde verdient gemacht hat, aber kein professioneller Historiker. Dem muß allerdings entgegengehalten werden, daß es auch bei solchen in der heutigen Zeit derartige Dinge gibt.

Die überaus negativen Beurteilungen dieser Persönlichkeit des 15. Jahrhunderts basieren auf einer Methode, die, vom negativen Ende einer Tätigkeit ausgehend, das gesamte Wirken bewertet.

Daß diese Methode veraltet ist, zumal wenn sie sich auf eine Persönlichkeit aus dem Mittelalter bezieht, hat in der neueren historischen Forschung der schwedische Historiker Gottfrid Carlsson (1887-1964) in überzeugender Weise ausgesprochen. Es heißt in seiner Abhandlung „Erik av Pommern": „Es ist eine bequeme und übliche Methode, den endlichen Ausgang zur Beurteilungsnorm zu machen, wenn es sich um eine historische Persönlichkeit handelt, deren Streben schließlich mißglückt ist; diese Methode wurde auch auf Erich angewandt, sowohl in seiner Zeit als auch von der Nachwelt. Er erscheint dadurch als ein untüchtiger Regent und eine in allem minderwertige Erscheinung. Aber dieses Bild ist falsch. Eine richtigere und für die Personencharakteristik fruchtbarere Methode als Schlußfolgerungen *ex eventu* (durch den Ausgang) ist das Erforschen der Zielsetzung, der Bemühungen als solcher. Es fanden sich in seinem Wirken sowohl Größe und Konsequenz in Erichs politischem Programm. In verschiedenen Beziehungen war er seiner Zeit voraus. Und er wußte, was er wollte. Eine klare und durchdachte Auffassungsgabe, wenn auch in manchem von Einseitigkeit geprägt, und hemmungslose Verwegenheit leiteten ihn in seinem ganzen Wirken, zum mindesten während seiner besten Jahre.

Erich hatte zu Recht hohe Gedanken bezüglich der Herrschaft, die er von der großen Margrete übernommen hatte. Er wollte diese zu einem Imperium von europäischer Bedeutung machen; seine Perspektiven waren überhaupt allgemeineuropäisch.“ [3)]

Diese Erkenntnisse des schwedischen Wissenschaftlers, seinerzeit Professor an der 1668 gegründeten Universität zu Lund, lassen den pommerschen Herzogssohn in einem anderen Licht erscheinen.

Erich von Pommern war natürlich ein Mensch seiner Zeit, aber keineswegs „eine der unerquicklichsten Erscheinungen auf dem Throne der durch die Union verbundenen skandinavischen Reiche.“

Neben einer Reihe hervorragender Leistungen für Dänemark, den zentralen Staat der Kalmarer Union, darf auch seine Verbundenheit mit seinem Ursprungsland nicht vergessen werden.

Es steht außer Frage, daß König Erich zu den großen Gestalten der pommerschen Geschichte gehört – ein Mann, der seine alte Heimat nie vergessen hat und bis zu seinem letzten Atemzug auf ihr Wohl bedacht war.

Zur Schreibweise des Königsnamens

Den Namen Erik bekam der Knabe, der vor der Adoption durch Königin Margrete Bogislaw hieß, auf dem Ørething in Nidaros (Trondheim) von dem norwegischen Reichsrat Hákon Jonsson, der sein Anrecht auf den norwegischen Thron aufgegeben hatte. Der

Königsname Erik stieß bei den nordischen Völkern auf eine gute Akzeptanz. Besonders Erik der Heilige wurde bei den Schweden sehr verehrt. Er regierte von ca. 1156-1160 und wurde Schwedens Nationalheiliger.

Die Schreibweise variiert in den alten Urkunden. Es finden sich dort Formen wie *Eric* und *Erick*. Urkunden aus König Erichs Zeit mit eigenhändiger Unterschrift gibt es nicht. Die Könige benutzten damals statt ihrer Unterschrift plus Siegel nur das kgl. Siegel. Erst seit dem 16. Jahrhundert unterschrieben die Könige ihre Schriftstücke persönlich.

Da es im Mittelalter keine Rechtschreibenorm gab, existieren verschiedene Schreibformen, so daß nichts dagegen spricht, wenn statt der jetzigen nordischen Schreibweise *Erik* (isl. Eiríkur) in einer deutschen historischen Darstellung die deutsche Schreibweise *Erich* gebraucht wird, so wie es in deutschen historischen Abhandlungen und Werken auch allgemein üblich ist. [4)]

Abschließend ist zur Etymologie des Namens zu sagen, daß er vom altnord. *Eiríkr* abgeleitet wird, was soviel bedeutet wie „der allein Mächtige“ (einn = allein – ríkr = mächtig).

Die nordischen Ortsnamen

Die hierzulande gebräuchlichen dänischen Ortsnamen wie Kopenhagen, Alsen, Apenrade, Hadersleben oder Öresund wurden beibehalten. Alle anderen werden – ebenso wie die norwegischen und schwedischen Ortsnamen – in der originalen Schreibweise verwendet.

Heinz Barüske

Die Nordischen Reiche der Kalmarer Union

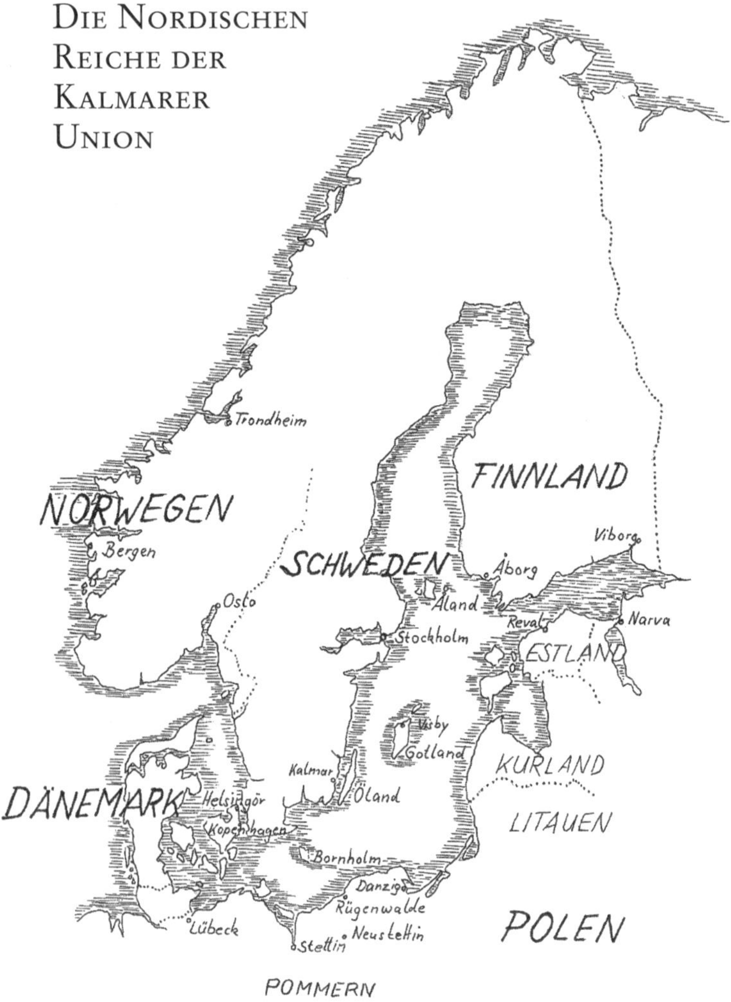

Königin Margrete I. – Herrscherin über alle nordischen Reiche

Als der dänische König Waldemar IV. Atterdag[1] am 24. Oktober 1375 auf dem kleinen, idyllisch gelegenen und sagenumwobenen Schloß Gurre[2] in Nordseeland starb, hinterließ er ein Reich ohne Thronerben. Die große Stunde für Albrecht von Mecklenburg schien gekommen zu sein; denn erbrechtlich war er der nächste Kandidat für den dänischen Thron. Er war nämlich der Sohn von Waldemar Atterdags ältester Tochter Ingeborg aus der Ehe mit dem Herzog Heinrich von Mecklenburg. Aber da war noch Margretes kleiner Sohn Oluf aus ihrer Ehe mit dem norwegischen König Hákon VI. Albrecht aber fühlte sich bereits als Erbe des dänischen Throns ganz sicher. Hatte doch der alte Herzog Albrecht von Waldemar Atterdag einmal die Zusage für eine solche Nachfolgerschaft erhalten. Nun bat Herzog Albrecht den deutschen Kaiser beim dänischen Reichsrat zu intervenieren und suchte auch zugleich Unterstützung bei den holsteinischen Grafen. Aber alle Bemühungen des Herzogs waren vergeblich. Königin Margrete gelang es, den Reichsrat zu überzeugen, daß die dänische Krone ihrem Sohn gehört. Am 3. Mai 1376 wählt der dänische Reichsrat den fünfjährigen Oluf zu Dänemarks König.

Königin Margrete, die zu diesem Zeitpunkt 22 Jahre alt war, hatte dank ihrer politischen Klugheit und außerordentlichen Tatkraft ihren ersten großen Erfolg errungen. Schon jung wurde die 1353 auf Schloß Søborghus auf Seeland geborene Tochter Waldemar Atterdags und seiner Frau, der Königin Helvig, 1359 mit dem Folkunger-König Hákon VI. Magnusson (1340-1380) verlobt. Die Hochzeit fand dann einige Jahre später, 1363, in Kopenhagen statt. Margrete war zu dem Zeitpunkt zehn Jahre alt. Damals ahnte natürlich niemand, daß dieses kleine Mädchen einmal Herrscherin über alle drei nordischen Reiche werden sollte. Und das waren nicht nur die Königreiche Dänemark, Norwegen und Schweden, sondern auch die im Nordmeer liegenden Färöer, Island und Grönland.[3] Auf Grönland hatten bereits im 10. Jahrhundert Normannen zu siedeln begonnen, die ein Bistum im Süden der größten Insel der Erde, in Gardar, besaßen, einen Freistaat gegründet hatten, sich aber schließlich 1261 dem norwegischen König unterstellten. Fürwahr, ein mächtiger, ja der größte zusammengeschlossene Staaten- und Länderbund, der in jener Zeit von einer Frau regiert wurde.

Zu der Ehe mit König Hákon hatte man sich aus politisch-dynastischen Gründen entschlossen. Hákon war der Sohn von Magnus Eriksson, genannt Magnus Smek, der seit seiner Kindheit Erbkönig in Norwegen und Wahlkönig in Schweden war.

Als blutjunger Mann hatte er bereits Schonen von Johan dem Milden erworben. 1355 ließ er seinen Sohn Hákon VI. den norwegischen Thron besteigen. Und mit ihm als norwegischer König war die schwedisch-norwegisch-finnisch-schonensche Monarchie der größte Machtfaktor, den man in Skandinavien hatte.

Doch König Magnus Erikssons Fähigkeiten standen in keinem Verhältnis zur Größe und Mächtigkeit seines Reiches. Die starke schwedische Königsmacht, die Magnus Ladulås (1240-1290) einst begründet hatte, nachdem er seinen Bruder Waldemar Birgersön 1275 abgesetzt und einen Aufstand des großmächtigen Adels in den Jahren 1278 bis 1280 niedergeschlagen hatte, war untergraben worden, nicht zuletzt von Magnus' eigenem Vater, dem Herzog Erik. Ökonomische Schwierigkeiten zwangen Magnus dazu, dem Großadel materielle Zugeständnisse zu machen in Form von sogenannten Pfandlehen. Damit dieser ihm nicht zu gefährlich wurde, versuchte er sich starke Bundesgenossen innerhalb und außerhalb seines Reichs zu schaffen.

Und so kam sein alter Feind, der dänische König Waldemar Atterdag, ins Bild, und die Freundschaft wurde

Das Denkmal in Viborg, das Königin Margrete und den jungen Erich darstellt, soll an dessen Huldigung erinnern (dän. Kongehyldningsmonument). Es wurde von dem Bildhauer Rikard Axel Poulsen (1887-1972) gestaltet und 1965 enthüllt.

besiegelt durch die Vermählung der Waldemarstochter Margrete mit dem Sohn von König Magnus, dem norwegischen König Hákon VI. Magnusson, im April des Jahres 1263.

Magnus und Waldemar hatten gemeinsame Feinde in der deutschen Hanse und dem Großadel ihrer beiden Reiche. Durch die Heirat erhofften sie sich einen künftig vereinten und starken Norden unter Führung eines Unionskönigs.

Aber diese Hoffnung sollte sobald noch nicht in Erfüllung gehen. Ihr standen zu jener Zeit noch zu mächtige Hindernisse im Weg, die erst Jahre später durch eine Frau überwunden werden sollten – durch Königin Margrete I.

Nachdem das Bündnis zwischen Norwegen und Dänemark im April 1363 durch die Ehe der Waldemarstochter mit König Hákon besiegelt war, konnte der dänische König, aller Sorgen bar, sich auf eine längere Europa-Reise begeben. Während er an der Hochzeit des deutschen Kaisers Karl IV. mit Elisabeth, der Tochter des Herzogs Bogislaw V. von Pommern-Wolgast, in Krakau teilnahm – Elisabeth war die Enkelin des polnischen Königs Kasimir – und zusammen mit Bogislaw nach Prag, zur Residenz des Kaisers, reiste und später noch Papst Urban V. für längere Zeit in Avignon besuchte, nutzten die Gegner von König Magnus die Abwesenheit seines neuen Bundesgenossen aus. Sie schickten eine Abordnung des schwedischen Großadels unter Führung von Bo Jonsson Grip (gest. 1386), damals bereits Schwedens mächtigster Mann und Inhaber vieler Schloßlehen und Güter in Schweden und Finnland, nach Deutschland, um mit Herzog Albrecht von Mecklenburg in Verhandlungen einzutreten mit dem Vorschlag, seinem Sohn Albrecht die schwedische Krone anzubieten. Dieser ca. 1340 geborene Fürstensohn war ein Neffe von König Magnus Eriksson, dessen Schwester Euphemia seine Mutter war.

Herzog Albrecht und sein Sohn gingen mit einem deutschen Heer im November 1363 in Schweden an Land und besetzten rasch Stockholm, das ihnen von einem großen Teil der dort ansässigen deutschen Bevölkerung in die Hände gespielt wurde. Im Februar 1364 wurde darauf der junge Albrecht bei Mora Stenar, einem Platz ca. 10 km von Uppsala entfernt, wo im Mittelalter die schwedischen Könige gewählt wurden und man ihnen huldigte, zum schwedischen König ausgerufen.

Mit dieser Ernennung, die auf Beschluß des Reichsrats erfolgte, tritt nun der spätere hartnäckige Gegner der Waldemarstochter Margrete auf die politische Bühne der nordischen Staaten.

Jetzt mußten König Magnus Eriksson und sein Sohn Hákon VI., König von Norwegen, der seit 1362 Mitregent seines Vaters in Schweden war, zu den Waffen greifen, um ihre Rechte zu verteidigen.

Hákon ließ in Norwegen Truppen ausheben, und Anfang 1365 rückten er und König Magnus mit einem Heer in Schweden ein. Sie drangen bis zum Mälarsee vor, hatten bald Stockholm erreicht, wurden aber dort geschlagen. König Magnus geriet in Gefangenschaft, sein Sohn Hákon wurde verwundet, konnte aber den Rückzug antreten. Auch konnte er im westlichen Teil Schwedens, der 1357 an Magnus gekommen war, Herr bleiben und hatte dort auch ständig Anhänger. 1365 begab sich Hákon nach Dänemark, schloß mit seinem Schwiegervater, König Waldemar, ein Militärbündnis und traf sich 1366 mit ihm in Kalmar. Als Hákon aber noch Öland erobert hatte, griffen die Hansestädte ein, da sie ihre Handelsrechte sowohl in Dänemark als auch in Norwegen verletzt sahen. Und so kam es zu der berühmten „Kölner Konföderation". Am 11. November 1367 beschlossen 37 Hansestädte, Dänemark den Krieg zu erklären. Diesem Beschluß der Hanse traten Schweden, Mecklenburg und die holsteinischen Grafen bei.

Gegen einen so mächtigen Feind konnten Dänemark und Norwegen kaum etwas ausrichten. Der Seehandel wurde blockiert, die Nordsee-Flotte der deutschen Städte verwüstete 1368 die norwegische Küste von Agder bis zum Göta älv, während die deutsche Ostseeflotte Schonen und Seeland überfiel.

Hákon mußte so schnell wie möglich zu einem Friedensvertrag kommen, erreichte aber vorerst nur einen Waffenstillstand, der ständig erneuert werden mußte, bis schließlich 1370 für Dänemark und Norwegen ein Friedensabkommen erreicht werden konnte mit der vorläufigen Bestätigung der hansischen Privilegien für fünf Jahre.

Im folgenden Jahr nutzte Hákon den Frieden zu einem Heerzug nach Schweden aus und kam bis vor die Tore Stockholms.

Dort konnte er die Schweden zum Frieden bewegen, der am 14. August 1371 geschlossen wurde und durch den sein Vater endlich aus der schwedischen Gefangenschaft kam. Sie hatte sechs Jahre gedauert, in denen er, wie er selbst sagte, „in äußerster Not der Armut und eisernen Ketten" sein Leben in einem Raum des Schlosses von Stockholm zubringen mußte.

Aber seine Freilassung war nicht umsonst. Der Sohn mußte dafür 12 000 Mark in Silber zahlen. Jedoch durfte Magnus auf Lebenszeit einen Teil von Schweden behalten, und zwar Värmland, Dalsland und Västergötland. Auch bekam er seine norwegischen Landesteile zurück, und mit dieser Dreiteilung der Reiche sollte der Frieden nun vorläufig gesichert sein.

König Magnus hatte nicht viel von seinen wiedergewonnenen Besitztümern. Er kam am 1. Dezember 1374 bei einem Schiffsunglück vor der norwegischen Küste ums Leben.

Doch die paar Jahre Frieden, die nach der Freilassung von König Magnus aus dem Stockholmer Kerker vergangen waren, sollten schnell ein Ende finden. Magnus' Sohn, König Hákon, war nämlich auf den schwedischen Landesteilen, die seinem Vater auf Lebzeiten zugesprochen waren, sitzengeblieben. Und da von vornherein irgendwelche Erbansprüche ausgeschlossen waren, bedeutete das wieder Krieg. Der aber wurde nicht sonderlich heftig geführt.

Die Gegensätze verschärften sich erst, als Margretes Vater starb. Die Kunde von ihres Vaters Tod erreichte sie auf Schloß Akershus in Oslo. Und da mußte sie so schnell wie möglich nach Dänemark, um der drohenden Gefahr aus Mecklenburg ein Ende zu bereiten. Und das gelang ihr auch. Ihre Anwesenheit in Dänemark war auch deshalb besonders wichtig, weil das Königreich ja wie Schweden und im Gegensatz zu Norwegen ein Wahlkönigtum hatte. Die Entscheidung des dänischen Reichsrats zu ihren Gunsten brachte sie in die Funktion einer regierenden Monarchin; denn der Reichsrat hatte auch bestimmt, daß Olufs Eltern die Vormundschaft über ihren kleinen Sohn bis zum Mündigwerden auszuüben hatten. Nach der Wahl des neuen Königs mußte dann noch die Handfeste[4)] unterzeichnet werden, die sich nicht von früheren unterschied: bei Kriegserklärungen und Exportverboten mußte der Reichsrat seine Zustimmung geben, der Danehof sollte jährlich abgehalten werden, die Bauern konnten frei ihre Pacht aufsagen, die von König Waldemar beschlagnahmten Güter sollten einer kritischen Revision unterzogen werden und vieles mehr.

Margretes Kindheit und Jugend auf Akershus

Daß Margrete noch rechtzeitig zu den Verhandlungen mit dem Reichsrat in Dänemark ankam, war durchaus nicht selbstverständlich gewesen. Das war eine lange Seereise. Zuerst mußte der Oslo-Fjord durchfahren werden, der sich durch eine besondere Länge auszeichnet, dann kam das Schiff in den Skagerrak, wo oft Stürme tobten. War man dort heil durchgekommen, segelte man in die Meerenge zwischen Schweden und Jütland, das Kattegat, das in der Regel wesentlich ruhiger war als der Skagerrak. Nun kam bald Jütlands Küste in Sicht, und man konnte damit rechnen, daß man in absehbarer Zeit in den gewünschten dänischen Hafen einlief. Aber eine solche Reise dauerte, je nach Wetterverhältnissen, immer eine Reihe von Tagen. Man konnte allerdings auch auf dem Landweg das dänische Seeland erreichen, um dann von Helsingborg auf der schmalsten Stelle des Öresunds überzusetzen. Aber eine solche Landreise, bei der ständig die Pferde gewechselt werden mußten, war noch umständlicher als eine Seefahrt.

Margrete war aber gut in Dänemark gelandet, und konnte nun dort die Verhandlungen mit dem Reichsrat beginnen.

Wann sie einmal nach Oslo gekommen war, ist nicht überliefert worden. Aber es ist anzunehmen, daß sie nach einer gewissen Zeit bei den Eltern – vornehmlich bei der Mutter, denn der Vater war wegen seiner vielen Staatsgeschäfte, Reisen und Kriege viel „außer Haus" – bald nach Norwegen kam. Als Königin von Norwegen und Schweden mußte sie über eine angemessene Erziehung verfügen. Ihr Mann, König Hákon, war nach dem Tod seines älteren Bruders Erik (1359) auch König von Schweden geworden.

Nach der prunkvollen Hochzeit der 10jährigen Prinzessin in Kopenhagen mit dem 22jährigen Hákon am

9. April 1363 blieb die kleine frischvermählte Margrete wohl noch einige Zeit bei den Eltern. Viel ist über diese Hochzeit nicht überliefert worden. Nur das Schonensche Jahrbuch berichtet kurz darüber mit der Mitteilung: „Norwegens König, Hákon, heiratete Margrete, Tochter von Waldemar, Dänemarks König, und eine feierliche Hochzeit wurde in Kopenhagen gefeiert, bei der Erzbischof Nikolaus seine erste Messe zelebrierte."

Selbstverständlich hatten die Hochzeitsfeierlichkeiten mehrere Tage gedauerte, wie das damals allgemein bei Fürsten üblich war. Da war sicherlich viel los in Kopenhagen, und die Bürger der Stadt hatten bestimmt eine Menge zu bestaunen. Ausländische Fürsten waren wohl mitsamt ihrer Dienerschaft und hochstehenden Begleitern zu diesem Fest in Kopenhagen eingetroffen und hatten Quartier bezogen im Schloß und in den vornehmsten Häusern. Sie sind bewirtet worden mit großartigem Festessen und köstlichen Weinen und konnten sich zwischendurch an den Vorführungen von Gauklern, Schauspielern und anderen Darstellern ergötzen. Aber das größte Interesse hatten die hochstehenden Fürstlichkeiten und ihre Begleiter zweifellos an den Turnieren, die bei solch großen Festen stets stattfanden.

Wäre Margrete mehrere Jahre älter gewesen, würde ihr größtes Erlebnis wohl die Hochzeitsnacht gewesen sein. Aber das war bei dieser kleinen Braut ausgeschlossen. Ehen zwischen Fürstenkindern wurden vor allem aus politisch-pragmatischen Gründen geschlossen. Sie dienten der Vermehrung von Geld, Gut und Land, dem Aufnehmen guter Beziehungen zwischen zwei Ländern, die in handfeste Bündnisse übergehen konnten. Natürlich spielte auch der Fortbestand der Dynastie eine Rolle. Und wenn eine Kindbraut das entsprechende Alter erreicht hatte, wurde auch die Ehe vollzogen. Und in der Regel kamen dann auch eine ganze Reihe Kinder zur Welt, von denen damals allerdings nicht wenige in frühem Alter starben.

Allzu lange wird die kleine Margrete nach der Hochzeit wohl nicht im elterlichen Haus geblieben sein. Sie wurde sicherlich bald nach Norwegen gebracht, wo sie in Schloß und Festung Akershus ihr neues Heim fand. Als Hofmeisterin und Erzieherin bekam sie eine vornehme Adelsdame, Merete Ulvsdatter. Die Wahl war auf sie gefallen, weil sie die Frau von Knut Algotsson war, einem treuen Anhänger von Margretes Schwiegervater, König Magnus Eriksson, genannt Magnus Smek. Und zudem war sie die Tochter von Birgitta von Vadstena (ca. 1303-1373), die in späteren Jahren große Berühmtheit als Heilige und Schutzpatronin von Schweden bekommen sollte. Diese hatte 1370 vom Papst die Genehmigung erhalten, einen eigenen Orden zu gründen, der 1377 als Birgittinenorden mit dem Stammsitz in Vadstena ins Leben gerufen wurde.[5)]

In einer alten Klosterchronik wird berichtet, daß Birgittas Tochter, die edle Frau Merete Ulvsdatter, Margrete zusammen mit ihrer eigenen Tochter Ingegerd erzog, die „oft dieselbe Rute zu spüren bekam“, womit gemeint ist „wie Margrete“.

Was die allgemeine Erziehung betraf, dürfte da wohl kaum ein großer Unterschied gewesen sein zu der Erziehung anderer kleiner Mädchen aus „besseren Familien“. Doch in einer Sache gab es da sicher eine besondere Erziehungsmethode. Merete Ulvsdatter hatte ja die Aufgabe, eine künftige Königin zu erziehen und zu unterrichten. Zwar war Margrete schon während ihrer Akershus-Zeit Königin, aber das war vorerst rein nominell. Doch mit den Jahren rückte die Zeit ihres eigenständigen Königinnentums immer näher heran, und dem mußte Rechnung getragen werden. Und da war Merete Ulvsdatter bestimmt die richtige Lehrerin.

Zum einen hatte sie von ihrer politisch stark engagierten Mutter mancherlei gelernt. Aber auch das Religiöse wurde ihr im Elternhaus sicherlich weitgehend mitgegeben. So ist anzunehmen, daß für Margrete der Grundstein zu ihrem späteren hervorragendem politischen Wirken in Akershus gelegt wurde. Und das gilt auch für das Religiöse. Denn es ist überliefert worden, daß Margrete in ihrem späteren Leben eine durchaus religiöse Frau war – in Formen, die stark der Marienverehrung entsprangen –, die sich für die Einrichtung von Klöstern in ihren Reichen einsetzte und besonders – verständlicherweise – für die Förderung des Birgittinenordens eintrat.

Doch neben Politik und Religion gab es ja auch noch das rein Menschliche. Und es ist anzunehmen, daß Merete auch darin eine gute Ratgeberin war. Mit den Jahren rückte nämlich der Tag immer näher, an dem die Ehe mit ihrem Mann, dem König Hákon, vollzogen werden mußte; denn das gebot nicht nur die kirchliche Sittenlehre, das war auch für eine junge Königin eine unabänderliche Pflicht, um den Fortbestand der Dynastie sicherzustellen.

Es ist anzunehmen, daß Merete ihrer jungen Anvertrauten gewisse Aufklärungen über die physischen Funktionen des Ehevollzugs gegeben hat. Aber im Vordergrund solcher Unterweisungen stand zweifellos die religiöse Erklärung, nämlich, daß die Lehre der Kirche den physischen Vollzug der Ehe vorschreibt, so wie es auch Meretes Mutter erfahren mußte.

Wann der erste Verkehr zwischen Hákon und seiner blutjungen Frau stattfand, ist nicht überliefert worden. Und es ist auch nicht bekannt, ob die Zeugung ihres Sohnes gleichzusetzen ist mit dem ersten Verkehr. Falls dem so sein sollte, so muß der im März oder April des Jahres 1370 erfolgt sein; denn der Sohn Oluf wurde im Dezember 1370 geboren, als Margrete siebzehn Jahre alt war.

Oft herrschte bittere Not auf Akershus

Das Leben auf Akershus, das die junge Königin dort führte, war nicht gerade so gestaltet, wie man es sich heute wohl bei einer so hochgestellten Person vorstellt. Oft war Not in der Burg – tatsächlich war Akershus ja mehr Burg als Schloß –, und obwohl Norwegen zu jener Zeit ein armes Land war, konnte man doch annehmen, daß in den feudalen Familien derartige Probleme nicht auftraten. Daß dem nicht so war, ja, daß man sogar in einem fürstlichen Haus von solchen Dingen betroffen werden konnte, davon zeugt ein Brief, den Margrete am 18. Oktober 1370 an ihren Mann schrieb.

In diesem Brief – eines der wenigen persönlichen Dokumente, die von Margrete überliefert sind – teilt sie ihrem Mann eingangs mit, daß es ihr gutgeht und daß sie hoffe, ihr „allerliebster Herr“ könne dasselbe von sich sagen. Dann aber geht sie medias in res und berichtet realistisch von ihren Problemen: „Wissen sollt Ihr, mein lieber Herr, daß ich und meine Diener große Not an Essen und Trinken leiden, so daß weder sie noch ich das bekommen, was wir brauchen. Und deshalb bitten wir Euch, mein lieber Herr, daß Ihr einen Ausweg findet, damit das besser wird, damit nicht die, welche bei mir sind, sich wegen des Hungers von mir trennen müssen. Und ich bitte Euch, an Westfal [ein deutscher Kaufmann, d.V.] zu schreiben, daß er mir das borgen soll, um was ich ihn bitte und was ich benötige, und daß Ihr ihm das bezahlen werdet, was er mir borgte.“ [6)]

Dann schreibt sie noch manches andere, so von einem Goldschmied, einem gewissen Bartholomäus, der einen Brief geschrieben habe, in dem er sie bittet, ihn zu entschuldigen „weil er nicht zu Euch kam, so wie Ihr es ihm befohlen hattet; denn falls er zu Euch gereist wäre, wäre das Schiff mit den Gütern, die er in Flandern bezahlen muß, weggewesen. Er bat mich zu sagen, daß er mit Gottes Hilfe vor Einbruch des Winters wieder kommen würde, und was er dann anzubieten habe, darüber könne er verfügen, wie es Euch gefällt.“ [7]

Dann bittet Margrete abschließend ihren Mann, nicht hart gegen ihn zu verfahren, „Gott zuliebe und um meiner Bitte willen.“ [8]

Aus diesen Zeilen und den weiteren des Briefes geht hervor, daß die junge Margrete bereits einen gewissen Einfluß auf ihren Mann ausübte. Ihr gegenseitiges Verhältnis muß gut gewesen sein. 1372 besuchte Hákon zusammen mit seiner jungen Frau Bergen. Und das war eine von verschiedenen Reisens, die sie zusammen gemacht haben. In Bergen wurden sie von den deutschen Kaufleuten prächtig bewirtet, und der Ärger, den Hákon mit dieser Stadt oft hatte, schien zu dieser Zeit verflogen gewesen zu sein. Denn noch 1370 hatte man Hákon eine Liste vorgelegt, die von den Mißbräuchen und Schandtaten der Hanseaten in Bergen berichtete. In diesem Schriftstück hieß es: „... ferner haben die Kaufleute in Bergen oft Aufruhr und Unruhen verursacht, bei denen norwegische Leute getötet wurden, und dafür haben wir keine Gerechtigkeit erlangt. Auch sind die Kaufleute mit Gewalt über die Mauern in unseren Hof zu Bergen und bei Herrn Sigurd eingedrungen, der zur Wahrung des Gesetzes erschienen war, und sie zwangen denselben Herrn Sigurd zu dem, was sie wollten. Am folgenden Tag gingen sie zu dem Kloster in Bergen und schleppten mit Gewalt einen seiner Diener fort, den sie köpften ... Ferner haben die [deutschen, d.V.] Schneider in Bergen einen Bruder des Herrn Erzbischofs von Trondheim erschlagen. Dafür haben wir bis jetzt noch keine Gerechtigkeit erlangt ... Ferner hat ein Kaufmann aus Kolberg namens Buk in Marstrand einen Engländer getötet ...“ [9]

Solche Übergriffe und Vergehen waren im Mittelalter keine Seltenheit. Und wenn man sich dann noch vor Augen hält, daß die Männer, die in der Deutschen Brücke zu Bergen lebten, eine überaus rauhe Gesellschaft waren, die sich durch Spiele vergnügte, die an Grausamkeit nichts zu wünschen übrig ließen, dann kann man sich vorstellen, was zu jenen Zeit dort los war. [10)]

König Hákon stirbt, sein Sohn wird norwegischer König und Margrete sein Vormund

König Hákon reiste nun wieder weiter und ging seinen Regierungspflichten nach. Doch ihm blieb nicht mehr viel Zeit. Fünf Jahre nach dem Tod von Waldemar Atterdag stirbt er im Sommer 1380 in Oslo und wird in der Marienkirche beigesetzt. – „Die Leute halten ihn für einen guten Mann“, heißt es in einem Nachruf in einem isländischen Jahrbuch. Und im darauf folgenden Jahrhundert berichtet der italienische Humanist und spätere Papst Pius II., Enea Silvio Piccolomini, daß er „ein herrlicher Mann war, verehrt von seinem Volk mit einer seltsamen Liebe und mit Gehorsam.“ Die spätere Geschichtsschreibung hat ihn unterschiedlich beurteilt. Der bedeutende norwegische Historiker P. A. Munch (1810-1863) schreibt: „Seine Absichten waren gut, er war ein fürsorglicher Vater und Ehemann, aber er konnte den Niedergang Norwegens nicht aufhalten.“ Und der schwedische Historiker Sven Tunberg (1882-1954) nennt ihn „einen klugen und gewissenhaften Regenten, der mit Klugheit und Tatkraft die Pflichten seines königlichen Rufs erfüllte.“

Wie auch immer die kritischen Historiker diesen König beurteilen, fest steht, daß er die nordische Unionspolitik eingeleitet hat, indem er Norwegen mit Dänemark und einem Teil von Schweden vereinigte. Daß dies aus dynastischer Machtpolitik geschah, und er in wesentlichen Punkten die nationalen Aufgaben des Norwegischen Reichs versäumte, zeigt, daß er ein Kind seiner Zeit war. Doch es ist fraglich, ob seine Frau, Königin Margrete, so konsequent die totale Vereinigung der nordischen Reiche angestrebt und schließlich erkämpft hätte, wenn sie nicht schon von Kindheit an mit dem Vereinigungsgedanken konfrontiert worden wäre und zudem noch direkte dynastische Verbindungen zu den einzelnen nordischen Königreichen gehabt hätte. Doch Margretes Gedanken an eine totale Vereinigung des ganzen Nordens bedurften zu ihrer Realisierung noch längerer Zeit, angefüllt mit Mut, Klugheit, diplomatischem Geschick und starker Ausdauer.

Was zu dem frühen Tod von Hákon geführt hat, ist nicht bekannt und gehört zu den vielen offenen Fragen, die immer wieder an die Geschichte gestellt werden, wenn es um Ereignisse des Mittelalters oder um noch frühere Zeiten geht.

Nach Hákons Tod wurde sein Sohn Oluf – in Norwegen führte er den Namen Olav nach dem norwegischen Nationalheiligen Olav dem Heiligen – ohne Schwierigkeiten als norwegischer König anerkannt und seine Mutter als Vormund. Damit trat eine dynastische Vereinigung zwischen Dänemark und Norwegen ein, die bis 1814 dauern sollte.

Margrete war unter vollständigem Beiseitelassen der älteren Vormundsbestimmungen in den vollen Besitz ihrer diesbezüglichen Rechte gekommen. Wenn sie nicht im Lande war, wurden diese Rechte von ihrem Drost (Stellvertreter) wahrgenommen, der jedoch ganz nach ihren Anweisungen die Regierungsgeschäfte durchführte.

Völlig selbständig leitete sie die Außenpolitik der beiden Reiche, denen sie nun de facto vorstand. Margrete, die beim Tod ihres Mannes 27 Jahre alt war, bewies dabei außerordentliches Geschick, was sich an vielen ihrer Handlungen zeigt, die sie bald nach Hákons

Tod mit äußerster Tatkraft in die Wege leitete. In Hinsicht auf Schweden und die Hansestädte gab es damals viele ungelöste Fragen. So benutzte sie während ihrer Regierung mit großer Klugheit die internen Zerwürfnisse in der Hanse. Es glückte ihr ohne großen Widerstand, die schonenschen Burgen mit den Märkten, die im Stralsunder Frieden von 1370 bis 1385 abgetreten worden waren, zurückzubekommen. Nachdem das gelungen war, veranlaßte sie energisch, daß die dänischen Gewässer von den vielen Seeräubern befreit wurden.

Schon durch diese Aktivitäten bewies sie ihr hervorragendes staatsmännisches Vermögen. Aber das war erst der Anfang ihrer Regierungsführung, die allerdings 1385 für kurze Zeit nur indirekt weitergeführt wurde.

In diesem Jahr war nämlich ihr Sohn Oluf mündig geworden und nahm nun zu seinen anderen Titeln die Bezeichnung „Ret arving til Sverige“ (Rechtmäßiger Erbe von Schweden) an.

Dazu fühlten sich seine Mutter und er legalisiert, da Oluf ja der Enkel von König Magnus Smek war, den die Mecklenburger vom schwedischen Thron vertrieben hatten. Und als letzter Sproß des Folkunger-Geschlechts mußte er an dem Anspruch auf das Reich seines Großvaters festhalten.

Da mit Dänemark-Norwegen offiziell immer noch kein Frieden geschlossen war, mußte eine endgültige Auseinandersetzung mit Schweden zu erwarten sein. Und in dem darauf folgenden Jahr wurden auch mit dem oppositionellen schwedischen Großadel, der gegen Albrecht eingestellt war, Verhandlungen geführt, die zu Albrechts Ablösung durch Oluf führten.

Aber der starb plötzlich am 3. August 1387 auf Schloß Falsterbo, und seine Mutter mußte nun alles daransetzen, die nordischen Reiche vor den Machtansprüchen der Mecklenburger zu schützen. Bis jetzt hatte sie eine hervorragende Politik betreiben können. So konnte sie beispielsweise 1386 die holsteinischen Grafen von den

Mecklenburgern trennen, wodurch sie Schleswig für die dänische Krone rettete, auch wenn dies durch die Belehnung des Herzogtums an die holsteinischen Grafen geschah. Auch innenpolitisch war sie erfolgreich gewesen, indem sie es geschickt verstand, die Rechte der Reichsräte, die sie durch die Landesfriedensordnung von 1377 bekommen hatten, schrittweise einzuschränken. Das erreichte sie, indem sie zum Beispiel gewisse Reichsämter unbesetzt ließ. Und sie konnte auch damit beginnen, die Finanzen des Reichs zu verbessern und das Krongut zu stärken. Das war all der Grund- und Bodenbesitz, der der Krone gehörte und nicht privates Eigentum war.

Die durch den Tod König Olufs ausgelöste Gefahr, die in eventuellen Ansprüchen der Mecklenburger auf Dänemarks Thron bestand, wurde aber bald beseitigt. Bereits eine Woche nach Olufs Tod, am 10. August 1387, wurde Margrete in der Domkirche zu Lund zu Dänemarks Oberhaupt gewählt, und das schonensche Landsthing huldigte ihr wenige Tage später als „Frue og Husbonde og hele Rigets fuldmægtige Formynder" (Frau und Hausherrin und des ganzen Reichs bevollmächtigter Vormund). Damit war Margrete de facto zur regierenden Herrscherin Dänemarks ernannt worden, die nun mit Recht ihrem Titel die Bezeichnung „Rechtmäßige Erbin und Fürstin von Dänemark" hinzufügen konnte.

Jetzt mußte sie von Norwegen dieselbe Legitimation erhalten. Nachdem ihr noch in den Landesteilen Dänemarks gehuldigt worden war, so auf Seeland, Fünen und Jütland, und nach einem kurzen Aufenthalt in Schweden, reiste sie nach Oslo. Dort wurde der Norwegische Reichsrat von Erzbischof Vinald einberufen, der an der Huldigung in Schonen teilgenommen hatte und auch von vornherein sich Margrete verbunden fühlte. Auch neue Mitglieder des Norwegischen Reichsrats sympathisierten mit ihr.

Doch es gab in Norwegen, das seit alters ein ausgesprochenes Erbreich war, Gesetze, die die Wahl der dänischen Fürstin nicht so ohne weiteres gestatteten. Aber es glückte schließlich. Am 2. Februar 1388 erklärte der Norwegische Reichsrat Margrete zu „hele Norges mægtige Frue og rette Husbond“ (ganz Norwegens mächtige Frau und rechtmäßige Hausherrin). Und die Norweger gingen noch einen Schritt weiter. Während man in Dänemark Margrete gewählt hatte, „bis zu dem Tag, an dem sie und die Wahlmänner sich darüber einig geworden sind, einen König zu wählen“, erklärte man in Norwegen, daß sie nun die erhaltene Macht „ohne Vorbehalt auf Lebenszeit“ bekommen habe.

Damit war der Machtwechsel in beiden Reichen vollzogen, auch wenn Margrete ja bis zu diesem Zeitpunkt schon praktisch die Regierungsgeschäfte geführt hatte.

Nun galt es, Schweden den beiden unter Margrete stehenden Reichen hinzuzufügen. Der oppositionelle Hochadel hatte ja bereits durchblicken lassen, daß er Albrecht vom schwedischen Thron haben wollte. Das führte zu einer neuen Zusammenkunft mit den schwedischen Oppositionellen, die am Palmsonntag 1388 stattfand und mit dem „Dalaborg-Abkommen“ schloß. Darin wurde Margrete zu „Schwedens Frau und rechtmäßiger Hausherrin“ erklärt. Die schwedischen Oppositionellen waren der Schwedische Reichsrat, der sich mit Margrete auf Schloß Dalaborg am Vänersee traf. Durch die dort getroffene Entscheidung war König Albrecht abgesetzt worden, und an seine Stelle hatte man offiziel Margrete zu Schwedens Königin gewählt.

Doch das hatte den schwedischen Hochadel viel gekostet. Margrete war bereits zu dieser Zeit so mächtig, daß sie die Auslieferung aller schwedischen Burgen verlangen konnte und die Streichung aller jener Einschränkungen der Königsmacht, die der Großadel König Albrecht abgezwungen hatte.

Der hatte inzwischen das Land verlassen, um in Deutschland ein Heer aufzustellen, mit dem er seine verlorene Krone wiedergewinnen wollte. Anfang 1389 geht Albrecht mit einem deutschen Söldnerheer in Schweden an Land. Er hat jetzt den Titel „Dänemarks und Norwegens König" angenommen. Eine starke persönliche Herausforderung an Königin Margrete, die die Herrschaft über diese beiden Reiche rechtmäßig erhalten hatte.

Albrechts erster Kriegsplan geht darauf hinaus, die Burg Axevalla in Västergötland zu entsetzen, die von Margretes Heerführer Nils Svarteskåning (gest. 1410) belagert wird. Inzwischen rückt ein dänisch-norwegisches Heer auf Jönköping zu, um sich mit einer schwedischen Truppeneinheit zu vereinigen. Albrecht entschließt sich nun, Axevalla nicht zu entsetzen, sondern so schnell wie möglich in das Gebiet von Jönköping zu eilen.

Am 24. Februar stoßen die Heere bei dem Dorf Åsle auf der Ebene von Jönköping zusammen. Das nordische Heer steht unter dem Befehl des mecklenburgischen Adelsmannes Heinrich Parow, der kurz vorher Albrechts Partei verlassen hatte. Lange tobt der Kampf hin und her. Heinrich Parow fällt. Aber dann bricht die deutsche Söldnerfront zusammen. Viele flüchten. König Albrecht, sein Sohn und viele deutsche Ritter werden gefangengenommen.

Königin Margrete erhält die Siegesbotschaft auf Schloß Varberg im schwedischen Halland. Sie begibt sich sofort in das Schloß Bohus am Göta älv, wo ihr die hochstehenden Gefangenen vorgeführt werden.

Danach bringt man Albrecht in Ketten nach Schloß Lindholm in Schonen. Mit dem Sieg von Åsle ist Margrete nun Herrscherin über ganz Schweden geworden, mit Ausnahme von Stockholm.

Ein pommerscher Herzogssohn wird Margretes künftiger Nachfolger

In weiser Voraussicht und zur Sicherung ihrer Pläne hatte König Margrete bereits nach dem Tod ihres Sohnes Oluf Ausschau nach einem Nachfolger gehalten.

Ihre Wahl fiel auf das Herzogshaus Pommern-Stolp, in dem eine Nichte der Königin, Maria, Tochter von Waldemar Atterdags Tochter Ingeborg, mit dem Herzog des Greifengeschlechts Wartislaw VII. verheiratet war. Von deren Kindern, die der Geschichte bekannt sind, wurde der ältere Sohn zu Margretes Nachfolger ausersehen.

Dieser ältere Sohn – der spätere nordische König Erich – war um 1382 geboren worden und hatte bei der Taufe vermutlich nach seinem Großvater Bogislaw V. dessen Namen bekommen. Margrete war also die Großtante des kleinen Bogislaw und deren Vater, der dänische König Waldemar Atterdag, der Urgroßvater des jungen pommerschen Fürstensohns mütterlicherseits.

Das Greifengeschlecht, dem Wartislaw VII. angehörte, hat in Pommern über 500 Jahre geherrscht. 1136 war der erste Pommernherzog dieser Dynastie, Wartislaw, gestorben, und 1637 starb der letzte dieses Geschlechts, Herzog Bogislaw XIV.

Es ist nicht leicht, die Stammtafeln dieser pommerschen Herzöge in eine überschaubare Sicht zu bringen. Aus Erbschaftsgründen wurde seit 1295 das Land Pommern geteilt, wodurch die Herzogtümer Pommern-Stettin und Pommern-Wolgast entstanden. Aber es sind nicht nur die Greifenfürsten, die im Lande regieren. So sind eine Zeitlang die Camminer Bischöfe Landesherren zwischen Kolberg und dem Gollen bei Köslin. Östlich vom Gollen aber herrschen die Herzöge von Pommerellen. Dann kommt es zu neuen Teilungen. Um 1377 wird die Wolgaster Linie in vier Fürstentümer aufgeteilt: die Fürstentümer Barth, Wolgast, Stargard und Stolp. Daneben gibt es das selbständige Pommern-Stettin. So ist es zu erklären, daß Pommern in der damaligen Zeit neun regierende Fürsten aufzuweisen hatte, die über zehn Residenzen verfügten: Stettin, Wolgast, Köslin, Rügenwalde, Loitz, Wollin, Stolp, Neustettin, Barth und Treptow a. d. Rega.

Von diesen Residenzen war es Rügenwalde, wo der kleine Wartislawsohn geboren wurde. Der Name dieses Ortes weist ins westliche Pommern, nämlich nach der Insel Rügen. Und das hat auch seinen Grund. Die Fürsten von Rügen hatten nämlich in Ostpommern Besitz erworben. Und es ist beurkundet, daß Witzlaw II. von Rügen am 5. Februar 1271 in der Burg Schlawe eine Urkunde für das Kloster Buckow in Rügenwalde ausgestellt hat, in der er dem Kloster 2 Hausstellen und 5 Hufen Land vermachte. Und in dieser lateinisch verfaßten Urkunde ist auch zu lesen, daß Witzlaw der Herr über Rügenwalde ist. Es heißt dort nämlich, daß die Schenkung für das Kloster erfolgt, welche „in civitate nostra Rugenwalde" liegt. Es kann angenommen werden, daß die „civitas" Rügenwalde von Witzlaw II. gegründet wurde. Und das muß 1270 bei der dortigen Burg Dirlow gewesen sein. Diese Burg wurde später abgebrochen. Und als 1347 die Swenzonen Bogislaw V. als ihren Lehnsherrn anerkannten, kam Rügenwalde an das pommersche Herzogshaus.

Wann das Rügenwalder Schloß gebaut wurde, in dem vermutlich der kleine Wartislawsohn zur Welt kam, ist nicht genau zu datieren. Jedenfalls weilte 1372 Bogislaw V. mit seinem Bruder und Neffen sowie deren Gefolge zum Pfingstfest in Rügenwalde. Die Fürsten pflegten nämlich am Fronleichnamstag ihren Städten das Versprechen zu geben, deren Rechte zu schützen. Und es mußte damals wohl schon das Schloß bestanden haben, zumindest ein Gebäudeteil; denn wo hätten sonst die hohen Herren mit ihrem sicherlich nicht kleinen Gefolge unterkommen können. In den kleinen Bürger- und Ackerbürgerhäusern jener Zeit war das bestimmt nicht möglich.

Daß eine solche partielle Fertigstellung des schon seit 1333 geplanten Schloßbaus wahrscheinlich ist, geht auch aus einer Untersuchung des Oberbaurats B. Schmid hervor, der in seiner „Denkschrift über das Schloß in Rügenwalde", erschienen 1924 in Marienburg, schreibt, daß der Neubau mit Ost- und Westflügel und dem Südtor 1380 unter Wartislaw VII. begonnen wurde. Daraus könnte man schließen, daß der Vater Erichs von Pommern Verbesserungen oder Anbauten an einem schon bestehenden Gebäudeteil 1380 ausführen ließ.

Dieser Wartislaw war nicht gerade ein vermögender Herr. Ständig in Geldnöten, versuchte er einmal vom polnischen König die nötigen Mittel für irgendein Vorhaben zu bekommen oder vom Deutschen Orden. Glückte das nicht, scheute er nicht vor Raub und Plünderungen zurück. Als er 1395 starb – auf der Rückkehr von einer Pilgerfahrt ins Heilige Land durch gewaltsamen Tod in Ungarn –, schrieb die Lübecker Chronik in einem Nachruf: „... de was en grot rover."

Daß damals die große nordische Königin Margrete ein Auge auf seinen Sohn geworfen hatte und auch auf dessen jüngere Schwester Katharina, kam ihm sicherlich sehr zupaß; denn er versprach sich durch derartige neue verwandtschaftliche Beziehungen bestimmt große Vorteile.

Die Wahl, die Margrete mit dem kleinen Wartislawsohn als ihrem Nachfolger getroffen hatte, hängt eng mit dem Norwegischen Reichsrat zusammen. Der hatte Margrete zwar nach dem Tod ihres Sohnes zur Regentin des Norwegischen Reichs gewählt, aber gleichzeitig wurde klar, daß man damit keinesfalls Norwegens Status als ein Erbreich aufgegeben hatte. Denn man wollte bei dieser Gelegenheit auch gern die Frage der Nachfolge entscheiden. Nun war auch mit der Wahl Margretes zu Norwegens Regentin eine neue Grundlage für das Erbrecht geschaffen. Es lag jetzt an ihr, einen Nachfolger zu bestimmen. Das konnte – wie die Dinge lagen – ihr Neffe, der Sohn ihrer Schwester, der junge Herzog Albrecht von Mecklenburg sein, dessen fast gleichzeitiger Tod bei den Verhandlungen noch nicht bekannt war. Doch bei diesem Vorschlag erklärte der Reichsrat – und das war wohl ganz in Margretes Sinn–, daß er dafür das Recht verloren habe, da er und seine Eltern Feinde des Reichs gewesen waren.

Darauf erklärte der Reichsrat, daß der nächste Erbe Margretes Großneffe sei, „der älteste der Söhne von Herzog Wartislaw von Pommern". Er sollte König nach ihr werden und die Erbfolge mit ihm beginnen. Der Reichsrat erklärte weiter, daß, falls sie den jungen Fürsten noch zu ihren Lebzeiten zum König haben wolle, er darauf eingehen würde. Auch wurde beschlossen, daß, wenn Herzog Wartislaws Sohn, dessen Namen ja nicht genannt wird, ohne Erben stirbt, der norwegische Thron seinem nächsten männlichen Erben aus dem pommerschen Fürstenhaus zufallen sollte. Diese Erklärung wurde am 16. Februar 1388 öffentlicht verkündet.

1389, vielleicht auch etwas früher, wurde der junge Wartislawsohn von seinem Vater nach Dänemark gebracht. Und nachdem Margretes Truppen die Schlacht gegen Albrecht von Mecklenburg siegreich beendet hatten, konnte die Königin daran denken, ihren Großneffen und Adoptivsohn den Großen des Norwegischen Reichsrats vorzustellen. Sie berief also den Reichsrat nach Helsingborg ein, in jene Stadt im dänischen Schonen, die gegenüber der Stadt Helsingør liegt. Dort, an der engsten Stelle des Öresunds, waren auf beiden Seiten Burgen: bei Helsingør die Flynderborg und auf der anderen Seite die hochgelegene Burg, die man heute nach ihrem im 15. Jahrhundert errichteten Turm Kärnan (den Kern) nennt.

Dort erklärten im Juni 1389 die norwegischen Großen den kleinen Fürstensohn aus Hinterpommern zu Norwegens rechtmäßigem König. Und man erklärte weiter, daß Margrete das Norwegische Reich regieren sollte, bis der kleine Fürstensohn und soeben ernannte König mündig geworden war. Das sah allerdings nach einer Rücknahme der letzten Erklärung aus, nach welcher Margrete auf Lebzeiten zu Norwegens Regentin ernannt war.

Allerdings zeigte es sich später, daß diese in Helsingborg getroffene Bestimmung unbedeutend war, denn Margrete behielt auch nach dem Mündigwerden ihres Adoptivsohns die Zügel fest in der Hand.

Noch im selben Jahr wurde der kleine Pommer nach Norwegen geführt, wo man ihm in Nidaros (Trondheim) auf dem Ørething huldigte und ihm Hákon Jonsson, der als Dank für den Verzicht auf seinen eventuellen Erbschaftsanspruch auf den norwegischen Thron ein hohes Amt in Bergen erhalten hatte, den Königsnamen *Erik* gab, einen Namen, der in allen nordischen Reichen wohlbekannt war und besonders in Schweden durch Erik den Heiligen einen guten Klang hatte.

Jetzt hatte Margrete nur noch dafür zu sorgen, daß der kleine Erich bald in Dänemark und Schweden zum König gewählt wurde. In Dänemark war das sicherlich kein großes Problem. In Schweden konnte es aber gewisse Schwierigkeiten geben. Das zog sich alles zwar eine Reihe von Jahren hin, aber im Januar 1396 war es soweit. Da überließ Margrete Erich das Dänische Reich, wie es in der Urkunde heißt, und ihm wurde auf allen Thingen des Landes als König Erik VII. gehuldigt.

In Schweden nahm man zuerst eine abwartende Haltung ein. Es heißt, daß die schwedischen Herren keinen anderen Regenten wünschten, solange Margrete am Leben war. Als aber Margrete sie tadelte, weil sie ihren Verwandten verschmähten, gaben sie klein bei. Am 23. Juli

1396 huldigte ihm das Volk bei Mora Stenar als Schwedens König Erik XIII.

Diese „Personalpolitik“ weist Margrete wieder einmal als kluge Politikerin aus; denn mit der Einschränkung ihrer Regentschaft und der gleichzeitigen Beibehaltung ihrer Vormundschaftsfunktionen festigte sie die Königsmacht ihrer Familie. De facto aber war sie weiterhin die wirkliche Herrscherin über alle drei Reiche. Sie hatte darin noch manches zu ordnen, besonders in Schweden.

Margrete versucht schwedische Widerstände zu brechen und der Seeräuberei ein Ende zu bereiten

Zwar lag nun die Regierungsmacht über alle drei nordischen Reiche in ihren Händen, aber sie hatte immer noch nicht die schwedische Hauptstadt Stockholm in ihren Besitz bringen können. Dort herrschte die deutsche Kolonie. Und die von dort kommenden „Kapuzenbrüder“ setzten alles daran, die Schweden zu hindern, Königin Margretes Truppen, die die Stadt belagerten, die Tore zu öffnen.

In Rostock und Wismar hatte sich inzwischen die Bruderschaft der Vitalienbrüder gebildet, die ihre Aufgabe darin sah, Stockholm mit Lebensmitteln zu versorgen. Außerdem öffneten alle mecklenburgischen Städte ihre Häfen Schiffen, die einen privaten Kaperkrieg gegen Dänemark führen wollten. Das hatte ein gewaltiges Anwachsen des Piratenunwesens auf der Ostsee zur Folge. Die Vitalienbrüder plünderten sowohl nordische Schiffe als auch solche der Hanse. Ihr Wahlspruch war: „Gottes Freunde, aller Welt Feinde!“

Die starken Aktivitäten der Piraten verhinderten schließlich jeden Handel. Bergen wurde von ihnen geplündert, und die Hanseaten stellten den Handel mit dem Schonen-Markt ein, was große Preissteigerungen zur Folge hatte.

Königin Margrete versucht nun mit aller Gewalt, Stockholm einzunehmen. Sie ist sehr bemüht, den Norden endlich zu befrieden. Doch das blockierte Stockholm gibt nicht auf: die Vitalienbrüder konnten die Blockade durchbrechen, und zudem war es den Mecklenburgern gelungen, sich der Stadt Visby auf Gotland zu bemächtigen.

Damit sich die Lage im Ostseeraum endlich beruhigt, versuchen die Hanseaten mehrmals, zwischen König Albrecht und Königin Margrete zu vermitteln. Und schließlich kommt es im Juni 1395 zu einem Übereinkommen auf Schloß Lindholm in Schonen.

Der sogenannte Lindholmvertrag, ein prächtiges Dokument auf Pergament, versehen mit 90 Siegeln, ist erhalten und liegt im Reichsarchiv von Kopenhagen. Dieser Vertrag wurde, wie es auch heute noch üblich ist, in zwei Dokumenten ausgefertigt. Königin Margrete bekam natürlich das für die Mecklenburger bestimmte Exemplar, das also erhalten blieb, während der nach Mecklenburg gekommene Vertrag in späteren Jahren verlorenging. Der Vertrag enthielt folgende Bestimmungen: König Albrecht sollte für drei Jahre freigelassen werden. Nach Ablauf dieser Zeit – das war der 29. September 1398 – waren verschiedene Alternativen vorgesehen: entweder bezahlte Albrecht das überaus hohe Lösegeld von 60 000 Mark in Silber, in welchem Fall der Krieg wieder mit einjähriger Vorankündigung weitergeführt werden könnte, oder er und sein Sohn müßten wieder zurück in die Gefangenschaft. In diesem Fall könnte der Frieden nach einer Frist von neun Wochen beendet werden. Schließlich könnte König Albrecht Margrete Stockholm übergeben, womit der Frieden ewig dauern würde.

Was Gotland betrifft, sollten am 23. April 1395, dem St. Jörgens Tag – dem Tag, an dem das Friedenstreffen eigentlich hätte beginnen sollen – die Grenzen so beibehalten werden, wie sie damals waren. Das heißt: Visby sollte in den kommenden drei Jahren von Mecklenburg verwaltet werden, während der übrige und größte Teil der Insel im Besitz von Königin Margrete bleibt.

Es folgten dann noch verschiedene Forderungen, etwa den Frieden nicht zu brechen oder keine neuen Burgen und Festungen gegeneinander zu bauen, und dann kam eine lange Reihe von Namen hochstehender Persönlichkeiten beider Seiten, die die nun beschlossenen Friedensbedingungen bezeugten.

Was die Verwaltung von Stockholm betrifft, so wurden dafür einzelne Bestimmungen auf besonderen Dokumenten niedergeschrieben. Es wurde bestimmt, daß in der dreijährigen Periode sieben Hansestädte die Verwaltung von Stockholm übernehmen. Das waren Lübeck, Stralsund, Greifswald, Danzig, Thorn, Elbing und Reval. Die Unkosten, welche diesen Städten dadurch entstehen, sollten mit bestimmten Zahlungen an sie ausgeglichen werden. So sollten die Mecklenburgischen Städte jährlich zum Abdecken der Unkosten 1 000 lübische Mark beitragen. König Albrecht wurde allerdings die Summe gestundet, vermutlich wegen des hohen Lösegeldes, das er wohl kaum aufzubringen vermochte.

Damit sollte nun der Frieden vorläufig gesichert sein. Die Vitalienbrüder hatten die Seeräuberei einzustellen, die Städte Rostock, Wismar, Visby und Stockholm erhielten die Auflage, keinen Schiffen das Auslaufen aus ihren Häfen zu gestatten, von denen es feststand, daß sie den Untertanen Margretes und den hansischen Kaufleuten Schaden zufügen würden.

Stockholm wurde am 31. August desselben Jahres der Hanse übergeben. König Albrecht und sein Sohn hielt man allerdings bis Ende September gefangen. Dann übergab man sie, die siebeneinhalb Jahre hinter Gittern gesessen hatten, Gesandten der Hanse in Helsingborg. Kaum wieder in Freiheit, versuchte Albrecht mit Hilfe des norddeutschen Fürstenbundes, Schweden zurückzuerobern. Aber dieser Versuch schlug fehl. Mit dem genauen Einhalten der auf Schloß Lindholm beschlossenen Bestimmungen nahmen es die Mecklenburger auch nicht so genau; denn 1396 brachten sie sich von Visby aus in den Besitz der ganzen Insel Gotland und betrieben in dem umliegenden Fahrwasser rücksichtslose Seeräuberei.

Indessen ist Margrete stark mit ihrer Innenpolitik beschäftigt. Zu ihrem Kanzler und Bischof ernennt sie ihren Vertrauten, den hochbegabten Peder Jensen Lodehat (gest. 1416), der zu ihrem Hauptratgeber bei der großen Versammlung in Kalmar werden sollte, wo die nach dieser Stadt benannte Union aus der Taufe gehoben wurde.

Aber bis dahin hat Margrete noch ein wenig Zeit. Und sie nutzt sie zu einer Reihe von Maßnahmen. So ordnet sie an, daß wieder dänische Münzen geprägt werden, was seit der Zeit von König Waldemar nicht mehr geschehen war. Die Münzen wurden nach ausländischem Vorbild in Næstved geprägt. Das waren die sogenannten „witten“, Silbermünzen zu einer Nominale von vier Pfennigen. Sie zeigen auf der Vorderseite eine Krone mit der Umschrift ERICUS REX D S N (Erich, König von Dänemark, Schweden und Norwegen). In der Mitte der Rückseite ist ein Bischofsstab abgebildet mit der Umschrift: MONETA NESTWEDE (Næstved-Münze). Daß die Rückseite einen Bischofsstab zeigt, hat seine Ursache darin, daß der Roskilder Bischof seit alters Anteil an der Ausmünzung hatte.

Aber schon bei der nächsten Münze dieser Reihe, die eine kleinere Nominale hatte und für drei Pfennige gerechnet wurde, fehlt der Bischofsstab und ist durch ein einfaches Kreuz ersetzt. Diese Münze, die leichter war als die „witten“, hatte sonst dasselbe Aussehen. Sie wur-

Die in Næstved geprägten Silbermünzen (witten) und der nach englischem Vorbild geprägte Sterling

de aber nach englischem Muster geprägt, während man bei den „witten“ ein deutsches gebrauchte.

Dann gab es noch den „Hulepenningen“, dessen Wert einem Pfennig entsprach. Er war in der Mitte kreisförmig konkav, und in die Vertiefung war eine Krone geprägt, die ein Strahlenkranz umgab. Diese Münze kam, wie auch der Sterling, aus Næstved und Lund und hatte eine sehr hohe Auflage.

Eine für den Numismatiker nicht ganz sicher zu bestimmende Münze, wegen ihres Aussehens aber auch aus der Zeit der obigen Prägungen stammend, liegt in der Kgl. Münz- und Medaillensammlung des Nationalmuseums zu Kopenhagen. Sie weist dieselbe Prägung auf wie der Silbersterling aus Lund, besteht aber aus Gold. Zu Königin Margretes Zeiten wurden allerdings keine Goldmünzen geprägt. Auch über den Fund weiß man nichts, nur soviel, daß sie seit ca. 200 Jahren in der Sammlung des dänischen Nationalmuseums liegt. Die einzige Erklärung könnte sein, daß es sich bei diesem Stück um eine Probe handelt, die Königin Margrete und ihr Adoptivsohn Erich für sich persönlich hatten prägen lassen.

Ferner bestimmte sie beispielsweise durch Gesetz, daß alles Gut, das seit 1368 der Krone verlorengegangen war, an sie zurückgeführt werden mußte. Auch der schwedische Großadel hatte all das Krongut, das während König Albrechts Regierung in seinen Besitz gekommen war, an die Königin zurückzuliefern. Durch diese Gesetze konnte Margrete spürbar das Vermögen der Krone vermehren, das nun wieder ihren Reichen zugute kommen konnte. Auch verfügte sie, daß der Großadel die Einnahmen der Krone nicht durch das Ankaufen steuerpflichtigen bäuerlichen Grundbesitzes mindern durfte.

Alle diese Maßnahmen sollten auch ihrem Nachfolger von Nutzen sein und gleichzeitig dem jungen Erich als Musterbeispiele für seine künftige Staatsführung dienen.

Die Kalmarer Union wird aus der Taufe gehoben und Erich zum König aller drei Reiche gekrönt

Wohl den größten Teil ihrer Tätigkeit aber widmete Margrete dem Plan, das Formalisieren der augenblicklichen Unionsform, die durch ihre teilweise kühnen Aktivitäten zustande gekommen war, durchzusetzen, wobei ihr ihr Kanzler als Berater zur Seite stand.

Und es gelang ihr. Nachdem im Schloß von Kalmar die Union ausgerufen worden war, wurde Erich von Pommern am 17. Juni 1397 in der Stadtkirche von Kalmar von den Erzbischöfen von Lund und Uppsala feierlich zum König über die drei Reiche gekrönt. Erschienen zu dieser epochemachenden Zusammenkunft waren außer der damals 44jährigen Margrete und ihrem fünfzehnjährigen Großneffen und Adoptivsohn Erich die beiden Erzbischöfe von Lund und Uppsala mit fast allen dänischen und schwedischen Bischöfen, wobei für Norwegen nur der Bischof der Orkney-Inseln und der Propst aus Oslo gekommen waren. Letzterer spielte jedoch eine wichtige Rolle als Kanzler des Norwegischen Reichs.

Der Dänische Reichsrat nahm an dem Treffen mit 24 Männern des Hochadels teil, während Norwegen und Schweden mit je 13 Reichsräten vertreten waren.

Nachdem Erich gekrönt war, schlug er – wie es bei solchen Gelegenheiten Brauch war – 133 Männer zu Rittern.

Nach einem feierlichen Umzug durch die Stadt, bei dem sicherlich ganz Kalmar die Straßen säumte, gab es wohl Turniere, bei denen sich die neuen Ritter vorstellen und ihre Kräfte miteinander messen konnten.

Das Kalmarer Schloß zur Zeit von Königin Margrete und Erich von Pommern (Zeichnung nach einem Modell im Stadtmuseum von Kalmar)

Wappen Erichs von Pommern von 1398. Das durch ein Dannebrogkreuz in vier Felder geteilte Wappenschild zeigt (von links nach unten u. rechts hinauf) das Wappen von Dänemark, Schwedens altes Löwenwappen, Pommerns Greif und Schwedens drei Kronen. Im Mittelfeld das norwegische Wappen: der Löwe mit der Streitaxt.

Leider gibt es von diesen Veranstaltungen kaum Augenzeugenberichte. Ausländische Gäste waren nicht gekommen. Sonst hätte man vielleicht viel mehr über das ganze Drum und Dran dieser Krönung und feierlichen Zusammenfügung der drei nordischen Reiche erfahren können.

Die wichtigsten Quellen sind in diesem Fall die offiziellen Dokumente: der Krönungsbrief, datiert vom 13. Juli, und das eigentliche Unionsdokument.

Der Krönungsbrief war ausgefertigt auf Pergament und besiegelt von 67 Personen, nämlich zwei Erzbischöfen, zehn Bischöfen, fünf niedrigeren Geistlichen, 46 Rittern und vier Junkern aus allen nordischen Reichen. In diesem Krönungsbrief wird einleitend bekanntgegeben, daß, nachdem „unser liebster Herr König“ gewählt und angenommen worden sei zum König, sowohl für Dänemark, Schweden und Norwegen, „mit Liebe, gutem Willen und Einverständnis“ von allen Einwohnern der Reiche, und nachdem dies in Gottes Namen geschah, die oben genannten Personen ihn „zum König über alle diese drei Königreiche“ gewählt haben.

Das ist eine eindeutige Sprache. Sie sagt klar aus, daß Erich nicht zum König in jedem einzelnen nordischen Reich gewählt wurde, sondern zu ihrem gemeinsamen König.

Königin Margretes Siegel. Die drei Kronen symbolisieren die Herrschaft über die drei nordischen Reiche.

Dem steht das eigentliche Unionsdokument in manchem entgegen. Einmal wurde es merkwürdigerweise auf Papier ausgefertigt und zum anderen enthält es in einigen Punkten offensichtlich Widersprüche zu dem Krönungsbrief. Zwar heißt es in dem Dokument, daß alle drei Reiche „jetzt sind und verbleiben sollen unter einem Herrn und König und wie ein Reich sein sollen". Aber gleichzeitig sollen nicht irgendwelche Gesetze und Rechte „von einem Reich in das andere überführt" werden. Und es heißt darin auch, daß jedes Reich von eigenen Männern administriert werden soll.

Die Historiker sind sich bisher noch nicht darüber klargeworden, ob die Union wirklich in rechtsgültiger Form bestanden hat, oder ob das Unionsdokument die Pläne von Königin Margrete beinhaltet oder die der Opposition. Geschrieben ist das überlieferte Dokument wohl nach den zusammengefaßten Erklärungen der Reichsräte. Aber es macht den Eindruck eines Konzepts zu einem offiziellen Vertragsdokument.

Königin Margrete schien das nicht weiter zu stören. Für sie war die Begründung der Union eine Tatsache, die auf dem eindeutigen Königsbrief beruht.

Tatkräftig nahm sie ihre Regierungsgeschäfte wieder auf. Ihr soeben zum König aller drei nordischen Reiche berufener Adoptivsohn war ja noch nicht mündig. Sie mußte weiter für ihn regieren. Und schon im folgenden Jahr hatte sie Glück. König Albrechts Lösegeld war ausgeblieben, und so lieferten die Hanseaten ihr Stockholm aus. Jetzt hatte sie alles erreicht, und es galt nur noch, den Besitzstand zu sichern und in ihrem großen Unionsreich gute Lebensverhältnisse zu schaffen.

Gotland und Schleswig machen noch Schwierigkeiten

Allerdings gab es südlich der dänischen Grenze Probleme. Auch mit der zu Schweden gehörenden Insel Gotland war der Ärger immer noch nicht beseitigt. Als die von dort operierenden mecklenburgischen Seeräuber mit ihren Überfällen auf der Ostsee nicht aufhörten, wurde das dem Hochmeister des Deutschen Ordens zuviel, und er ließ kurzerhand Gotland besetzen, um dadurch die Ostsee wieder zu befrieden. Zudem hatte der Orden noch einen anderen Grund für sein Vorgehen. Ihm war – wie es heißt – eine dem Exkönig Albrecht geliehene größere Summe nicht zurückgezahlt worden, so daß sich der Orden berechtigt sah, die Insel als Pfand zu übernehmen. Das geschah 1398.

Margrete, die sich als rechtmäßige Nachfolgerin König Albrechts fühlte – und es ja auch war –, versuchte 1404, dem Orden die Insel mit Macht zu entreißen, was ihr indessen mißlang. Doch Margrete gab den Plan, Gotland zu gewinnen, nicht auf und bereitete eine waffenlose Übereignung vor. 1408 ist es dann soweit: gegen eine beträchtliche Geldsumme kann Margrete Gotland dem deutschen Hochmeister abkaufen.

Inzwischen ist der schleswigsche Herzog Gerhard gegen die Dithmarscher zu Felde gezogen und bei den Kämpfen gefallen (1404). Sein Bruder, der Bischof Heinrich von Osnabrück, benutzt die Gelegenheit, sich die Macht im größten Teil Holsteins zu sichern. Daher sucht Gerhards Witwe, die Herzogin Elisabeth, nun Unterstützung bei Königin Margrete. Das kommt der Unionskönigin gerade recht. Sie nimmt die Gelegenheit wahr, um sich endlich politischen Einfluß im Herzogtum verschaffen zu können. Margrete befiehlt ihrem jetzt volljährig gewordenen Sohn Erich, die Vormundschaft über die minderjährigen Söhne des gefallenen Herzogs zu übernehmen, leiht deren Mutter eine größere Geldsumme und bekommt dafür als Pfand verschiedene schleswigsche Burgen, so Tondern, Haderslevhus und Brunlund bei Apenrade. Außerdem überläßt der dänisch gesinnte Bischof von Schleswig, Hans Skondelev, Königin Margrete seine beiden Burgen Schwabstedt und Stubbe für einen Zeitraum von sechs Jahren. Auch der schleswigsche Drost Erich Krummendiek unterstützt insgeheim die dänischen Pläne.

König Erich heiratet die englische Prinzessin Philippa

Als Margrete dem Deutschen Orden die Insel Gotland abkaufte, waren schon ein paar Jahre vergangen, seitdem Heiratspläne für ihren Adoptivsohn geschmiedet worden waren. Es ging dabei um die jüngste Tochter des englischen Königs Heinrich IV.

Die Verbindung mit einer englischen Prinzessin muß man vor dem Hintergrund der damaligen europäischen politischen Szene sehen. Auch spielten Überlegungen und Interessen des englischen Königshauses eine gewichtige Rolle.

Die Nordische Union war zu jener Zeit ein scheinbar großer Machtfaktor in Europa. Sie erstreckte sich von der Newa bis zum Atlantik und vom Nordkap bis zur Eider. Dazu kamen noch die norwegischen Nebenländer, die Shetlandinseln, die Orkneys, die Färöer und Island. Auch die größte Insel der Erde, Grönland, gehörte dazu. Aber das riesige Eisland, das einmal von Nachkommen der Norweger im Süden besiedelt wurde,

Wange am Kirchengestühl der Kirche von Kirkjubøur (Færøer) mit einem Wappen der Nordischen Union, zu der die Inselgruppe gehörte (heute im Nationalmuseum zu Kopenhagen).

war zu Margretes Zeiten in Vergessenheit geraten. Die drei Hauptreiche der Union verfügten damals zusammen über ein Areal von 20 000 Quadratmeilen. Wesentlich kleiner war das Heilige Römische Reich Deutscher Nation, das wegen seiner uneinheitlichen Gestalt wohl kaum als ein Staat mit effektiver Führung gerechnet werden konnte. Und Frankreich und England waren verhältnismäßig klein.

Im Gegensatz zu der enormen flächenmäßigen Größe der Nordischen Union stand deren Einwohnerzahl. Sie hatte zu König Erichs Zeiten wohl kaum mehr als eineinhalb Millionen Menschen aufzuweisen.

Aber die Union genoß aufgrund ihrer äußeren Größe ein beachtliches Ansehen in Europa. Das geht auch aus folgender historischer Tatsache hervor: Als der Papst versuchte, die europäischen Staaten zu einem energischen Auftreten gegenüber den Feinden der Christenheit, den Osmanen, zu bewegen, wandte er sich besonders an den Norden, fand aber dort kein Gehör. Auch Margrete ließ sich zu keinen diesbezüglichen Aktivitäten verleiten, als ihr der byzantinische Kaiser Manuel II. Palaeologos (reg. 1391-1425) aus

Paris einen Flicken vom Gewand des Erlösers schickte, eine zu jener Zeit kostbare Reliquie. Kaiser Manuel, der von den Osmanen mehrere Jahre in seiner Hauptstadt eingeschlossen worden war, hatte seit 1403, als Sultan Bajesich von dem Mongolenfürsten Timur besiegt wurde, mehrere Jahre Ruhe und nutzte diese Zeit dazu, die europäischen Fürsten zu besuchen, um sie zum Kampf gegen die Osmanen zu bewegen. Doch alle lehnten höflich ab. Das hatte ihn wohl auch zu der Ultima ratio veranlaßt, Königin Margrete das kostbare Reliquiengeschenk zu senden. Zwar sammelte man im Norden einige Gelder für einen eventuellen Kreuzzug gegen die Erbfeinde der Christenheit, aber das war auch alles; denn Margrete lehnte klugerweise alle Einmischungen in Europas Großpolitik ab. Das wäre auch ein zweifelhaftes Vorhaben geworden.

Die damaligen Verhältnisse in Europa wären für eine Beteiligung an der großeuropäischen Politik auch höchst ungeeignet gewesen. In England war der große Krieg mit Frankreich, der den Namen Hundertjähriger Krieg trug, durch innere Unruhen und reformatorische Bewegungen, die sich zu erkennen gaben unter anderem durch Wat Tylers Bauernaufstand und John Wyclifs (gest. 1384) Predigten, unterbrochen worden – Bewegungen, die blutig und mit der Absetzung von König Richard II. endeten. Auch in Frankreich war der große Krieg zeitweise durch innere Unruhen abgelöst worden, bei denen die Fürsten und der Adel gegen freiheitsliebende Bürger kämpfen mußten. Aber es gab noch weitere Unruheherde auf dem europäischen Kontinent.

In England war nach Richard II. Heinrich IV. an die Macht gekommen, jener Fürst, der als Herzog von Hereford seinen Vorgänger, Titelfigur in Shakespeares gleichnamigem Drama, gestürzt hatte, ihn einkerkern und vielleicht auch ermorden ließ. König Richard hatte mehrere Jahre vor seinem Sturz Königin Margrete in freundschaftlicher Verbindung drei große Kriegsschiffe geliehen für ihren Kampf gegen die Seeräuber. Und jetzt versuchte sein Usurpator freundschaftliche Beziehungen zur Unionskönigin anzuknüpfen.

Als König Heinrich IV. den englischen Thron bestieg, hielt er Ausschau nach neuen Freunden und eventuellen Bundesgenossen. Und sein Blick fiel auf das benachbarte nordische Unionsreich. Er hatte damals vier Söhne und zwei Töchter, von denen die jüngste, Philippa, 1393 geboren war. Was lag also näher, als gute Beziehungen zu anderen Staaten mit Hilfe seiner Kinder zu suchen. Seinen ältesten Sohn wollte er mit einer französischen Prinzessin verheiraten. Für die älteste Tochter konnte er eine Ehe mit dem Sohn des deutschen Königs Ruprecht (reg. 1400-1410) zustandebringen.

Mit der jüngsten Tochter aber hatte er etwas anderes vor. Schon längere Zeit hatte sich Heinrich über das große nordische Unionsreich Gedanken gemacht und dabei auch an den jungen Thronfolger gedacht. Bevor er jedoch konkrete Schritte unternahm, wollte er erst die Versicherung haben, daß der nordische Thron für den jungen Erich auch wirklich sicher war. Er schickte also einen „Kundschafter“ in die Union mit dem Auftrag, ihm darüber einen Bericht zu liefern. Und als der positiv ausgefallen war, gab er seinen Abgesandten grünes Licht für Verhandlungen. Die trugen den Wunsch des englischen Königs nach einer Eheschließung König Erichs mit seiner Tochter Philippa vor, und gleichzeitig sollte der Prinz of Wales Erichs Schwester Katharina, die gleichfalls von Margrete adoptiert und im Birgittinen-Kloster Vadstena erzogen worden war, heiraten. Es sollte eine prächtige, königliche Doppelhochzeit stattfinden.

Dieser Wunsch wurde in Dänemark mit Wohlwollen aufgenommen, und man schickte im Sommer 1401 den Kleriker und späteren Erzbischof in Lund, Peder Lykke, nach England, um durch ihn nähere Informationen zu bekommen. Die waren günstig. Und so sandte man ihn im Oktober erneut in König Heinrichs Land mit einem konkreten Eheschließungsvorschlag von König Erich. Darauf trafen im folgenden Jahr englische Beauftragte mit Vollmachten von König Heinrich, seinem Sohn und Thronfolger und seiner Tochter Philippa im Unionsreich ein, die die Verhandlungen zu einem positiven Abschluß bringen sollten.

Doch bei einem genauen Studium der englischen Voraussetzungen zeigte sich, daß diese nicht akzeptabel waren und den politischen Grundsätzen Margretes und Erichs widersprachen.

Die Bedingungen erhielten nämlich einen Passus, dem das dänische Königshaus nicht zustimmen konnte. Bei einem Zustandekommen einer Ehe zwischen König Erich und Philippa sollten sich nämlich die beiden Reiche verpflichten, eines der Kinder aus der Ehe von Katharina und dem englischen Thronfolger zum nordischen König wählen zu lassen, falls Erichs Ehe mit Philippa kinderlos bleiben sollte.

Das widersprach völlig Margretes und auch Erichs außenpolitischem Konzept und ihrer national-nordischen Einstellung. Und so wurden die englischen Bedingungen abgewiesen.

Enttäuscht versucht König Heinrich nun, noch das Beste aus den verworfenen Heiratsplänen zu machen. Und es sieht so aus, als wenn er seinen neuen deutschen Verwandten vorgeschlagen hätte, sich um eine Ehe zwischen Ruprechts jüngerem Sohn, dem Herzog und Pfalzgraf Johann, und Königin Margretes Tochter Katharina zu bemühen. Und die kam später auch zustande.

Politische Motive waren mit dieser Ehe nicht verbunden. Dabei ging es nur um Geld. Als Mitgift verlangte man 100 000 Gulden – eine enorme Summe, auch für Königin Margrete. Doch sie verstand es, klug und berechnend wie sie war, die Summe auf ungefähr

40 000 Gulden herunterzudrücken. Und sie konnte es auch durchsetzen, daß die Braut nicht nach Deutschland gebracht wurde, sondern daß der Bräutigam ins Königreich Dänemark kam, wo im Spätsommer des Jahres 1507 in der Domkirche der alten, traditionsreichen Stadt Ribe die 14jährige Prinzessin Katharina dem Pfalzgrafen Johann angetraut wurde. König Erich hat sicherlich ein großes Fest im Schloß Riberhus für seine Schwester veranstaltet, an dem Katharinas Vater, der pommersche Herzog Wartislaw VII., bestimmt mit großer Freude teilgenommen hätte. Aber der war ja bereits seit 1395 tot.

König Heinrich war natürlich sehr enttäuscht. Mancherlei Pläne, die er für den Fall des Zustandekommens einer Doppelhochzeit zwischen seinem Reich und der großen Nordischen Union ersonnen hatte, waren geplatzt. Aber da war ja noch immer die Möglichkeit einer Heirat seiner Tochter Philippa mit dem jungen nordischen Unionskönig. Vorläufig aber wollte er von den Eheprojekten nichts wissen. Er ließ erst einmal eine gewisse Zeit vergehen und wartete ab, ob sich das dänische Königshaus nicht bald einmal wieder melden würde. Und das geschah auch, denn Königin Margrete und ihr Sohn hatten diesen Heiratsplan keineswegs aufgegeben. Und so reiste Peder Lykke erneut nach England, um die Verhandlungen wieder aufzunehmen. Und die führten für das dänische Königshaus zu einem Erfolg.

Am 8. Dezember 1405 wurde in der Westminster Abtei zu London eine „Vorhochzeit" gefeiert, bei der allerdings der Bräutigam nicht anwesend war, sondern nur ein Stellvertreter. Das war in der damaligen Zeit in dynastischen Kreisen nicht unüblich; denn damit wurden ja in relativ schneller Zeit die vertraglichen Abmachungen besiegelt. Philippa wurde zu Dänemarks, Norwegens und Schwedens Königin ausgerufen, und die Reise nach Dänemark konnte nun bald angetreten werden.

Es war vorgesehen, daß Philippa mit einem großen Gefolge über Norwegen nach Dänemark reisen sollte, und zwar mit mehreren großen und einigen kleinen Schiffen. In Norwegen wollte Erich seine Braut dann in Empfang nehmen, denn er befand sich zu der vorgesehenen Zeit auf einer großen Reise durch dieses Reich, während der er auf den verschiedenen Thingen des Landes die Huldigungen des norwegischen Volks entgegennehmen wollte. Das war jene Norwegen-Reise Erichs von Pommern, für die ihm seine Mutter besondere Instruktionen mitgegeben hatte, die der Nachwelt erhalten blieben und Margretes kluges Denken bezüglich der politischen und menschlichen Bildung ihres Nachfolgers ausweisen.

König Erich aber konnte dort oben im Norden seine Braut nicht empfangen. Die Reise war verschoben worden. Und so mußte er bis zum Sommer des Jahres 1406 auf die Ankunft seiner Braut und die erste Begegnung mit ihr warten.

Am 26. Oktober 1406 wurde dann das junge Paar in der Domkirche von Lund vom Erzbischof getraut, der dann auch die Krönung der jungen und neuen nordischen Königin vornahm.

Die Braut, ein kleines Mädchen von zwölf Jahren, muß prächtig ausgestattet gewesen sein. Der Zufall hat es gewollt, daß eine Liste mit Philippas Brautausstattung erhalten blieb. Danach brachte sie eine Menge schönster Kleidungsstücke mit in die Ehe, drei Paar elegante Stiefel, 30 Paar Schuhe, viele Kleinodien und noch manches andere mehr. Auch ein überaus prachtvolles Brautbett befand sich in der Schiffsladung. An sich sollte darin üblicherweise die Ehe vollzogen werden. Aber davon konnte bei dem Alter der Braut wohl kaum die Rede sein. Eine echte Hochzeitsnacht mußte wohl auf viel später verschoben werden.

Von dem Verlauf der sicherlich großartigen und mehrere Tage dauernden Hochzeitsfestlichkeiten sind keine dokumentarischen Überlieferungen auf uns gekommen. Aber es muß dabei schon hoch hergegangen sein, denn die schwedische Reimchronik aus den 30er Jahren des 15. Jahrhunderts weiß von großartigen Veranstaltungen zu berichten, von den vielen Klerikern, Rittern und Junkern, von den Turnieren und dem ganzen Trubel in dem schonenschen Lund, einer der bedeutendsten Städte im damaligen Königreich Dänemark.

Ein Beispiel aus der schwedischen Reimchronik (schwed. Rimkrönikan), das in knapper Wortführung das Hochzeitsfest und die damit verbundenen Vergnügungen schildert, sei hier in freier deutscher Übertragung wiedergegeben:

Die Königin bat alle, die es vernahmen,
und Prälaten, Ritter und Junker kamen.
Die Herren taten, worum sie gebeten.
Und so waren sie alle in Lund vertreten.

Viel edle Frauen waren auch dort
und hohe Jungfrau'n an diesem Ort.
Pfeifen, Posaunen und allerlei Spiel
konnte man hören im großen Gewühl.
Ganz ausgelassen die dän'schen Herrn,
taten all das, was sie hatten gern.

Manch schöner Streithengst ward vorgeführt,
mit goldner Schabracke, reich verziert.
Die Herren ritten mit großer Lust
zu den Turnieren, mit Mut in der Brust.
Und während der ganzen Hochzeitstage,
vergaß man Sorge, Not und Klage.[11)]

Nähere Beziehungen zwischen der Union und England, auf die Heinrich gehofft hatte, kamen durch diese Ehe allerdings nicht zustande.

Das junge Paar nahm Wohnung im Schloß von Kalmar, und Philippa übte später einen nicht geringen Einfluß auf die Unionspolitik aus.

König Erich zieht nach der Hochzeit nach Kalmar und erklärt das dortige Schloss zu seiner Residenz

Nach der pompösen Hochzeit in Lund nahmen König Erich und seine junge Frau ihren Wohnsitz auf Schloß Kalmar. Dort soll er, späteren Berichten zufolge, drei Jahre seine Residenz gehabt haben. Es wird auch berichtet, daß er den bisherigen Schloßkommandanten Abraham Brodersson entlassen und das damit verbundene Lehen seiner eigenen Verwaltung unterstellt habe.

Hier tritt zum ersten Mal die Tatsache in Erscheinung, daß sich Erich von seiner Adoptivmutter „abzunabeln" beginnt. Er hatte ja schon früher selbständige Unternehmungen durchgeführt, wie beispielsweise seine beiden Finnlandreisen in den Jahren 1403 und 1407.

Dort in Finnland, in jener Zeit ein Teil Schwedens, hatte er auch, dem alten schwedischen Brauch folgend, seine Eriksgata – die Eriksstraße – durchgeführt, jene Reiseroute, die die neugewählten schwedischen Könige nehmen mußten, um sich in den verschiedenen Ortschaften ihrem Volk vorzustellen und sich huldigen zu lassen.

Für eine entsprechende Norwegen-Reise, die bereits oben erwähnt wurde, hatte er von seiner Adoptivmutter die sogenannten „Instruktionen" mitbekommen, an die er sich halten sollte.

Von jetzt an scheint er solche Belehrungen nicht mehr zu benötigen. Sicherlich war er Ratschlägen seiner

Medaille mit dem Bildnis König Erichs von dem Medailleur Johann-Carl Hedlinger (1691-1771)

Adoptivmutter noch immer zugänglich, aber er fühlte sich nunmehr doch ganz und gar als sein eigener Herr.

Erichs Residenz, das Schloß Kalmar, war einmal entstanden im Zusammenhang mit einer Reihe von Befestigungswerken, die im 12. Jahrhundert längs der schwedischen Küste zum Schutz gegen Seeräuber und andere feindliche Angriffe angelegt worden waren. Dazu gehörten auch die befestigten Kirchen, sogenannte Wehrkirchen, die es in der Kalmarer Region und auf der gegenüberliegenden Insel Ösel gab. Der „Rundturm“, der sozusagen der „Grundstein“ des Schlosses Kalmar wurde, war in der Zeit des schwedischen Königs Magnus Ladulås (reg. 1275-1290) entstanden. Dieses sogenannte Schloß war damals mehr eine „feste Burg“ als ein Schloß in unserem heutigen Sinn.[12)]

Erst unter Gustav Wasa (reg. 1523-1560), dem Schöpfer des Nationalstaates Schweden, und seinen beiden Söhnen Erik XIV. und Johan III. wurde es zum Renaissanceschloß mit prachtvollen Räumen. In jener Zeit bekam das Schloß viel von dem, was man heute noch sehen kann.

Damals, als König Erich mit seiner jungen Frau dort residierte, waren die Räume wesentlich nüchterner und wohl auch noch kühler als zur Renaissancezeit. Aber das junge Paar muß sich dort ganz wohlgefühlt haben, sonst hätte Erich seinen Sitz wohl schon früher an einen anderen Ort verlegt. Möglichkeiten dafür waren genügend vorhanden. Aber mit der Residenz Kalmar wollte er natürlich auch seine enge Verbindung mit diesem Teil seines Unionsreiches zeigen, das zudem dort aus der Taufe gehoben worden war.

Wie das Ehepaar dort gelebt hat, ist nicht überliefert. Es gibt nur einzelne Berichte, die ein Chronikschreiber des St. Alban-Klosters aufgezeichnet hat, vermutlich nach den Erzählungen heimgekehrter Hochzeitsgäste. Diese Berichte geben alles andere als ein positives Bild von Dänemark. Nur was König Erichs Person betrifft, waren die Eindrücke wohl gut. Denn es heißt in dem Bericht, daß man ihn für einen jungen Mann von vorteilhaftem Aussehen hält, lebhaft, mutig und von schneller Auffassungsgabe. Und der Chronist schrieb auch, daß er seine Gäste – und es waren über zweihundert, die zusammen mit Philippa aus England gekommen waren – mit Wohlwollen empfing. Abgesehen von ein paar kleinen Bemängelungen kam der junge König aber ganz gut bei der Beurteilung durch seine hohen englischen Gäste weg.

Anders verhielt es sich mit dem Land. Das scheint den Hochzeitsgästen aus dem fernen Albion gar nicht gefallen zu haben. „Es war unbestellt und rauh", heißt es in der Chronik, „da wuchs nicht einmal Weizen, und das Korn mußte aus anderen Ländern eingeführt werden."

Daß es dem Land so schlecht ging, hatte, wie es die Chronik berichtet, seinen Grund darin, daß Königin Margrete nach ihrer Rückkehr aus dem eroberten Schweden keine Mittel mehr hatte, ihre Söldner zu bezahlen. Sie soll es daher erlaubt haben, daß sich diese auf eigene Faust ihren Lohn holen, indem Gruppen zu zwei oder drei Mann durch das Land streifen. Das haben sie auch getan und sich ohne Umschweife in die Häuser eingenistet, wo sie sich ohne Gegenleistung tagelang satt aßen und alles Brauchbare mitnahmen. Das führte besonders auf dem Lande bei den kleinen Bauern, bei den Tagelöhnern und Handwerkern zu großem Elend.

Philippa und Erich

Philippa, die 1393 geborene Prinzessin aus dem englischen Königshaus, die jetzt ungefähr 13 Jahre alt war, konnte – wie gesagt – nach der Hochzeit bald mit ihrem Mann zusammenleben. Ihre Erziehung und Ausbildung aber konnte in dem Alter kaum abgeschlossen sein. Sie bedurfte also eines Lehrers oder einer Lehrerin. Sicherlich konnte ihr Mann ihr manches beibringen. Aber seine Regierungsgeschäfte und Staatspflichten ließen ihm dafür wohl wenig Zeit. Also bekam sie, was einer Königin sowieso zustand, eine Hofmeisterin. Und das wurde, wie konnte es bei einer Schwiegertochter von Königin Margrete auch anders sein, eine Frau aus der Familie, die Margrete besonders nahestand: Katharina, die kinderlose Witwe des 1388 verstorbenen Øgmund Finnason, des gewesenen Drostes von Norwegen.

Philippa hätte also keine bessere Hofmeisterin bekommen können. Nicht nur, weil diese aus einer sehr hochstehenden Familie kam, sondern weil sie zudem die Tochter von Frau Merete war, die Margrete einst erzogen hatte. Und Merete war ja die Tochter der hl. Birgitta von Vadstena. Doch so vielversprechend ein solcher Anfang für Philippa auch war, es blieb nur ein Anfang. Katharina konnte ihr hohes Amt zur großen Sorge von Erich und Philippa leider nicht lange ausüben. Sie starb bereits im Jahr 1407.

Doch es war bald ein Nachfolger da: der Kleriker Magnus Benediktsson. Der hatte Katharina in ihrem Witwenstand auf Hestby beigestanden und war ihr an

König Erichs Hof gefolgt. Für Philippa muß er ein guter Lehrer und Berater gewesen sein; denn man weiß, daß aus ihr eine tüchtige und gebildete Frau wurde und sie in ihrer religiösen Haltung den Lehren der hl. Birgitta stark zugeneigt war. Daß Philippa mit diesem Lehrer und Berater sehr zufrieden gewesen sein muß, zeigt die Tatsache, daß er noch 1414 in ihrem Dienst stand.

Über das Verhältnis des Ehepaars Erich und Philippa gibt es nur spärliche Überlieferungen. Es heißt, daß die beiden zwar kinderlos blieben, aber doch eine gute Ehe führten.

Doch es gibt auch böse Überlieferungen, die ein gutes Eheverhältnis in Frage stellen. So soll sich Erich gegenüber Philippa oft roh, ja brutal verhalten haben. Der pommersche Chronist Thomas Kantzow (1505-1542) schreibt in seiner „Chronik von Pommern" (1535) im Zusammenhang mit König Erichs Rückkehr von seiner Reise nach Jerusalem, daß er sehr erzürnt gewesen sei, daß Philippa das Auslaufen der nordischen Flotte nach Stralsund gestattet oder gar befohlen habe. Aber statt der Eroberung von Stralsund hatten die Dänen sich mit schweren Verlusten zurückziehen müssen – und ein großer Teil ihrer Schiffe war verlorengegangen. Das hätte, so Kantzow, König Erich so in Wut gebracht, daß er seine Frau zusammenschlug, worauf sie, die schwanger war, bald starb.

In einer späteren Auflage dieser Chronik, die aus dem Jahr 1835 in niederdeutscher Sprache vorliegt, heißt es auf Seite 106 folgendermaßen: „Sollicks verdrot khonig Eriken, alse he weddergwamm, sehr, vnd ertornede vp de khoniginne, dat se dat gestadet hedde, vnd, wo man secht, sloch he se so hart, dat se daruan starff, vnd was schwanger."

Hier hat Kantzow etwas zusammengemischt und eine Geschichte aus unzuverlässigen Quellen in seine Chronik gebracht, die schon aus zeitlichen Gründen verworfen werden muß. Denn Kantzow schreibt, daß dieses Ereignis sich nach Erichs Rückkehr von seiner großen Reise ereignete. Das war aber 1425. Kantzow beschreibt auch eine Schlacht gegen die Stralsunder, die 1429 stattfand und nach einem von König Erich befohlenen Angriff auf Stralsund zu einer Niederlage für die Flotte des Unionskönigs führte.

Man findet derartige Darstellungen angeblicher Brutalität Erichs gegenüber seiner Frau noch hier und da in unseriösen Geschichtsdarstellungen. Ihre Urheber scheinen daran interessiert gewesen zu sein, die Persönlichkeit des Königs zu verunglimpfen. Der norwegische Historiker und Professor an der Universität Oslo, Ludvig Daae (1834-1910) schreibt zu solchen Behauptungen folgendes: „Ihre Ehe blieb – wie bekannt – kinderlos. Aber die Geschichte, daß der König ihr ein rauher und brutaler Herr gewesen sei, die in der späteren Zeit durch allgemeine Bücher ging, entbehrt jeglicher Unterstützung in wirklichen Quellen. Die Fabeln, daß Erik sie mißhandelt habe, während sie schwanger war, ja, sogar dadurch ihren Tod verursachte, und daß sie aus Gram darüber ins Kloster ging, sind seit langem widerlegt und verdienen nicht wiedergegeben zu werden.“ [13)]

Aber nicht nur Erichs angebliche Brutalität wird in den „echten Quellen“ ad absurdum geführt, auch seine behaupteten sexuellen Ausschweifungen tauchen in der Literatur auf. Sie stammen, wie Ludvig Daae meint, aus einer einzigen alten Quelle, einer Chronik, die vermutlich schwedischer Herkunft ist. In dieser Chronik wird behauptet, daß er die gröbste eheliche Untreue an den Tag gelegt habe und „getrieben von maßloser Leidenschaft viele Frauen von Adeligen entehrte.“

Die Frage, woher der Chronist seine Darstellung hat, glaubt L. Daae damit beantworten zu können, daß sie auf einer Verwechslung beruht und zwar mit dem gleichnamigen König Erik Klipping (reg. 1259-86), dem –

aufs Wort genau – dieselben sexuellen Ausschweifungen nachgesagt wurden.

Die einzige Frau, die der historischen Forschung als Erichs Geliebte und spätere Lebensgefährtin bekannt ist, ist jene Cäcilia, von der äußerst wenig überliefert wurde. Es ist daher nicht bekannt, ob das Verhältnis mit ihr, die eine der jungen Hofdamen von Philippa war, schon zu ihren Lebzeiten bestand oder erst nach dem Tod der Königin begann.

Bekannt hingegen ist, daß Philippa ihrem Mann eine treu ergebene Ehefrau war, ihn in allen seinen Staatsgeschäften tatkräftig unterstützte und ihm bei seiner oft langen Abwesenheit von seinem Unionsreich eine tüchtige Stellvertreterin war. Das machte sich besonders während Königs Erichs großer Auslandsreise bemerkbar, die ihn drei Jahre von seinem Reich fernhielt. Nach seiner Rückkehr nahm sie entschieden an der Staatsführung ihres Mannes teil. Mehrmals reiste sie nach Schweden, um dort mit dem Reichsrat wegen Kriegshilfe zu verhandeln. Und als die schwedische Flotte nach einer Schlacht im Öresund mit den Hanseaten 1428 nach Schweden zurückkehrt und während der Überfahrt einige Schiffe bei der Insel Saltholm stranden, soll Philippa ihnen sofort geholfen haben. In einer alten Überlieferung heißt es: „Sie schickte ihnen [den gestrandeten Seeleuten, d. Verf.] darauf Essen und Bier und ließ sie von einem Schiff abholen." Auch ein kluges Übereinkommen mit den Hanseaten (1424), das während König Erichs Abwesenheit zustandekam, wird ihrem hervorragenden politischen Instinkt zugeschrieben. Es handelte sich hierbei um eine Münzkonvention, durch die unter anderem die Münzen von Königin Margrete auf ihren wirklichen Wert devalviert wurden.

König Erich und Philippa hatten durchaus starke religiöse Neigungen, die wohl über die konventionellen Beziehungen von Monarchen jener Zeit zum Religiösen hinausgingen. Denn wann immer es ihre Zeit erlaubte, fanden sie sich zu einem Besuch im Kloster von Vadstena ein, wo sie gemeinsam in der Kapelle in stiller Andacht verweilten.

Philippa war auch hin und wieder allein in Vadstena, so beispielsweise im Januar 1430. Und dort ereilte sie in der Nacht zum Tag der Heiligen Drei Könige, am 5. Januar 1430, plötzlich der Tod. Die von vielen Menschen hochgeschätzte und geliebte Königin war erst 37 Jahre alt, als sie aus dem Leben schied.

Als König Erich vom plötzlichen Tod seiner Frau erfuhr, eilte er sofort nach Vadstena, um alles Nötige für die Beisetzungsfeierlichkeiten anzuordnen. Die Beisetzung sollte – dem Wunsch der Verstorbenen gemäß – in der von ihr gestifteten St. Anna-Kapelle erfolgen.

Zum Gedenken an die Verstorbene schenkte König Erich dem Kloster nicht nur reiche Kleinodien, sondern ordnete auch einen feierlichen Gottesdienst an, der von zehn Geistlichen, welche Königliche Kaplane genannt wurden und auf ihren Talaren ein rotes Kreuz auf gelbem Feld trugen, abgehalten werden sollte.

Diese Geistlichen hatten Messen und Gottesdienste auf die verschiedenste Weise auszurichten. Aber vor allem sollten sie Tag und Nacht Psalmen lesen. 1100 Nobel stiftete König Erich den Kaplanen und vor allem dem Kloster, das dafür freien Grund und Boden kaufen sollte. Ähnliche Gottesdienste ordnete König Erich überall im Lande an, in Kalmar, Kopenhagen, Roskilde, Lund, ja sogar oben im norwegischen Nidaros (Trondheim).

Es waren große Summen, die König Erich für all diese Beisetzungsfeierlichkeiten aufbringen mußte. Und das zu einer Zeit, wo er selbst in Geldnot war.

Der Grabstein der Verstorbenen in der St. Anna-Kapelle zeigt das Bild des Gekreuzigten, und neben Christus sieht man das königliche Wappen Englands. Die in lateinischer Sprache verfaßte Grabinschrift hat

Philippas Grabstein im Vadstena Kloster

folgenden Wortlaut: Hic sepulta est Philippa Erici Svetiae Gothiae Daniae et Norvegiae quondam regis potentissimi Pomeraniae ducis consors et Henrici quarti Angliae Franciae et Hyberniae regis filia quae vita est defuncta anno Christ MCCCCXXX V die ianuari. [14)]

Der Status von Gotland und das Übereinkommen von Helsingborg

Während König Erich in den Jahren nach seiner Hochzeit auf Schloß Kalmar residierte, unternahm er natürlich auch Reisen in seinem Reich. So ist er mitbestimmend gewesen bei dem Übereinkommen von Helsingborg am 15. Juni 1407, wo nach dem Tod des deutschen Hochmeisters Konrad von Jungingen am 30. März 1407 die bereits vorgesehene Zusammenkunft stattfand, die dann zu dem oben schon erwähnten Kauf der Insel Gotland führte.

Nachfolger des Hochmeisters Konrad von Jungingen war der Hochmeister Ulrich von Jungingen, ein Bruder des Verstorbenen. Man hatte nun dort in Helsingborg beschlossen, daß die Insel mit dem vom Orden schon begonnenen Schloßbau dem Unionskönig für 9000 Nobel überlassen werden sollte. Eine Erstattung der Unkosten, die dem Orden durch die Eroberung und Besetzung der Insel entstanden waren, hatte der neue Hochmeister fallengelassen.

Am 1. November 1408 erklärte dann Ulrich von Jungingen, daß der Orden die geforderten 9000 Nobel erhalten habe, womit Gotland nun zusammen mit Visby dem Unionskönig überlassen werden konnte.

Im Helsingborg-Abkommen wurde Gotland als „ein Staat für sich“ innerhalb des Unionsreiches angesehen; denn es wird erklärt, daß alle Bewohner „auf ewige Zeit“ getreu unter dem benannten König Erich und seinen Nachfolgern bleiben sollten und den drei Reichen – „by denne vorbebomeden heren koninge Erike vnd synen nakomelingen vnd by den dren riken.“

Am 21. September 1408 bestätigt König Erich in Kalmar Gotlands alte Freiheiten und Rechte. Allerdings fordert 1408 die gotländische Stadt Visby auch von ihm eine besondere Versicherung, daß niemand irgendeinen Schaden durch den Schloßbau in der Stadt erleiden soll. Den vom Deutschen Orden begonnenen Schloßbau ließ König Erich, nachdem die Insel in seinen Besitz gekommen war, nun vollenden.

Dieses Bauwerk hatte schon, als der Deutsche Orden es zu planen begann, Unruhe unter den Menschen in Visby ausgelöst, denn der Baumeister des Ordens hatte natürlich den besten Standort für ein solches Schloß, das sowohl die Insel als auch von außen kommende Eindringlinge beherrschen sollte, ausgesucht. Hoch oben auf einem Kalkfelsen, direkt über der Einfahrt zum Hafen, ist es begonnen und unter König Erichs Leitung schließlich vollendet worden. Ein prächtiges, mit vielen Türmen und dickem Mauerwerk versehenes Bauwerk, das in der Tat furchteinflößend sein konnte.

Diese „feste Burg" bestand bis 1679, als nach dem dänisch-schwedischen Krieg der Frieden von Lund geschlossen wurde. In jenem Jahr zwang man die Dänen, Visby zu verlassen, und da sprengten sie das Schloß, das sie 1676 in Besitz genommen hatten.

In den folgenden Jahrzehnten wurden die Steine der zerstörten Schloßanlage zum Kalkbrennen in den Öfen benutzt, die eigens für diesen Zweck auf dem Schloßgelände fertiggestellt worden waren. Aber als man das schließlich 1711 verbot, war die Zerstörung des Schlosses so gut wie vollendet. Und heute sind von dem einst so stolzen Bauwerk nur noch ein paar dicke Mauern übriggeblieben.

Doch zurück ins 15. Jahrhundert. Nachdem König Erich und Königin Margrete dem Deutschen Orden die Insel Gotland abgekauft hatten und sie in den Besitz des Unionskönigs gekommen war, mußte versucht werden, das größte Problem, welches das Unionsreich hatte, zu bewältigen: die Befriedung und Zurückgewinnung des Herzogtums Schleswig.

König Erichs grösstes Problem: Schleswig-Holstein

In der historischen Literatur über den nordischen Unionskönig Erich von Pommern wird vielfach behauptet, daß dieser Monarch sich allzuviel mit der Rückeroberung des Herzogtums Schleswig beschäftigt habe und dadurch das Regieren in seinem Reich vernachlässigte, so wie es auch v. d. Ropp in seiner eingangs zitierten Habilitationsschrift ausdrückt.

Eine solche Bewertung muß als zu oberflächlich angesehen werden; denn der Autor geht dabei nicht auf die Beweggründe ein, die König Erich zu diesem fast lebenslangen Kampf um die Stabilisierung seines Großreichs veranlaßten.

Zum einem mußte immer wieder der Versuch unternommen werden, die Südgrenze seines Reiches bestmöglichst zu schützen; denn der geschichtskundige König wußte natürlich nur zu gut, daß von dort unten in den vorangegangenen Jahrhunderten immer wieder Gefahr gedroht hatte, ja, daß sogar zu Zeiten seines Urgroßvaters Waldemar Atterdag das Dänische Reich fast aufgelöst wurde, weil große Teile in die Hände der Holsteiner Grafen gefallen waren, und es nur dem großen staatsmännischen Vermögen Waldemar Atterdags zu danken ist, daß das Königreich Dänemark von Königin Margrete in seiner historischen Größe wieder übernommen werden konnte.

Der Schutz des Königreichs Dänemark, des stärksten und meistbevölkerten Staats der Union – wohnte dort doch ungefähr die Hälfte der Gesamteinwohnerzahl aller drei Reiche – mußte vor allem anderen Priorität haben. Ohne den Kern- und Führungsstaat Dänemark mit seiner starken Regierung wäre die Existenz eines vereinten Nordens wohl bald in Frage gestellt worden.

König Erich hatte nun einmal zwei verwundbare Flanken in seinem Reich: die See und den Süden. Zur

See war er mit seiner Unionsflotte mobil und hatte als Gegner auch nur mit den Hanseaten zu rechnen. Und das nicht einmal permanent, sondern nur zeitweise.

Anders war es mit der Landesverteidigung an der Südgrenze. Sie konnte jeden Augenblick vonnöten sein, allein schon deshalb, weil die in Schleswig und Holstein herrschenden Fürsten unberechenbar waren und immer noch den Drang nach Norden hatten.

Gesehen werden muß das alles auch im Rahmen der Geschichte Schleswig-Holsteins. Diese Landbrücke des europäischen Kontinents zwischen den beiden Meeren und hin zum Norden war im frühen Mittelalter von verschiedenen Volksgruppen besiedelt. Da lebten zu jener Zeit im mittleren und westlichen Holstein die Sachsen, in Ostholsteins hügeliger und seenreicher Landschaft waren es Slawen und nördlich davon, im südöstlichen Schleswiger Land, Dänen und Jüten. Westlich davon hatten die Nordfriesen ihre Heimat auf den der Westküste vorgelagerten Inseln.

Um 800 – es ist die Zeit Karls des Großen – dringen die Krieger dieses Herrschers in das Land der Sachsen ein, auch in deren nordelbische Stammesgebiete. Das wird jedoch nicht dem großen Frankenreich angeschlossen, Kaiser Karl überläßt es großmütig seinen Verbündeten, den slawischen Abodriten, die 798 die Sachsen auf dem Sventanafeld (nahe Bornhöved) besiegt hatten.

Das ist auch die Zeit, in der der dänische König Godfred (Godofridus) das Schleigebiet beherrscht und 808 wegen Bedrängung der dänischen Südgrenze durch die Abodriten mit einem Heer in Mecklenburg einfällt und dort die reiche Handelsstadt Reric zerstören läßt.[21)]

Danach legt König Godfred zum Schutz der Südgrenze einen großen Wall zwischen Eider und Schlei an, das erste Danewerk (Dannevirke). 810 war das Leben dieses dänischen Königs zu Ende. Er wurde von einem Mann seiner Leibgarde ermordet – zur großen Erleichterung der Franken, die einen Vorstoß König

Godfreds auf Kaiser Karls Residenz Aachen als Vergeltung für die Bedrohung der dänischen Grenze durch den Frankenkaiser gefürchtet hatten.

Damals hatte Haithabu (Hedeby, Slistrup, Schleswig) die Rolle von Reric übernommen. Das war die erste stadtartige Siedlung Nordeuropas, in der Dänen, Schweden, Friesen, Slawen und Sachsen wohnten.

Das Land Schleswig wird in dieser Zeit als „Sønderjylland" (Südjütland) fest mit Dänemark verbunden, in dem die Dänen – nach Adam von Bremen (gest. ca. 1085) – bis an die Schlei leben. Jedoch ist der Raum zwischen Schlei und Eider nur ganz dünn besiedelt. Dort übte Kaiser Konrad II. (reg. 1024-1039) die Hoheitsrechte aus, auf die er aber zwischen 1025 und 1035 verzichtete. In dieser Zeit wurde unter dem dänischen König Knud dem Großen (reg. 1018-1035) die Eider Südgrenze des Dänischen Reiches.

Doch es sollte nicht immer so bleiben. Es war im Jahr 1111, als Herzog Lothar von Sachsen Graf Adolf von Schauenburg mit Holstein und Stormarn belehnte. Und über 200 Jahre später setzte der Schauenburger Graf Gerhard beim dänischen Hochadel durch – Dänemark hatte das Wahlkönigtum –, daß sein Neffe Waldemar V. von Schleswig zum König gewählt wurde und als Waldemar III. von 1326 bis 1330 regierte, wonach er abdankte und die Krone wieder Christopher überließ, jenem König, der mit der pommerschen Herzogstochter Euphemia vermählt war, und den man 1326 vom Thron gejagt hatte.

Graf Gerhard hatte es erreicht, daß er auch als Waldemars Vormund anerkannt wurde und am 15. August 1326 in Nyborg das Herzogtum Schleswig als erbliches und freies Fahnenlehen übertragen bekam. So war das alte dänische Gebiet durch geschickte dynastische Manipulation unter die Herrschaft eines deutschen Grafen gekommen, wodurch gleichzeitig Holstein und Schleswig zum ersten Mal vereinigt wurden.

Es folgten nun Verpfändungen von großen Teilen Dänemarks, bis König Waldemar das Königreich schließlich vor dem endgültigen Untergang bewahren konnte.

Nach dem Tod des letzten, vom dänischen König Abel (reg. 1250-1252) abstammenden Herzogs Heinrich (gest. 1375), der seit 1364 Herzog von Schleswig war, und dem im gleichen Jahr erfolgten Tod Waldemar Atterdags tritt eine ganz neue Situation für Schleswig ein. Am 15. August 1386 belehnt Königin Margrete auf Schloß Nyborg den Grafen Gerhard VI. (aus der Rendsburger Linie) mit dem Herzogtum Schleswig, und Graf Gerhard leistet ihr den Lehnseid und übernimmt die Lehnsfahne. Damit wollte Margrete endlich die Südgrenze ihres Reiches sichern; denn mit der Entgegennahme der Lehnsfahne und dem Treueschwur gegenüber dem dänischen König hatte Herzog Gerhard die dänische Oberheit über Schleswig anerkannt und gleichzeitig dem Königreich Dänemark im Ernstfall Mannschaft und Kriegshilfe gelobt.

Aber damit nicht genug. Vor dem großen Tag in Kalmar 1397 findet 1396 in Assens auf Fünen nochmals eine Begegnung zwischen Graf Gerhard VI. und Königin Margrete, seiner Lehnsherrin, statt, bei der ihr der Graf und Herzog von Schleswig ein zweites Mal den Lehnseid schwört.

Es steht außer Frage, daß Margrete weiterhin das Herzogtum Schleswig als Teilfürstentum des Dänischen Reichs ansah, das eines Tages wieder mit der dänischen Krone verbunden werden mußte.

Als später aber Familienzwistigkeiten die Holsteiner belasten, zudem Graf Gerhard im Kampf gegen die Dithmarscher fällt (1404), spitzt sich die Lage zu.

Sofort begibt sich der Bischof von Osnabrück, Heinrich, Graf Gerhards Bruder, nach Holstein, um die Gelegenheit zu nutzen und sich einen großen Teil des Landes anzueignen. Da bittet Graf Gerhards Witwe Elisabeth um Schutz und Unterstützung, mit dem

Ergebnis, daß König Erich die Vormundschaft über ihre drei Söhne – die ihr Schwager Heinrich, der sein Bistum aufgegeben hatte, anstrebte – bekommt.

Der Chronist der Holsteiner Chronik glaubte sogar an einen viel weitergehenden Plan der Königin Margrete. Er schreibt nämlich, daß sie, als sie nach dem Tod des Herzogs von den Streitereien der führenden Holsteiner hörte, sich ausrechnete, daß sie das schleswigsche Herzogtum für ihr Reich zurückbekommen könnte, wodurch sie sich, kraft all der gewonnenen Burgen, Zugang zu Holstein verschaffen und die Hansestädte Lübeck und Hamburg unter die dänische Krone bringen kann.

Ob Margretes Pläne tatsächlich soweit gingen, konnte die historische Forschung bisher nicht erkennen. Glaubhaft sind Bemerkungen dieses Chronisten, denen zufolge sich Margrete mit den Reichsräten besprach, ob sie, um Land zu gewinnen, Truppen aufbieten oder die besten Männer mit Geld und Geschenken gewinnen sollte. Die Reichsräte rieten ihr zu der letztgenannten Handlungsweise.

Und so heißt es in der Chronik weiter: „Darauf ließ die Königin Frau Herzogin mit den Vormündern [das war ein zwischenzeitlich eingesetztes Gremium von holsteinischen Rittern, d. Verf.] zu sich rufen, und durch Geschenke an die Großen und Versprechungen wurde sie zum Vormund und zur Beschützerin des ganzen Herzogtums gewählt.“ Tatsächlich aber war es natürlich König Erich, der oberster Vormund für die Herzogswitwe und deren Kinder geworden war. Und er hatte als Lehnsherr auch das Recht dazu.

Mit der „unblutigen Landgewinnung“ war dem Königreich Dänemark auch Erfolg beschert. So kam es in den Jahren 1404/05 bis 1407 in den Besitz von großen Teilen des Herzogtums Schleswig; denn Herzogin Elisabeth sah sich genötigt, gegen einen großen dänischen Kredit das Schloß Tondern mitsamt dem ausgestreckten Nordfriesland und den vielen dazugehörenden westschleswigschen Bezirken zu verpfänden.

An der Ostküste wurde Haderslevhus von der Witwe des 1404 gefallenen Henrick von Ahlefeldt, der es von Herzog Gerhard als Pfand bekommen hatte, eingelöst. Mehrere Bezirke im mittleren Teil von Nordschleswig, die im Besitz der mächtigen Familie Limbek waren, kamen unter die dänische Krone, da dieses Geschlecht Königin Margrete gehuldigt hatte. Das Schloß Trøjborg wurde von ihr gekauft und dem Bistum Ribe geschenkt, um es dadurch fest an Dänemark zu binden.

Überhaupt suchte Margrete überall Unterstützung bei der Geistlichkeit. So kaufte sie unter anderem das Gut Grödersby an der Schlei und schenkte es der Domkirche von Schleswig für eine Messe. Und der Bischof von Schleswig, der königstreue Hans Skondelev, kam Margrete mit Freuden entgegen. Er hatte zuviel unter dem Übermut des holsteinischen Adels leiden müssen und war jetzt bereit, Margrete seine beiden Burgen Schwabstedt und Stubbe für sechs Jahre gegen jährliche Abgaben zu übertragen. Die eine lag westlich der Treene, die andere auf der Halbinsel Schwansen. Diese beiden Burgen waren die äußersten Vorposten Dänemarks an seiner südlichen Grenze.

Durch all diese Verpfändungen, Pachtungen und Käufe hatten König Erich und Margrete den größeren Teil des Herzogtums in ihrem Besitz. Herzogin Elisabeth besaß nur noch die Inseln Alsen und Ærø, Flensburg mit der Burg Niehuus (Nyhus) und schließlich das Hauptschloß Gottorf.

Durch diese Zergliederung Schleswigs gab es überall im Land Unruhe. Und immer wieder wurde der Frieden gebrochen. Reisende Kaufleute wurden ausgeplündert, und zwei königliche Sendboten, die mit Briefen König Erichs nach Lübeck unterwegs waren, wurden bei Neustadt von holsteinischen Adligen beraubt. Aber es geschah in dem holsteinischen Land noch viel mehr.

Und die Großen, die sich bisher noch durchaus freundlich gegenüber dem dänischen Königshaus gezeigt hatten, wandten sich nun von ihm ab. Auch Herzogin Elisabeth traute Margrete nicht mehr und schloß sich jetzt ihrem Schwager an, der wiederum Unterstützung bei Albrecht von Mecklenburg suchte, welcher immer noch den Titel eines schwedischen Königs trug. Und das ging sogar soweit, daß er mit ihm ein Bündnis schloß. Auch mit Herzog Erich von Sachsen-Lauenburg, der mit einer holsteinischen Grafentochter verheiratet war, versuchte Elisabeths Schwager gegen die Dänen vorzugehen.

Diese wiederum näherten sich jetzt den alten Feinden der Holsteiner, den Dithmarschern. Und König Erich bewirkt, daß sie im Juli 1409 ein Bündnis mit den Unionsreichen schließen. Der König ist seit dieser Zeit äußerst aktiv, um sich gegen die Holsteiner durchzusetzen.

Er befiehlt die Herzogin Elisabeth zu sich, damit sie sich gegen den Vorwurf des gebrochenen Landfriedens verteidigen kann. Es ging dabei eigentlich um den Raubüberfall auf eine gewisse Frau Helene in Hadersleben (Haderslev), deren Vormund König Erich war. Aber diese Klage wurde bald verallgemeinert und auf alle Übergriffe ausgedehnt, die von den Schlössern der Herzogin ausgegangen waren.

Elisabeth sollte nun am St. Hans-Tag (24. Juni) des Jahres 1409 in Schloß Koldinghus erscheinen, jenem burgartigen Bauwerk, das 1248 von Herzog Abel von Schleswig (ernannt 1232) begründet worden war, und zwar als Schutz gegen Dänemarks König Erik Plovpenning, seinen Bruder. Das heutige Schloß, das immer noch burgartigen Charakter hat, stammt jedoch aus späterer Zeit.

Elisabeth erschien in Koldinghus allerdings erst neun Tage später und erklärte, daß es nicht in ihrer Macht gestanden hätte, die Übergriffe zu unterbinden. Dies sollte sie nun durch Zeugen beweisen. Da diese aber nicht erschienen, wurde die ganze Prozedur auf Bitten der Herzogin mit König Erichs Einwilligung vertagt.

So kamen sie also Anfang September wieder in Koldinghus zusammen. Aber die Herzogin hatte diesmal ihren Schwager, den Grafen Heinrich, mitgebracht, der von diesem Zeitpunkt an ihr ständiger Freund und Helfer war. Graf Heinrich versuchte nun gegenüber König Erich alles das abzuwenden, was der dänische Monarch Elisabeth vorgeworfen hatte.

König Erich wollte natürlich mit dieser Prozeßführung ein klares Ziel erreichen: Er hatte die Absicht, die Herzogin zu einer großen Schadensersatzsumme verurteilen zu lassen, wofür sie ihm dann eines der noch in ihrem Besitz befindlichen Schlösser verpfänden müßte.

Da König Erich aber immer versuchte – soweit es ihm machbar erschien –, seinen Willen juristisch untermauern zu lassen, legte er die Sache dem dänischen Reichsrat vor. Der wollte die zerstrittenen Parteien zu einem Vergleich bewegen. Schließlich war es soweit. Es kam ein Übereinkommen zustande, und zwar auf Schloß Hindsgavl auf Fünen, wohin man die Sache schließlich verlegt hatte. Danach hieß es in Holstein, daß Graf Heinrich nur durch Zwang zur Annahme der damit verbundenen Bedingungen gezwungen werden konnte. Dieses Übereinkommen entsprach indessen König Erichs Vorstellungen.

Graf Heinrich und Herzogin Elisabeth mußten für König Erich einen Schuldschein auf eine Summe von 11 400 Mark ausstellen – eine Summe, die sicherlich als Entschädigung für die beanstandeten Übergriffe gedacht war.

Für diese Summe wurden die Stadt Flensburg und die Burg Niehuus (Nyhus) nördlich von Flensburg mitsamt dem dazugehörenden Lehen verpfändet. Da die Burg aber bereits vorher an den Ritter Lauritz von Hesten verpfändet worden war, verpflichteten sich die Holsteiner, ihn zu entfernen. Herzogin Elisabeth behielt sich das Recht vor, Flensburg wieder auszulösen durch Begleichung der geforderten Summe. Das sollte sie bis Pfingsten König Erich und Margrete melden, um dann bis zum Weihnachtsfest die Summe zu zahlen. Bald kamen Flensburg und Niehuus in dänischen Besitz. Mit Niehuus ging es allerdings nicht nach Plan, da Lauritz von Hesten die Übergabe verzögern wollte. Daher nahm König Erich sie kurz entschlossen mit Waffengewalt.

Mit Flensburg hatte er dieses Problem nicht. Doch als hier und da wieder Unruhen ausbrachen, nutzten drei holsteinische Adelige diese Zeit zu einem Überfall auf den Bischof Hans Skondelev.

Dieser hatte ja König Erich und Margrete seine beiden Burgen überlassen und genoß nun den besonderen Schutz des Königs, welcher ihm seinen Hof bei Flensburg zur Verfügung stellte. Eines Abends drangen die drei adeligen Herren also in die Wohnung des Bischofs ein, der sich gerade in seine Schlafkammer begeben hatte und mißhandelten ihn so schwer, daß er schließlich sieben große Wunden und einen gebrochenen Finger davontrug. Aber damit nicht genug. Halbnackt führten sie den schwerverletzten Mann überall herum in der Absicht, ihn dem Gespött der Leute auszusetzen, bis sie ihn dann in die Gefangenschaft abführten.

Aber der schleswigsche Bischof ging durch diese Mißhandlungen nicht zugrunde. Noch im hohen Alter diente er König Erich, indem er zum Beispiel in besonderer Mission, zusammen mit einer anderen Persönlichkeit, zum Konzil nach Konstanz (1414-18) geschickt wurde, das König Sigismund einberufen hatte, um ein Ende des großen Schismas herbeizuführen und der Ketzerei der Hussiten ein Ende zu bereiten. Bischof Hans Skondelev hat von 1375 bis zum Jahr seines Todes 1421 unermüdlich für die Sache von Königin

Margrete und König Erich von Pommern gekämpft. Fast gleichzeitig mit dem Überfall auf Hans Skondelev waren die beiden Burgen Schwabstedt und Stubbe durch Verrat in die Hände der Holsteiner gefallen. Der Versuch, sich auch der Stadt Flensburg zu bemächtigen, scheiterte.

Nach diesen Überfällen schickte Herzogin Elisabeth König Erich einen Fehdebrief, schloß ein Bündnis mit dem Grafen Adolf von Holstein-Pinneberg, und ihre Söhne nahmen den Titel „Herzöge von Schleswig“ an.

Das war ein offener Bruch der bisherigen rechtskräftigen Vereinbarungen. König Erich erklärte darauf, daß das Herzogtum ausschließlich als Lehen der dänischen Krone erworben werden könne. Sollte es aber ein Erbland sein, dann wäre auf jeden Fall er selbst näher daran, es zu erben, als die Grafen.

Damit begann für König Erich ein langer Kampf um seine Rechte, aber gleichzeitig auch um die Existenz des Unionsreiches. Es mußte für ihn und seine Nachfolger gesichert werden. Und die Holsteiner waren schon mehrmals tief in Jütland eingedrungen. Eine Zerstörung Dänemarks mußte unweigerlich den Auseinanderfall der Union zur Folge haben. Der Schutz dieses großen nordischen Staatenbundes mußte vor allem an dessen südlicher Grenze erfolgen. König Erich betrachtete diese Sicherung als eine seiner wichtigsten Staatshandlungen; denn sein Kampf um Schleswig war kein Eroberungskrieg im üblich Sinn, sondern ein ihm aufgezwungener Kampf, dem er nicht ausweichen konnte.

König Erich zieht in den Krieg

Es war im Sommer 1410, als König Erich zwei Heere zusammenstellen ließ. Das eine war zur Eroberung der Inseln Ærø und Alsen bestimmt und stand unter seinem persönlichen Kommando, das andere, ein ausländisches Heer, kommandiert von Mogens Munk und Henneke Skarpenberg, sollte ins Herzogtum Schleswig einmarschieren.

König Erich konnte bald Ærø erobern und auf Alsen landen, wo sich die Besatzung von Schloß Nordborg nach kurzer Zeit ergab, während Sønderborg hartnäckigen Widerstand leistete.

In seinem Heer befanden sich viele Schweden. Darunter auch Abraham Brodersson, jener hochrangige Adelige, den er nach seiner Hochzeit mit Philippa, als beide ihren Wohnsitz auf Schloß Kalmar nahmen, als Schloß- und Lehnsherrn entließ. Dieser Schwede hatte auf Alsen eine junge Frau vergewaltigt. Als König Erich das erfuhr und die Tat auch bewiesen war, ließ er ihn zum Tode verurteilen, worauf er geköpft wurde. König Erich führte in diesen Dingen ein strenges Regiment. Und so muß späteren Historikern, die diesen Vorfall als eine Art Racheakt und somit eine negative Charaktereigenschaft König Erichs bewerten, der Hinweis auf die strengen Kriegsgesetze jener Zeit gegeben werden. Und die sahen für solche Vergehen tatsächlich die Todesstrafe vor. Erich, der immer großen Wert auf die Rechtmäßigkeit seiner Handlungen legte, hat sich danach gerichtet.

Das weitere Vordringen des Königs kam allerdings zum Stillstand, als ihn die Nachricht von der großen Niederlage seiner jütischen Truppen bei Eggebek erreichte.

Die unter dem Kommando von Mogens Munk und Skarpenberg stehenden Formationen waren bis Flensburg gekommen, um sich von dort als Ausgangspunkt das Herzogtum Schleswig zu unterwerfen. In Flensburg soll dann auch der wohl wieder freigekommene Bischof Hans Skondelev den dänischen Kriegern beim Weitermarsch ins schleswigsche Land den Segen gegeben und gesagt haben: „Die können ja bis zum Rhein kommen, so derb wie die aussehen.“

Sie kamen nicht bis zum Rhein. Nicht einmal bis zur Stadt Schleswig. Plündernd und raubend waren diese Truppen von Flensburg über Bredstedt und Husum nach Eiderstedt gekommen. Um ihre Beute in Sicherheit zu bringen, zogen sie am rechten Treeneufer wieder in Richtung Norden. Sie fühlten sich jetzt wohl ziemlich sicher und erwarteten keinen Angriff.

Offensichtlich waren sie kaum verteidigungsbereit, als sie auf der Heide zwischen Eggebek, Jörl und Sollerup auf den Feind stießen, der schon auf sie wartete. Dort standen die Krieger des Schauenburger Grafen Adolf VIII. bereit, die die ahnungslosen Dänen fast völlig vernichteten.

Am 12. August 1410 war es zu der für die Holsteiner siegreichen Schlacht von Eggebek gekommen. Das dänische Kriegsvolk hatte 1400 Gefallene zu beklagen, 360 Mann gerieten in Gefangenschaft. Unter den Toten befand sich auch der Feldherr Mogens Munk, während Skarpenberg in Gefangenschaft kam.

Gegen ein Lösegeld von 10 000 Mark bekam er später die Freiheit wieder, während die Freigabe der Gefangenen den Siegern ein Lösegeld von 60 000 Mark einbrachte. Auch die Beute, die die Dänen gemacht hatten, fiel an die Sieger zurück. Außer den vielen Toten hat König Erich einen materiellen Verlust von über 200 000 Mark hinnehmen müssen.

Nun könnte man annehmen, wenn man die Schlacht von Eggebek als Musterbeispiel für einen „unglaublich fehlerhaft geführten Krieg“ (von der Ropp) gegen die Holsteiner betrachtet, daß diese Schlacht für eine solche Wertung beweiskräftig ist. Aber das trifft nicht zu, denn die strategische Planung dieses Feldzuges lag nicht in den Händen des dänischen Königs. Dafür trugen die beiden Feldherrn Mogens Munk und Skarpenberg die Verantwortung. König Erich selbst hatte die strategische Planung für den Feldzug gegen Ærø und Alsen zu verantworten, und der verlief erfolgreich.

Wie auch immer man diese Situation beurteilt: die Dänen hatten mit ihren jütischen Truppen eine katastrophale Niederlage erlitten. Aber der Kampf um das Herzogtum Schleswig war dadurch nicht entschieden worden.

Wie so oft in jener Zeit wurde der Krieg durch Verhandlungen beendet. Zudem schalteten sich noch die Hansestädte ein, und Margrete und König Erich hofften wohl durch Verhandlungen mehr zu erreichen als durch Weiterführung des Krieges.

Bereits im September trafen sich die beiden Kriegsparteien in Flensburg, wo zuerst einmal ein Waffenstillstand beschlossen wurde. Und die aus dem Verlauf dieser Auseinandersetzungen entstehenden Bedingungen sollten – auf Beschluß der beiden Parteien – durch ein Schiedsgericht festgelegt werden, in dem Königin Margrete auch einen Sitz bekam.

Wenn man sich fragt, warum dieser Sitz nicht König Erich zugestanden wurde, dann liegt die Antwort klar auf der Hand. Es war vermutlich der König selbst, der seine Adoptivmutter dafür vorgeschlagen hat, da sie in diesen Dingen die größte Erfahrung besaß und zudem eine überaus kluge diplomatische Verhandlungstaktik praktizieren konnte.

Eigentlich sollte der Schiedspruch im Oktober gesprochen werden. Aber daraus wurde nichts. Wie es nun einmal bei derartig kontroversen Angelegenheiten ist, kam vorerst nichts weiter heraus als eine Verlängerung des Waffenstillstands. Während dieser Zeit sollte jede Partei ihre Eroberungen behalten: die Herzogin die beiden dem schleswigschen Bischof gehörenden und den Dänen auf Zeit überlassenen Burgen, die die Holsteiner ja erobert hatten, und König Erich Ærø und Alsen.

Was aber Flensburg betraf – die Stadt sollte ja eigentlich bis zur Weihnachtszeit von der Herzogin ausgelöst werden –, so wurde die Entscheidung darüber bis zu der eigentlichen Friedenskonferenz ausgesetzt, die man im Mai 1411 einberufen wollte.

Bevor jedoch dieses Treffen zustande kam, unternahm Königin Margrete einen diplomatischen Schritt, der voll und ganz der dänischen Herrschaft zugute kam und wieder einmal Margretes staatsmännisches Vermögen bewies: Sie lieh dem Herzog Erich von Sachsen-Lauenburg, der mit seiner holsteinischen Frau wichtige Besitzungen im nördlichen Schleswig bekommen hatte, 3 000 lübische Mark. Dafür kamen Apenrade (Åbenrå) mit Schloß und Stadt sowie verschiedene dazugehörende Ländereien und Bezirke als Pfand an König Erich und Margrete.

Die Zusammenkunft der Kriegsparteien, die für den Monat Mai 1411 in Flensburg beschlossen worden war, wurde auf den Monat März vorverlegt. Aber statt Flensburg einigte man sich auf Koldinghus. Wer dort den Vorsitz führte, ist nicht überliefert. Aber es kam doch zu einer Vereinbarung, derzufolge jetzt eine Friedenszeit von fünf Jahren eintreten sollte, in denen die Besitzverhältnisse auf den Stand von vor 1410 zurückgeführt werden müssen. Das heißt, daß die Holsteiner die beiden Burgen Schwabstedt und Stubbe an die Dänen zurückzugeben haben. Die beiden Inseln Ærø und Alsen sollten wieder in den Besitz von Herzogin Elisabeth kommen. Das Tondern-Schloß (Tønder) mit den dazugehörenden Ländereien konnte die gesamte Zeit, die der Pfandbrief auswies, bei der dänischen Krone bleiben. Was Flensburg betraf, verzichtete Herzogin Elisabeth auf das Einlösen der verpfändeten Stadt, die also in den beschlossenen fünf Jahren im Besitz des dänischen Königs bleiben sollte.

Diese Bedingungen waren für das Dänische Reich unter den zur Zeit herrschenden Verhältnissen durchaus akzeptabel. Aber es sollte für König Erich und Margrete noch besser kommen. Sie setzten nämlich durch, daß die endgültige Friedenskonferenz auf dänischem

Boden stattzufinden hat, und zwar auf Schloß Nyborg. Das dortige Schiedsgericht sollte aus einer gleich großen Zahl von Räten beider Parteien zusammengesetzt und das Urteil nach dänischem Recht gesprochen werden. Auch wurde beschlossen, daß, falls man sich über das Urteil nicht einig werden konnte, man den deutsch-römischen König Sigismund, einen leiblichen Vetter König Erichs, anrufen würde. Seinem Spruch – ebenfalls nach dänischem Recht – hätten sich dann beide Parteien unweigerlich zu beugen.

Doch soweit war es noch nicht. Denn als die Vergleichsbestimmungen bezüglich des fünfjährigen Friedens ausgefertigt, dokumentiert und unter den Parteien ausgewechselt werden sollten, verweigerten die Holsteiner – trotz der rechtmäßigen Vereinbarungen von Koldinghus – ihre Zustimmung. Der holsteinische Adel brach den Frieden, den die Fürsten beschlossen hatten. Ihm war vor allem die dänische Herrschaft über Flensburg ein Dorn im Auge. Jetzt begannen Margrete und Erich ihre Stellungen im Süden zu befestigen. So ließ Margrete auf einer Anhöhe über der Stadt Flensburg einen Hof, den sie von einem gewissen Iver Juel gekauft hatte, befestigen, woraus eine Burg entstand. Zu jener Zeit war der tüchtige Jens Due (gest. ca. 1420), der bei den Krönungsfeierlichkeiten in Kalmar (1397) zum Ritter geschlagen worden war, Kommandant der Flensburger Garnison. Er war es auch, der die Arbeiten an der neuen Burg stark vorantrieb und – was ja auf der Hand lag – ihr erster Kommandant wurde. Due bekleidete später das Amt eines Reichshofmeisters, die höchste Stellung nach dem König. Diese Befestigungsarbeiten wurden von den Holsteinern als Friedensbruch angesehen. Eines Nachts verschaffte sich Erich Krummendiek, der ja einmal auf Margretes Seite gestanden hatte, zusammen mit einigen holsteinischen Adeligen Zugang zu einem der Klöster der Stadt und bekam von dort aus bald ganz Flensburg in seine Gewalt. Auf dem besagten Berg aber hielt sich die Marienburg – so genannt nach dem Namen der Anhöhe – mit ihrer dänischen Besatzung und wurde auch bald durch weitere Truppen, die eine königliche Flotte herbeigebracht hatte, entsetzt.

Und wieder begann der Krieg, der 1412 mit wechselseitigem Erfolg geführt wurde. Schließlich aber kam es im Oktober zu Friedensverhandlungen, bei denen Herzog Ulrich von Mecklenburg als Vermittler fungierte. Er wurde auch von den Holsteinern als ein solcher anerkannt, obwohl er eigentlich parteiisch war; denn er hatte sich 1411 in dänische Dienste begeben und bezog seinen Sold von König Erich. Der Urteilsspruch des Fürsten lautete: Die Stadt Flensburg geht an die dänische Krone zurück, das Abkommen von Kolding bleibt in Kraft, und die Friedenskonferenz in Nyborg und das damit verbundene Schiedsurteil haben schon im Sommer des kommenden Jahres stattzufinden. Die Sache mit der befestigten Stellung auf der Anhöhe über Flensburg wollte der Herzog so schnell wie möglich entscheiden, daß heißt, sobald er von beiden Parteien die Begründungen ihres Standpunkts in den Händen hat.

Königin Margretes letzter Sieg und ihr Tod an Bord ihres Schiffes

Am 7. Oktober 1412 erschien Königin Margrete vor Flensburg, um das Urteil des mecklenburgischen Fürsten entgegenzunehmen. Von den Holsteinern hatte sich allerdings keiner zu Herzog Ulrich begeben, der bevollmächtigt gewesen wäre, den Schiedsspruch zu empfangen.

Das veranlaßte den Herzog, die Sache zu Dänemarks Gunsten als erledigt zu betrachten. Und da Flensburg sich nicht widersetzte, konnte sich Margrete am 24. Oktober in die Stadt begeben, wo sie die Huldigungen der Flensburger entgegennahm. Flensburg gehörte nun wieder der dänischen Krone.

Margrete war natürlich mit ihrem Gefolge und den sie begleitenden bewaffneten Rittern in die Stadt gekommen; denn sie kannte nur zu gut die oft heimtückischen Handlungsweisen gewisser holsteinischer Adliger. Und so war es nur zu verständlich, daß sie nicht in Flensburg selbst wohnte, sondern an Bord ihres Schiffes im Flensburger Hafen.

Nach den Huldigungen, die sie für sich, König Erich und das Reich entgegennahm, muß sie sich überaus glücklich gefühlt haben. Und ihre Hoffnung, das Herzogtum Schleswig dem Königreich Dänemark wieder ganz und gar zurückgewinnen zu können, das Reich noch zu ihren Lebzeiten wieder in seinen alten, ursprünglichen Grenzen bis hin zur Eider zu sehen, muß sich üppig entfaltet haben.

Doch ausgerechnet zu diesem Zeitpunkt, wo die nun 59jährige Königin auf der Höhe ihrer Macht stand, war die Pest ins Land gekommen, jener furchtbare „Schwarze Tod“, der neben den vielen Kriegen und anderen Übeln die grausame Geißel des Mittelalters war, wurde doch allein im Europa des 14. Jahrhunderts ein Drittel der Bevölkerung von der Pest dahingerafft.

Königin Margrete scheint sich in Flensburg angesteckt zu haben; denn in der Nacht zum 28. Oktober 1412 stirbt sie, „auf einem Stuhl sitzend“, an Bord ihres Schiffes. Eine der größten Gestalten des nordischen Mittelalters war mit ihr dahingegangen.

Die Leiche der verstorbenen Königin wurde – ihrem Wunsch gemäß – in die Klosterkirche von Sorø übergeführt, wo sie neben ihrem Großvater, Vater und Sohn beigesetzt werden sollte. Doch es kam anders. Der Bischof von Roskilde, Peder Jensen Lodehat (gest. 1416), Kanzler des Reiches und Margretes alter Vertrauter, wollte die Verstorbene in seiner Nähe haben.

Er ließ die Leiche fortführen, „fast mit Gewalt gegen die Mönche“, und im Chor der Domkirche beisetzen.

Warum der Roskilder Bischof den Sarg der Königin „fast mit Gewalt“ in die Kathedrale schaffen ließ, hat in der historischen Forschung verschiedene Erklärungen gefunden. Wollte er sie wirklich nur in seiner Nähe haben, oder gab es noch andere Gründe?

Am wahrscheinlichsten ist, daß König Erich es so haben wollte. Dafür spricht, daß er im Sommer 1413 in der Roskilder Kathedrale ein dreitägiges Kirchenfest zu Ehren seiner verstorbenen Adoptivmutter feiern ließ. Der erste Tag war ganz dem Gedenken der Toten geweiht. An fünfzig Altären wurden unter Anwesenheit von einem Erzbischof und 15 Bischöfen Messen zelebriert, und die Priester erhielten reiche Geschenke. Gold und Silber strömte bei diesen Feierlichkeiten in die Kirche, deren Domkapitel dadurch reichen Gewinn erzielte. Überhaupt war die Begräbnisstätte einer so berühmten Persönlichkeit für das Bistum fast von gleicher Bedeutung wie die Aufbewahrung hochheiliger Reliquien. Denn beides machte die Domkirche in weitesten Kreisen bekannt und zog viele Menschen an, die oft reichliche Spenden hinterließen.

Für König Erich aber war diese dreitägige Kirchenfeier ein Dank an seine verstorbene Adoptivmutter, den er dadurch auch vielen Menschen zum Ausdruck bringen konnte.

Zehn Jahre später ließ er der verstorbenen Regentin einen kostbaren Sarkophag in der Domkirche errichten, der von einem unbekannten Bildhauer aus Frankreich oder den Niederlanden geschaffen wurde. Auf dem Sarkophag ruht die lebensgroße Alabasterskulptur der Königin in einem eleganten Gewand französischen Stils. Die Schultern sind entblößt, ein Metallgürtel umschließt ihren Leib, an dem, der Mode der Zeit entsprechend, Glöckchen hängen. Eine Krone ziert das Haupt, dessen Frisur mit den über den Ohren hochgeschlagenen Haaren zeittypisch ist. Ihr Gesicht entspricht dem einer ungefähr dreißigjährigen jungen Frau. Die ganze Figur ist das Ebenbild einer schönen gotischen Königin. Sie ruht auf dem Sarkophag, auf dessen Deckplatte der Rand mit einer Inschrift aus vergoldeten Minuskeln versehen ist. Diese ließ König Erich in lateinischer Sprache entwerfen. Und sie lautet in deutscher Übersetzung:

„Im Jahre des Herrn 1412, am Tage der heiligen Apostel Simon und Judas, starb die hochberühmte Fürstin und Herrin, Frau Margrete, vormals Königin der Reiche Dänemark, Schweden und Norwegen, und wurde im folgenden Jahr, am 4. Juli hier bestattet. Da die ganze Nachwelt sie nicht so zu ehren vermag, wie sie es verdient, wurde dieses Denkmal auf Kosten des hohen Fürsten, des jetzt regierenden Königs Erich, im Jahr 1423 errichtet."

Was man allerdings heute in der Domkirche von Roskilde sehen kann, ist zum größten Teil eine Rekonstruktion, denn im 17. und 18. Jahrhundert wurden viele der feinen Alabasterreliefs und gotischen Nischenfiguren der Apostel und Heiligen zerstört. Das geschah zum Glück nicht mit der Skulptur der Königin. An ihrem Gesicht wurde nur eine geringfügige Rekonstruktion der Nasenspitze vorgenommen. Und die Krone stammt aus dem 16. Jahrhundert.

Die Rekonstruktion dieses einmaligen und wohl bedeutendsten dänischen Grabdenkmals besorgten nach erhaltenen Relieffragmenten und anderen Vorlagen die Bildhauer F. G. Hertzog und Carl Aarsleff. Sie beendeten ihre Arbeit, die mehr als 50 Jahre in Anspruch nahm, im Jahre 1912, genau 500 Jahre nach dem Tod der Königin.

In der Kathedrale zu Roskilde, der bedeutendsten Domkirche des Königreichs Dänemark, die zugleich Begräbnisstätte vieler Monarchen des Landes ist, wurde nun der Name König Erichs mit dem der Königin Margrete, die sich selbst nie Königin nannte, sondern schlicht „Frau Margrete", für die nachfolgenden Zeiten verbunden. So wird die Erinnerung an den nordischen König und pommerschen Fürsten auch an dieser Stätte, in der er ja nicht seine letzte Ruhestatt fand, lebendig bleiben.

Für die Jahre nach dem Mündigwerden König Erichs vermittelt die historische Literatur oft den Eindruck, daß Margrete das Reich de facto allein regierte. Das ist jedoch nicht richtig. Man könnte wohl besser sagen, die beiden Monarchen taten es gemeinsam. Daß Erich dem Rat seiner Adoptivmutter wohl in den meisten Fällen aufgeschlossen gegenüberstand, ist – vielleicht bis auf wenige Ausnahmen – unbestritten. Denn der junge Erich erkannte bald, daß sie eine große Lehrmeisterin war und natürlich – schon wegen des Altersunterschieds – die größeren Erfahrungen in den politischen Auseinandersetzungen mit all ihren Problemen hatte. Daß sie bei maßgeblichen Ereignissen zuweilen ohne den König erschien, entsprach nur einer Teilung der Regierungsaufgaben, die man hier und da bei beiden beobachten kann.

Jetzt aber war Margrete tot – und König Erich Alleinherrscher.

König Erich auf dem Danehof zu Nyborg und der Urteilsspruch von König Sigismund

Nach den dreitägigen Feierlichkeiten zu Ehren der verstorbenen Königin begab sich Erich mit großem Gefolge nach Nyborg. Dort sollte der Schiedsspruch laut Beschluß von 1412 am St. Hans-Tag, dem 24. Juni 1413, verkündet werden.

Man hatte sich ja auf einen fünfjährigen Frieden geeinigt, da der aber von den Holsteinern gebrochen worden war, hatte König Erich seine Vormundschaft über die Witwe des gefallenen Herzogs Gerhard und ihre Kinder aufgegeben. Diese übernahm nun der Bruder von Elisabeth, Herzog Heinrich von Lüneburg. Doch der schien sich über König Erichs Forderungen nicht so recht im klaren zu sein und glaubte, es handele sich um all die kleinen Streitereien, eventuell um Landfriedensbruch, einige Übergriffe verschiedener Schloßherren und andere derartige Vergehen. Danach hatte er sich schon sorgfältig seine einzelnen Klagepunkte zurechtgelegt, die er gegen Erich ausspielen wollte. Und er hatte auch die Absicht, die Räte zu benennen, deren gleiche Anzahl für beide Parteien bei dem letzten Gerichtstag beschlossen worden war. Sein Rat sollte aus dem Dompropst von Schleswig, Heinrich von der See, und fünf schleswig-holsteinischen Adelsherren bestehen. Da Herzog Heinrich ein durchaus objektiv denkender Mann war und ihm an einem vernünftigen Abschluß der Auseinandersetzungen gelegen war, hatte er Anfang Juni den König in Vordingborg aufgesucht und ihm zu verstehen gegeben, daß seine Schwester durchaus gewillt sei, ihn wieder mit der Vormundschaft zu betrauen. Und man beschloß – wohl besonders wegen der Trauerfeierlichkeiten in der Roskilder Domkirche –, den Danehof erst zum St. Jakobs-Tag (25. Juli) einzuberufen.

So konnte sich dann, wie bereits erwähnt, König Erich mit einem glänzenden Gefolge nach Nyborg begeben, in jene altehrwürdige Stadt auf Fünen, in deren ca. 1170 gegründetem Schloß schon oft der Danehof, Dänemarks mittelalterliche Reichsversammlung, zusammengekommen war.

Die Reichsversammlung dieses Jahres, auf der für das Königreich eine bedeutende Entscheidung erwartet wurde, sollte mit großem Pomp durchgeführt werden. Das war der Wille des Königs. Zugleich sollte sie ein Markstein in Dänemarks Geschichte werden und einer großen Öffentlichkeit zugänglich sein.

Schloß Nyborg auf Fünen, in dem Dänemarks erstes Grundgesetz beschlossen wurde (1282) und bedeutende Reichsversammlungen stattfanden.

Und so erschienen dort auch fast alle Bischöfe des Reiches und viele andere hochstehende Persönlichkeiten. Auch die Hanse hatte außerordentliche Gesandte geschickt, die mit dem König über ihre Angelegenheiten verhandeln sollten. Von den ausländischen Fürsten erschienen Ulrich von Mecklenburg, Johann von Sachsen und zwei pommersche Herzöge. Als Herzog Heinrich diese große illustre Versammlung sah, war er völlig überrascht. Er hatte ja gedacht, daß man allgemein über eine Friedensregelung verhandeln wollte. Einen für beide Parteien bedeutsamen Urteilsspruch, der die Existenz des Königreichs und Herzogtums tiefgehend berühren würde, hatte er nicht erwartet.

Aber König Erich machte ihn nun mit der Rechtsgrundlage der hier zu entscheidenden Sache bekannt, indem er den Inhalt der Friedensbriefe zitierte und erklärte, daß er die anwesenden Fürsten bitten werde zu erklären, ob er mit seiner Auffassung im Recht sei.

Damit hatte Herzog Heinrich bereits verloren. Erich, der sich seiner Sache völlig sicher war, trat nun souverän vor den versammelten Danehof und fragte, ob er eigentlich mehr tun könne, als sich dem Urteil der gewählten Räte zu unterwerfen.

Das wurde natürlich verneint. Und der König erklärte weiter, daß er jetzt sein Recht bei Bischof Peder Jensen Lodehat, Kanzler des Dänischen Reiches und oberster Richter des Danehofs, suchen würde.

Darauf forderte der König die vier anwesenden deutschen Fürsten auf, sich zu Heinrich von Lüneburg zu begeben, um diesen, dessen Schwester und seinen Neffen sowie Erich Krummendiek und alle deren Räte und Männer, die sich unrechtmäßig in den Besitz von Land und Gut im Herzogtum Schleswig gebracht hätten, zum nächsten Thingtag des Danehofs vorzuladen. Dort sollten sie – nach dänischem Recht – dem König Rede und Antwort stehen.

Doch am Thingtag, dem 29. Juli, erschien keiner der Vorgeladenen. Und so wurden sie für „trotzig Ausgebliebene“ (contumaces) erklärt.

Jetzt war sich der König voll und ganz seiner Sache sicher. Er trat nun persönlich im Rittersaal des Schlosses vor den obersten Richter und die ganze, große Versammlung hin und erklärte, daß, nachdem Graf Gerhard, der sich „als Herzog von Schleswig ausgab“, im Kampf gegen die Dithmarscher gefallen war, er – der König – persönlich die Vormundschaft für das Herzogtum sowie Gerhards Witwe und Kinder übernommen habe, und daß Erich Krummendiek und viele andere in seinen und seiner Mutter Dienste eingetreten seien. Der König betonte weiter, daß sowohl die Herzogin als auch die Holsteiner den beschworenen Landfrieden gebrochen und entgegen ihrem Eid den König bekämpft hätten.

Das ganze Auftreten des Königs zeugt von einer wohlvorbereiteten Anklage, der objektiv nichts entgegenzusetzen war. Wieder einmal bewies der junge König, daß er nicht nur seiner hohen Stellung gewachsen war, sondern auch sein Plädoyer juristisch gut zu untermauern verstand. Hätte ihn seine Adoptivmutter auf diesem Danehof noch hören können – sie wäre sicherlich sehr stolz auf ihn gewesen und hätte ihn als ihren würdigen Nachfolger erkannt.

In allen Einzelheiten trug er die Verletzungen, Vertrags- und Wortbrüche der Holsteiner vor. Und er erklärte dann, daß das Herzogtum Schleswig, das eigentlich ihm durch mütterliches Erbrecht zustehen müßte, nach den Regeln des Lehnsrechtes auf jeden Fall an die Krone zurückfallen müsse, weil die Inhaber gegen ihren Treueschwur ihn, den Lehnsherrn, bekriegt und ihre Briefe und Gelöbnisse nicht erfüllt hätten.

Das Urteil fiel auch dementsprechend aus. Bischof Peder Jensen Lodehat verkündete es „nach den Ratschlägen und der Zustimmung der rechtskundigen Beisitzer und des gesamten königlichen Parlaments".

In dem Urteil heißt es, daß der, welcher mit ausländischer Hilfe sein Vaterland angreift, alles verwirkt, was er besitzt, sowohl Grund und Boden als auch anderes. Davon ausgehend heißt es weiter, daß die Inhaber des Herzogtums, die gegen alles Recht und gegen das Lehnsgesetz (jus feudale) Krieg gegen ihren Lehnsherren geführt hätten, Felonie (Untreue) gegen den Lehnsherrn und somit ein Majestätsverbrechen begangen haben. Damit sei das Herzogtum an den König und die Krone gefallen, ganz abgesehen von der mangelhaften Investitur und dem mütterlichen Erbrecht des Königs.

Die Verurteilten sollten außerdem alles das, was sie unrechtmäßig aus dem Herzogtum entnommen und durch ihre Angriffe dem König an Schaden zugefügt haben, erstatten.

Das war ein klarer Urteilsspruch. Das Herzogtum war wieder an die Krone gekommen. Und jetzt hätte der König als rechtmäßiger Herr des Herzogtums endgültig reinen Tisch machen, also alle Stützpunkte der Holsteiner in Schleswig zur Übergabe auffordern, oder – falls die Holsteiner darauf nicht eingingen – mit Waffengewalt zurückholen können.

Aber König Erich legte immer Wert auf die Rechtmäßigkeit seines Handelns. Zwar hätte er durch das Nyborg-Urteil volle rechtliche Deckung für Kriegshandlungen gehabt, aber durch das Urteil war der fünfjährige Friedenspruch nicht erloschen. Und den wollte Erich nicht brechen. Also blieb vorläufig alles beim alten.

Aber es geschah doch einiges. Einen Monat nach dem Nyborg-Urteil konnte der pommersche Herzog Wartislaw friedlich zwischen König Erich und Herzog Heinrich wegen einer beiderseitigen Freigabe von Gefangenen verhandeln und ein Treffen im Herbst zur Klärung und Ordnung von Klagen, Schäden der Gefangenen, Friedensbrüchen und ähnlichem vereinbaren. Ob letzteres jemals zustandekam, ist nicht bekannt. Bekannt hingegen ist die Tatsache, daß Herzog Gerhards Söhne das Nyborg-Urteil nicht anerkannten und sich weiter „Herzöge von Schleswig“ nannten.

Das ist vermutlich der Grund dafür, daß König Erich das Nyborg-Urteil, das das oberste Gericht seines Reiches gefällt hatte, von der Instanz bestätigen lassen wollte, die in jener Zeit in Europa als die höchste in solchen offizielen Fällen angesehen wurde. Und das war der deutsch-römische König Sigismund (reg. 1411 bis 1437). Dieser Monarch war der zweite Sohn von Kaiser Karl IV. und dessen vierter Gemahlin Elisabeth von Pommern, einer Tante des dänischen Königs, und somit der leibliche Vetter Erichs. Und so wußte König Erich, daß die

Sache nun in guten Händen lag. Bestätigt werden sollte das Urteil auf dem Konzil von Konstanz, das das größte in der bisherigen Geschichte der römischen Kirche wurde und zu dem auch der schleswigsche Bischof Hans Skondelev mit anderen dänischen Persönlichkeiten entsandt worden war. Mit großem Geschick hatte Sigismund dem damaligen Papst Johannes XXIII. (reg. 1410-15, abgesetzt am 29. Mai 1415) die Einberufung dieses Konzils auf deutschem Boden abgerungen.

In Konstanz sprach Sigismund nun das Urteil in der schleswigschen Sache am 14. Juni 1415. Er berief sich dabei auf die Bestimmungen des Lehnsrechts und erklärte, daß, wenn ein Vasall sein gesamtes Lehen oder den größten Teil davon ohne Zustimmung des Lehnsherrn veräußert, dieser das Recht hat, es zurückzunehmen. Das gelte auch, wenn der Lehnsmann nicht in rechter Zeit um Belehnung bittet oder Felonie gegen den Lehnsherrn begeht.

All das entsprach dem Nyborg-Urteil, das Sigismund somit bestätigte. [17] König Erich hatte gewonnen. Es war sein erster großer Sieg auf rechtlicher Grundlage.

König Erich und die Hanseaten

Die Kämpfe um das Herzogtum Schleswig, die in erster Linie Landtruppen erfordert hatten, schienen beendet. Aber König Erich rechnete sicher damit, daß sich die Holsteiner damit auf die Dauer nicht zufrieden geben würden. Doch das Kaiserurteil hatte sein Rechtsbewußtsein ungemein gestärkt und zugleich bestätigt, daß er kommenden Ereignissen mit Ruhe entgegensehen konnte. So durfte er sich nun anderen Problemen zuwenden. Und die hingen mit dem Meer und der Seeherrschaft zusammen. Die Nordische Union verfügte ja über eine hervorragende Flotte, der zeitweilige Bedrohungen allein von der Hanse kamen.

Königin Margrete hatte es trotz ihrer Tüchtigkeit nicht geschafft, das Verhältnis zwischen diesem großen deutschen Bund und dem Nordischen Unionsreich ein für allemal in geordnete Bahnen zu bringen. Und so hatte sie ihrem Nachfolger einige Probleme hinterlassen, deren Lösung König Erich besonders am Herzen lag, weil er schon damals den Gedanken hatte, sich die Herrschaft über den ganzen Ostseeraum zu verschaffen, das Dominium Maris Baltici unter seine Krone zu bringen.

Nun war in Lübeck vor einiger Zeit ein neuer Rat gebildet worden, der sich vorgenommen hatte, auf demokratische Weise zu regieren und mehr die Rechte der kleinen Kaufleute und Handwerker zu wahren. König Sigismund hatte ihn auch bestätigt, wofür er allerdings größere Geldsummen haben wollte, die ihm die vier Lübecker Sendboten, die in Konstanz erschienen waren, in Höhe von 24 000 Gulden zusagten. Für diesen Preis stellte Sigismund im Juli 1415 verschiedene Briefe mit Dokumenten aus, in denen er dem Neuen Rat bestätigt, daß das über ihn gefällte Urteil – die 1410 von Kaiser Ruprecht verhängte Reichsacht – aufgehoben sei und er den Alten Rat aus der Stadt verweist. Gleichzeitig sichert er diesem eine Entschädigung für seinen konfiszierten Besitz zu. Und schließlich macht er die beiden wichtigsten Nachbarn der Stadt, König Erich und Herzog Albrecht, darauf aufmerksam, daß er Lübeck in Gnaden aufgenommen habe und sie die Stadt schützen sollten.

Diese Dokumente bekamen dann noch eine Art Postskriptum, das folgenden Inhalt hatte: Die Dokumente sollten nicht vor dem St. Georgs-Tag des folgenden Jahres (23. April 1416) in Kraft treten und überdies streng geheim gehalten werden. Und wenn er, der deutsch-römische König, die 24 000 Gulden zurückzahlt – es handelte sich hier also um ein Pfandgeschäft –, dann müßte der Rat ihm die Dokumente wieder zurückgeben. Von der Gesamtsumme konnten die Lübecker allerdings vorerst nur 8000 Gulden aufbringen. Den Rest stellten sie dem König bis zum 1. November in Aussicht. Vorsichtshalber gab Sigismund die Dokumente einem seiner Räte zur Verwahrung mit dem Befehl, sie bis zu jenem 23. April 1416 aufzuheben.

Doch dieser kaiserliche Rat schien es mit seiner Treuepflicht nicht so genau zu nehmen. Er witterte ein gutes Geschäft in dieser Sache und reiste bald nach Lübeck, wo er die Briefe gegen eine Gratifikation, die sicherlich nicht gering war, dem Neuen Rat auslieferte.

Natürlich ließ er sich vom Rat versichern, daß darüber strengstes Stillschweigen gewahrt bleiben müsse und dieser die Bedingungen peinlichst zu erfüllen habe. Die Freude im Neuen Rat war natürlich groß, und man glaubte nicht, daß Sigismund, der stets in Geldnöten war, die Summe je zurückzahlen würde.

Die ganze komplizierte politische Situation um die Anerkennung des lübischen Neuen Rats hatte eine längere Vorgeschichte. Zu dem Wechsel war es gekommen, weil viele Städte mit ihrer Regierungsform nicht zufrieden waren. Überall in Deutschland hatten beispielsweise die Zünfte versucht, mehr Einfluß auf die Räte ihrer Städte zu bekommen. Im süddeutschen Raum war das auch oft gelungen, im Norden aber ging es nicht so einfach.

In Lübeck konnte kein Handwerker einen Stuhl im Rat einnehmen, der nur den Kaufleuten zustand. Aber unter diesen gab es die unterschiedlichsten Geschäftsleute: vom Großkaufherrn bis hinunter zum kleinen Krämer. Im Rat aber saßen nur die großen Kaufherren. Sie hatten der Stadt den Wohlstand gebracht. Doch vielen Bürgern paßte dieser Regierungsmodus nicht, der ihnen keinen Einblick in die Verwaltung ihrer Stadt gestattete. So kam es 1348 zu einer großen Verschwörung, die blutig niedergeschlagen wurde. Elf Anführer endeten auf dem Schaffott. Und als 1408 die Bürgerschaft von Lübeck einen ständigen Aufsichtsausschuß und Anteil an der Ratswahl forderte, verließen die meisten Mitglieder des Rats aus Sorge um ihre Sicherheit die Stadt, unter ihnen auch die Bürgermeister Heinrich Westhof und Jordan Pleskow, die bereits seit zwei Jahrzehnten die Politik ihrer Stadt mit großem Können gestaltet hatten.

Durch die veränderte Wahlordnung wurde darauf der Neue Rat gebildet. Auch in den Hansestädten Wismar, Rostock und Hamburg führte man nach dem Vorbild von Lübeck neue Verfassungen ein.

Doch der Alte Rat versuchte mit allen Mitteln, wieder ins Amt zu kommen, und reichte Klage beim Kaiser ein, die sogar die Reichsacht (1410) über Lübeck auslöste, wie oben bereits erwähnt. Nur der bald darauf folgende Tod des damaligen Kaisers Ruprecht von der Pfalz (reg. 1400 bis 1410) verhinderte sofortige Maßnahmen des Reiches.

Indessen gab es auch verschiedene Hansestädte, die gegen den Neuen Rat eingestellt waren, weil sein Vorgänger die Kaufmannschaft gut vertreten und geschützt hatte. Auch König Erich war gegen ihn. Er hatte dem Neuen Rat angeboten, als Vermittler zwischen beiden Räten aufzutreten. Das Treffen sollte in Flensburg stattfinden. Entgegen seinem Versprechen schickte der Neue Rat keine Vertreter.

Als nun nach Beendigung des Konzils von Konstanz die dänischen Gesandten zurückgekommen waren, berichteten sie König Erich etwas, das ihn völlig aus der Fassung brachte. Und das war folgendes: Da die in Konstanz anwesenden vier Vertreter des Neuen Rats befürchteten, daß die anwesenden Dänen dem Kaiser die Sache mit dem Nichterscheinen von Abgeordneten ihres Rates in Flensburg vortragen würden, sollen sie Sigismund erklärt haben, daß König Erich es mit der Schlichtung in Flensburg gar nicht ernst gemeint habe, sondern dort nur versuchen wollte, Lübeck dem Reich des deutsch-römischen Königs zu entreißen und sich selbst zum Herrn über die alte Hansestadt zu machen. Das war nun für den König, ehrliebend wie er war, zu viel. Und sein Zorn kannte keine Grenzen. Dem deutsch-römischen König eine unter seiner Krone stehende Stadt fortzunehmen, war „ein abscheulicher Gedanke“, wie es in einer alten Chronik heißt.

Es ist durchaus möglich, daß Erich, nachdem sich seine erste Empörung über diese Unterstellung und Verunglimpfung seiner Person gelegt hatte, der Gedanke kam, diese „üble Nachrede“, die ja im Grunde mehr als eine solche war, mit einem Gegenschlag zu ahnden; denn er sah die Äußerungen der Lübecker gegenüber Sigismund als eine offizielle Beschuldigung an.

Im Spätsommer des Jahres 1415 waren wieder einmal viele Lübecker nach Schonen zum dortigen Heringsmarkt gekommen. Auf Befehl des Königs wurden nun alle Lübecker festgenommen und ihre Habe beschlagnahmt. Vierhundert sollen es gewesen sein, die auf diese Weise die Freiheit verloren. Allerdings kamen viele der so plötzlich ins Gefängnis Geworfenen bald wieder frei, nachdem sie das Versprechen abgegeben hatten, sich wieder einzufinden, sobald der König dies verlange. Andere aber mußten harte Kerkerhaft erdulden.

Diese Maßnahmen des Königs fanden auch andernorts in seinem Unionsreich statt, sogar oben in Bergen. Und in Schreiben an verschiedene Hansestädte teilte er höchstpersönlich mit, was er gegen die Unterstellungen unternommen habe. Es heißt darin unter anderem, er hätte wegen der Verhöhnung, die ihm der Neue Rat von Lübeck zugefügt habe, beschlossen, diesen „aufs ärgste zu treffen“. Und er warnte alle Hanseaten davor, mit Lübeck zu handeln oder dorthin zu fahren. In einem solchen Fall würde das auch – entgegen seinem Wunsch – über sie ergehen. Das entsprach einer Kriegserklärung, gerichtet an die Lübecker. Die waren darauf überhaupt nicht vorbereitet und versuchten nun mit allen Mitteln, aus dieser Situation herauszukommen.

So wandten sie sich an die anderen Hansestädte und versuchten, diese zum Schlichten zu bewegen. Und sie hatten Glück. Der Neue Rat war bereit, sich einem Schiedsspruch der wendischen Hansestädte zu unterwerfen. Im Vorfrühling des Jahres 1416 schifften sich die Vertreter dieser Städte zu einer Überfahrt nach Kopenhagen ein.

Doch es erschienen in Kopenhagen auch Mitglieder des Alten Rats von Lübeck, allen voran Jordan Pleskow, der die Mitglieder des Alten Rats anführte und, wohlwissend um die positive Einstellung des dänischen Königs zu ihnen, sich viel von diesem Treffen versprach. König Erich hatte es indessen mit dem Empfang der Lübecker nicht so eilig. Er ließ sie zuerst einmal warten, wohl um ihnen zu zeigen, daß er derjenige ist, der zu bestimmen hat, und wohl auch, um auf seine königliche Würde aufmerksam zu machen.

Am 8. April kam er hoch zu Roß in Kopenhagen an, zeigte sich aber den Delegierten erst einen Tag später. Da lud er die Vertreter der Hansestädte zu einem Mahl, zu dem er auch die Vertreter des Alten Rats bat, ein. Die Vertreter des Neuen Rats überging er bei dieser Einladung und bestrafte sie vorerst mit Nichtachtung. So wußten diese natürlich bald, woher der Wind weht.

Die Verhandlungen, die nun begannen, wurden zwischen den Vertretern der Hansestädte und den Räten des Königs geführt. Der König nahm auch persönlich daran teil. Nicht immer hatte er sich dabei im Zaum und brauste rasch auf, wenn er glaubte, in seiner Ehre gekränkt zu sein. Das geschah besonders dann, wenn man auf die Worte zu sprechen kam, die gegenüber Sigismund in Konstanz seitens der vier Abgesandten des Neuen Rats gefallen sein sollen. In solchen Fällen verließ den König oft seine ansonsten kluge diplomatische Haltung, er verlor dann seine Selbstbeherrschung. Das ging manchmal bei diesen Verhandlungen so weit, daß ihn die Vertreter der anderen Hansestädte daran erinnern mußten, daß er den Lübeckern freies Geleit versprochen hatte.

Die hatten bald erkannt, daß der König im Grunde nur ein Ziel hatte: den Alten Rat in Lübeck wieder in Amt und Würden zu bringen. Ja, seine Räte legten die Karten sogar offen auf den Tisch und erklärten, daß wenn das gelingen würde, man leicht alles andere in Ordnung bringen könnte. Das war auch ganz im Sinn der anderen Hansestädte.

Aber die Vertreter des Neuen Rats wollten ein Urteil haben, von dem sie hofften, daß es mit Hilfe der anderen Hansestädte für sie positiv ausfallen würde. Und so verhielten sie sich gegenüber jeder kleinsten Andeutung bezüglich einer Wiederkehr des Alten Rats von vornherein abweisend.

Sie waren auch der Meinung, daß die Bevollmächtigten der Hansestädte allein über den Unionskönig zu Gericht sitzen würden. Da der aber einige seiner eigenen Räte mit im Schiedsgericht haben wollte, blockierten die Lübecker jeden Rechtsspruch und wollten nur ein Urteil der anderen Hansestädte anerkennen. Und sie anerkannten nicht einmal Erichs Vorschlag, daß seine Räte nur eine einzige Stimme gegenüber den sieben der Hansestädte haben sollten.

Die Abgesandten des Neuen Rats hatten nämlich noch etwas in der Hinterhand und glaubten, wenn sie das auf den Tisch legten, müßte alles für sie entschieden werden. Und das waren die Kaiserbriefe, die ihnen der korrupte Rat zugespielt hatte. Irgendwie hatte König Erich davon Kenntnis erlangt und beschlossen, den Lübeckern die Briefe zu entlocken. Es war damals fast genauso wie heute: mit Geld war vieles möglich. Und das war auch Erichs Idee: Er hatte sich vorgenommen, den Lübeckern für die Dokumente eine große Summe zu zahlen. Die Situation erschien ihm sehr günstig, denn er wußte, daß die Lübecker das verlangte Geld noch nicht ganz bezahlt hatten.

Er ließ sie also zu sich kommen. Und als sie bei der Frauenkirche, wohin sie bestellt worden waren, erschienen, sollen dort ungefähr dreitausend Menschen gestanden haben, vor die nun ein königlicher Ratsherr trat und verkündete, daß König Erich bereit sei, die Briefe des deutsch-römischen Königs einzulösen und die Summe noch vor dem St. Georgs-Tag zu bezahlen.

Nun waren die Lübecker ja nicht dumm. Sie erklärten kurz und bündig, daß sie keine Vollmacht für den Empfang des Geldes hätten und daß die Angelegenheit nur mit dem deutschen König geregelt werden könnte.

Der dänische Ratsherr war indes um eine Antwort nicht verlegen. Er machte die Lübecker auf den Ernst der Lage aufmerksam und erklärte, daß die Summe bereitläge und daß, wenn sie auch weiterhin der Sache ablehnend gegenüberstünden, das Pfand durch die Summe doch freigegeben werden müßte. Und er ließ seinen Schreiber eine notarielle Erklärung darüber aufsetzen, die an Sigismund geschickt werden sollte.

Da wurden die Lübecker bereits ein wenig nachgiebig, konnten aber natürlich nicht versprechen, daß man sich in ihrer Stadt den Forderungen des dänischen Königs beugen würde. Und da die Vertreter der anderen Hansestädte stark an einer Lösung des Problems interessiert waren – zumal die Lübecker andeuteten, daß man bei der Verfassungsfrage wohl nachgeben könne –, beschloß König Erich, ihnen etwas Zeit zu lassen, und man kam überein, bis zum St. Hans-Tag eine Entscheidung herbeizuführen. Die gefangenen Bürger sollten jetzt freigelassen werden, jedoch nur für die beiden Monate bis zum vereinbarten Zeitpunkt, in denen man eine Schlichtung versuchen wolle, mit dem Ziel, den Alten Rat in Lübeck wieder einzusetzen.

Sollte das erreicht werden, wollte König Erich seinen Streit mit Lübeck vom Alten Rat – zusammen mit den anderen Hansestädten – entscheiden lassen, ansonsten würden alle Gefangenen wieder ins Gefängnis kommen. Die anderen Hansestädte verbürgten sich dafür, daß das erfüllt werden sollte oder statt dessen für die Gefangenen und deren Besitz gezahlt werden müsse. Das waren keine geringen Summen, von denen die Rede war. So wurden beispielsweise einzelne Bürger mit 8 000 Mark bewertet und nur wenige mit einer Summe um die 1 000 Mark.

Im ganzen handelte es sich um 40 Personen, die insgesamt mit 84 500 Mark bewertet wurden. Der Besitz dieser Menschen wurde allerdings nicht sehr hoch eingeschätzt.

Das alles waren harte Bedingungen. Und Sigismund wartete immer noch auf sein Geld. Die lübischen Ratsvertreter hatten in Konstanz ja nur ein Drittel der verlangten Summe auftreiben können.

Sigismund wartete noch etwas, bis ihm schließlich der Geduldsfaden riß und er von Paris aus, wo er sich gerade aufhielt, um als Schlichter in dem englisch-französischen Streit zu wirken, einen Brief an die Lübecker schrieb.

In diesem Brief, den drei seiner Leute in die Hansestadt brachten, forderte er seine Briefe zurück, von denen er wußte, daß sie dort waren. Und er verlangte, daß aus einem früheren Urteil, nach welchem der Alte Rat wieder eingesetzt werden sollte, die Konsequenzen gezogen werden. Seine Sendboten hatten Glück. Sie erreichten Lübeck einen Tag vor dem St. Georgs-Tag, an dem die Briefe offengelegt werden sollten.

Der Neue Rat hatte kaum noch Chancen, im Amt zu bleiben. Als die aus Kopenhagen zurückkehrenden Vertreter der Hansestädte in Lübeck erschienen, um den Versuch einer Schlichtung zu unternehmen, fanden sie den Neuen Rat dafür sehr aufgeschlossen, erfuhren aber bald den Grund: die Anwesenheit der Sendboten.

Man einigte sich schnell. Die Lübecker erklärten, den Alten Rat wiederhaben zu wollen und alle Streitpunkte von den Vertretern der anderen Hansestädte entscheiden zu lassen.

Am 16. Juni schließlich konnte der Alte Rat die Regierungsgeschäfte wieder übernehmen, nachdem er vorher noch einige Vertreter des Neuen Rats in seine Reihen aufgenommen hatte, da er in der Zeit des „Exils" einige seiner alten Mitglieder verloren hatte. Sigismund, der die Nachricht vom Regierungswechsel in England erhielt, dankte den Hansestädten für ihr erfolgreiches Mitwirken, erinnerte aber auch den neuen Alten Rat an das Geld, das er noch zu bekommen habe.

Nun mußten die Lübecker noch den Streit mit König Erich aus der Welt schaffen. Der St. Hans-Tag war zwar schon verstrichen, aber die Lübecker nahmen doch an, daß es der König nicht mehr so genau mit diesem Termin nimmt.

Und so reiste denn eine Lübecker Delegation unter Führung von Jordan Pleskow Ende Juli nach Dänemark, um König Erich zu treffen.

Das war aber gar nicht so leicht, denn Erich hatte den Kampf gegen die Holsteiner wieder begonnen und war vorerst unauffindbar. Schließlich aber trafen sie ihn bei Lolland. Die Lübecker hatten auch – wie abgesprochen – die freigegebenen Gefangenen mitgebracht, ferner die vier Vertreter des jetzt abgesetzten Neuen Rats, die in Konstanz die ehrenrührigen Behauptungen über König Erich geäußert hatten. Und auch die Abgesandten des deutsch-römischen Königs waren den Hanseaten gefolgt.

Nun konnte man mit den Verhandlungen beginnen. Der König war hocherfreut, die wiedereingesetzten Ratsherren begrüßen zu können. Und diese wiederum dankten ihm für alles, was er für sie getan hatte. Man hätte jetzt annehmen können, daß aller Streit beendet war. Aber dem war nicht so. König Erich meinte nämlich, daß ihm noch eine Entschädigung für die Ausgaben zustehe, die ihm durch seine früheren Schlichtungsversuche entstanden waren. Und dann hatte er noch etwas Besonderes mitzuteilen.

Er erklärte den verblüfften Ratsherren, daß er einen alten Brief entdeckt hätte, in welchem Kaiser Karl IV. Lübecks Reichsschatz Waldemar Atterdag, dessen rechtmäßiger Erbe er sei, übertragen habe. Und aufgrund dieser alten kaiserlichen Anordnung, so erklärte Erich weiter, stünden ihm ungefähr 20 000 Mark in Silber zu.

Davon aber wollten die Ratsherren nichts wissen und erinnerten den König daran, daß sie hier – wie vereinbart – zusammengekommen seien, um über die strittigen Punkte zu verhandeln, nämlich die freigelassenen Gefangenen und die Vertreter des jetzt abgesetzten Neuen Rats, die ihn in Konstanz so schwer beleidigt hätten.

Für die freigegebenen Gefangenen verlangten die Lübecker eine so hohe Summe, daß sie der König glattweg abschlug und selbst eine weit niedrigere festsetzte. Und den Lübeckern blieb nichts anderes übrig, als diese Entschädigung zu akzeptieren.

Am kompliziertesten jedoch war die Angelegenheit mit den vier Sendboten des Neuen Rats in Konstanz. Da ging es um die Ehre des Königs. Und das war eine seiner empfindlichsten Seiten. Die vier Männer bestritten zwar energisch, die Ehre des Unionskönigs angetastet zu haben, und wollten auch auf Zeugen verweisen. Aber wie dem auch gewesen sein mag und welche anderen Argumente diese Männer auch noch vorgebracht haben mögen, das Ergebnis war das alte: Erich war in seiner Ehre verletzt und forderte Bestrafung.

Nach vielem Hin und Her konnten ihn die Hanseaten schließlich damit versöhnen, daß sie entschieden, die vier Männer auf eine Pilgerfahrt nach Einsiedeln, dem berühmten Wallfahrtsort in der Schweiz, zu schicken, wonach sie dann den deutsch-römischen König aufsuchen sollten, um diesen wegen ihrer falschen Anschuldigungen um Verzeihung zu bitten.

Damit war König Erich zufrieden. Und als dann die vier Beschuldigten vor ihm demütig auf die Knie fielen, gab er jedem von ihnen gnädig die Hand und „trank ihnen in Liebe, Freundschaft und Gnade“ zu. Auch die Gefangenen wurden freigelassen. Und der König forderte sie und die anderen Hanseaten auf, wieder einmal seine Reiche zu besuchen, wo sie „alle die Freiheiten genießen könnten, die sie je gehabt hätten.“

Hier zeigte sich der König von seiner besten Seite. In keiner Weise mehr kleinlich oder nachtragend, trat er nun als große Persönlichkeit auf, erhaben über alle menschlichen Schwächen, ein würdiger Herrscher über das gewaltige Reich der Nordischen Union.

Aber der König verband mit dieser Haltung auch pragmatisch-politische Gedanken. Denn er hoffte wohl, daß ihm nunmehr die Gunst der Hansestädte sicher sei – ein wichtiger Faktor für die kommende Wiederaufnahme der Auseinandersetzungen mit den Holsteinern.

König Erich baut seine schleswigschen Stellungen aus und beginnt den Kampf gegen die Holsteiner

Da der fünfjährige Waffenstillstand bald beendet war, begann König Erich sich jetzt auf die kommenden Auseinandersetzungen vorzubereiten. Vor allem mußte er seine Stellungen in dem umstrittenen Grenzland ausbauen. Und dazu gehörte vor allem der Bau einer starken Burg in Flensburg.

Das neue Bauwerk – es handelte sich dabei um den Ausbau der bereits vorhandenen Marienburg –, das später unter der Bezeichnung „Schloß Duburg“ (dän. Duborg) bekannt wurde und „ziemlich wohl gebaut“ war, wie es in Johann Heinrich Zedlers Universal-Lexikon aus dem Jahr 1735 heißt, hatte starken Burgcharakter, der zeigen sollte, daß eine Eroberung äußerst schwierig, wenn nicht gar unmöglich war. In viereckiger Form, gebaut aus rotem Backstein, erhob sich dieser

Koloß mit seinen glatten Mauern und kleinen, runden Ecktürmen majestätisch über der Stadt, die König Erich jetzt noch weiter befestigen ließ.

Ob dieses befestigte Schloß später tatsächlich nach Jens Due seinen Namen bekam, ist allerdings nicht ganz sicher. Jedenfalls ging es – in jener Zeit Dänemarks bedeutendste Verteidigungsbastion gegen die Angriffe aus dem Süden – in die Geschichte unter diesem Namen ein und behielt auch nach seinem Abbruch in den Jahren 1719 und 1772 symbolische Bedeutung für die dänische Minderheit der Stadt Flensburg.

Burgen, die keinen Schloßcharakter hatten und vor allem als Stützpunkte dienten, ließ König Erich überall dort im Herzogtum errichten, wo er festen Fuß gefaßt hatte.

Zwei solcher Burganlagen, die allerdings größeren Umfang hatten, waren bereits in seiner Hand. Das waren die, welche ihm der Bischof von Schleswig überlassen hatte: Schwabstedt an der Treene, nicht weit von deren Mündung in die Eider, und Stubbe, am Südufer der Schlei. Jetzt ließ Erich weitere Burgen errichten. Am linken Ufer der Treene, etwas nördlicher als Schwabstedt, entstand gegen einen Einfall der Friesen die Friedensburg. Unmittelbar nördlich der Stadt Schleswig wurde an der östlichen Spitze des Langsees Wedelspang befestigt. Und an der Nordseite der Schlei, direkt gegenüber Stubbe, ließ er noch eine Burg an der Lindau anlegen. Dort, wo die Schlei vor ihrer Ausdehnung enger wird, entstand eine Befestigung mit einem äußerst starken Ringwall, den ein Wallgraben umgab. In der Mitte dieser Verteidigungsanlage ließ König Erich einen starken viereckigen Turm bauen. Diese Befestigung galt damals als eine der stärksten Burgen im Herzogtum und erhielt nach ihrem Bauherrn den Namen Königsburg. Was König Erich hier tat, gleicht der Anlage eines modernen Dannevirke (Danewerk). Das war nicht mehr der alte Schutzwall, sondern eine durchaus modern zu nennende Verteidigungslinie, bestehend aus einer Reihe von Burgen von Eiderstedt im Westen bis hin nach Angeln im Osten – eine Festungskette, die sich in einem Bogen etwas nördlich um den alten Wall erstreckte, aber im großen und ganzen der klassischen Verteidigungslinie der Dänen folgte. Diese Anlage beweist die wohldurchdachte Planung des Königs und widerlegt die oft behaupteten „unüberlegten und fehlerhaften Kriegsvorbereitungen".

Erichs Aktivitäten müssen auf den holsteinischen Adel im Herzogtum Schleswig einen großen Eindruck gemacht haben; denn viele überlegten, ob sie sich nicht auf seine Seite schlagen sollten. Am auffallendsten konnte man das an Erich Krummendiek beobachten, der in dieser Beziehung besonders eifrig war. Dieser schleswigsche Drost hatte anfangs Königin Margrete unterstützt, ein Schloß von ihr als Lehen empfangen, dann die Partei gewechselt und an der Rückeroberung Flensburgs für die Holsteiner teilgenommen. Es war in diesen verwirrenden Zeiten für den Adel im Herzogtum tatsächlich schwer, sich für die richtige Seite zu entscheiden. Erich Krummendiek meinte jedenfalls, daß jetzt wohl die Sache der Holsteiner verlorenging und König Erich der Sieger bleibt. In wenigen Jahren wurde er sogar Hofmeister und damit der wichtigste Mann neben dem König.

Im Interesse seiner Güter wollte der holsteinische Adel, der sich auf Erichs Seite stellte, natürlich ganz Schleswig unter der Krone des Unionskönigs vereint sehen; denn die Zersplitterung des Landes in einzelne Enklaven, die durch Königin Margretes Politik zustande gekommen war, brachte den Gutsbesitzern manche Probleme.

Durch kluge Politik gegenüber den Hanseaten hatte Erich die voraussichtliche Neutralität der ehemals mit den Holsteinern verbundenen Städte erreicht. Nur von Hamburg konnten die Holsteiner noch Hilfe bei einer kriegerischen Auseinandersetzung erhalten, die auch nicht mehr lange auf sich warten ließ.

Im Frühling 1416 schickte König Erich einen Fehdebrief an den älteren Grafen Heinrich, in welchem er darauf hinweist, daß dieser seinen Verwandten Hilfe leistete, ihm – dem König – das Herzogtum streitig zu machen, zu dem er „Gottes Recht habe, und das ihm durch rechtmäßiges Urteil zugesprochen worden sei."

Erichs starke Seite in der Kriegsführung war seine Flotte. Und die kam jetzt auch sofort zum Einsatz. Mit dem König an Bord seines Flaggschiffs nahm sie Kurs auf Fehmarn. Die Dänen konnten am Pfingstabend, dem 6. Juni 1416, die Insel besetzen. Ihre Bewohner leisteten keinen Widerstand, nur Burg und Schloß Glambek verteidigte sich kurze Zeit, mußte dann aber auch die Tore dem Feind öffnen. Der Kommandant Henneke Ratlow wurde des Königs Gefangener.

Kaum hatte die Dänen die Burg eingenommen, als sie auch schon auf König Erichs Anordnung begannen, sie zu verstärken, so daß sie bei künftigen Angriffen der Holsteiner weit besser geschützt war als dieses Mal. Zum Kommandanten bestimmte der König Erich Lunge, einen Ritter aus altem Adelsgeschlecht. Erich hatte die Insel nicht plündern lassen, wie es in jenen Zeiten – und auch später – bei solchen Unternehmungen üblich war. Dafür mußten ihm die Bewohner 20000 lübische Mark versprechen. Und da die Fehmarner ihm natürlich nicht gleich das Geld auf den Tisch legen konnten, nahm er als Sicherheit zwanzig der reichsten Männer der Insel mit.

Da dieser Überfall fast problemlos geglückt war, befahl der König seiner Flotte nach Zurücklassen einer Besatzung auf der Burg Glambek, Kurs auf die Schlei zu nehmen. Er hoffte, daß er mit Hilfe seiner Burgen die Stadt Schleswig ebenso rasch einnehmen könnte wie Fehmarn. Und das würde, nach seiner Planung, am leichtesten von der Seeseite aus gelingen. Und so bezogen nun die Dänen Stellung auf Jürgensburg, einer kleinen Möweninsel vor Schleswig. Aber auch von der Landseite sollten Truppen angreifen, die Stadt einschließen und erstürmen, und zwar von Hesterberg aus, gelegen zwischen Gottorf und Schleswig.

So war alles – nach Erichs Meinung – gut vorbereitet. Und er konnte sich zu der Verhandlung mit den Hanseaten nach Flensburg begeben. Aber widrige Winde verschlugen ihn nach Lolland, wo er die wartenden und ihn suchenden Verhandlungsführer der Hanseaten und deren Begleiter antraf, so daß die ersten Besprechungen – zunächst an Bord seines Schiffes und dann an Land – beginnen konnten.

Doch nachdem der König seine Truppen vor Schleswig zurückgelassen hatte, war es mit seinem Kriegsglück schon vorbei. Im Westen hatten nämlich inzwischen die Eiderfriesen sich erhoben, die Burg angegriffen und erobert. Und die Belagerung von Schleswig mußte aufgegeben werden. Als das die Friesen hörten, spotteten sie, daß nur das Gerücht vom Fall der Friedensburg genügt hätte, die Dänen in die Flucht zu schlagen. Diese zogen sich also von Schleswig zurück, dicht gefolgt von den Holsteinern, die bei dieser Verfolgung noch die Burg Wedelspang erobern konnten.

Die Schauenburger wollten jetzt mit aller Macht die Dänen aus dem Herzogtum vertreiben, da sie der festen Überzeugung waren, daß es ihnen gehört.

Ihren entschlossenen Kampfeswillen beabsichtigten sie nun noch durch einen besonders gefährlichen Bundesgenossen stärken zu können. Graf Heinrich und sein Neffe öffneten jetzt ihre Häfen jedem, der gegen ihre Gegner einen Kaperkrieg betreiben wollte.

Das hatten bereits die Mecklenburger seinerzeit getan, als sie König Albrecht befreien wollten, und dadurch Königin Margrete großen Schaden zugefügt. Eine solche Gelegenheit nahmen viele wahr, so daß die Anwesenheit dieser sogenannten Vitalienbrüder für König Erich eine ernste Gefahr darstellte, konnten sie auf der Ostsee doch zumindest einen Teil der Unionsflotte binden.

Zudem verstieß diese Handlungsweise der Holsteiner gegen das Kriegsrecht. Die Piraten gefährdeten ja nicht nur die Gegner der Holsteiner; denn waren sie einmal losgelassen, nahmen sie alles, was ihnen vor den Bug kam, bevorzugt natürlich Handelsschiffe, von denen sie sich die größte und beste Beute versprachen.

Nach den verhältnismäßig vielen ruhigen Jahren auf der Ostsee war mit einem Schlage eine neue Gefahr über das Baltische Meer gekommen.

Das, was die Holsteiner Fürsten sich da ausgedacht hatten, könnte man als kriegskriminelle Handlung auslegen, und es war zudem noch äußerst kurzsichtig; denn diese Sache konnte leicht zur Gefahr für alle werden. In Lübeck schrieb ein Chronist, daß sich die Seeräuber nun in so großen Mengen sammelten, daß sie nicht allein die drei Reiche plagten, sondern auch alle Handelsschiffe.

Natürlich mußte das den Hanseaten ein Dorn im Auge sein, und das wußte König Erich auch und war sich nun sicher, daß er in ihnen auf keinen Fall Verbündete der Holsteiner zu befürchten brauchte. Es war ja auch die Zeit, in der Erich dazu beitrug, daß in Lübeck der Alte Rat wieder eingesetzt wurde. Und wenn der sich ihm gegenüber positiv verhält, dann müßten, wie Erich die Situation beurteilte, die anderen Hansestädte auch auf seiner Seite stehen.

Und so war es vorerst auch. Die Hansestädte gingen zwar kein Bündnis mit ihm ein, taten aber auch nichts Gegenteiliges. König Erich aber wollte sie auf jeden Fall dazu bringen, aktiv gegen die Seeräuber vorzugehen, und drohte damit, diesen auch seine Häfen zu öffnen, falls die Hansestädte nichts gegen sie unternehmen würden. Da entschlossen sie sich, sogenannte Friedensschiffe gegen die Freibeuter einzusetzen, die von Holstein aus operieren sollten. Hamburg, eng befreundet mit den Schauenburgern, lehnte jedoch diesen Plan ab. Als nun Erich keinen effektiveren Beitrag für seine Sache sah, forderte er die Hanseaten auf, einen Schlichtungsprozeß zu akzeptieren. Sein Vorschlag ging dahin, daß er sich dem Schiedsspruch eines solchen Gerichts, bestehend aus je zwei Fürsten und vier Vertreter der Städte, beugen würde. Und das meldeten die Ratsherren der Hanse Mitte August den Holsteinern. Wortführer der Delegation war Jordan Pleskow persönlich. Er erklärte den Holsteinern mit sehr eindringlichen Worten, daß der König bereit sei, sein Recht durch ein Urteil zu suchen und fuhr fort: „Und wenn Ihr das ablehnt, werden ihm die Städte dabei helfen, sein Recht zu bekommen; denn wir finden uns nicht länger in diesem Unfrieden zu Lande und zur See!"

Nach einigen Schwierigkeiten, die die Holsteiner den Hanseaten zuerst bereiteten, gingen sie schließlich auf den Vorschlag ein. Vielleicht auch deshalb, weil die Delegation der Hanse von Sigismunds Räten, die den Streit in Lübeck beendet hatten, begleitet war.

Man beschloß also einen Waffenstillstand von wenigen Monaten, nach dem dann die Richter in Lübeck oder Hamburg zusammentreten sollten.

Darauf erschienen die Ratsherren der Hanse, in Begleitung von Sigismunds Abgesandten, am 31. August in Flensburg, wo sich der König aufhielt. Der aber hatte verschiedene Einwände. Er erklärte, daß die Zeit zu kurz sei, zwei Fürsten für ein so hohes Richteramt zu bekommen, er müsse daher zwei seiner eigenen Prälaten damit beauftragen dürfen. Den Gerichtsort könne er nicht akzeptieren, denn es habe sich noch nie ein König von Dänemark an einen Gerichtsort außerhalb seiner Reiche vorladen lassen.

Und so einigte man sich dahingehend, daß sich der König und seine Schiedsrichter in der Königsburg an der Schlei einfinden sollten und der Herzog mit den seinigen in Eckernförde.

Das wurde den Holsteinern mitgeteilt. Ihre Antwort nach sechs Tagen war völlig abweisend, worüber Erich in großen Zorn geriet. Er erklärte, daß es jetzt bewiesen sei, daß wohl er, nicht aber seine Gegner gewillt seien, sich einem Schiedsspruch zu unterwerfen. Und er forderte die Hansestädte auf, ihn zu unterstützen, was aber deren Ratsherren ablehnten. Dann, so meinte der König, erwarte er zumindest eine Antwort von den Städten, was er von ihnen zu erwarten habe. Und er wiederholte auch seine Drohungen, daß er eventuell genötigt sei, Freibeuter aufs Meer zu schicken.

Von dem ursprünglich vorgesehenen Waffenstillstand war natürlich keine Rede mehr. Der Krieg ging weiter. Die Holsteiner hatten auch Herzog Erich von Sachsen-Lauenburg überfallen, der als Rat in den Diensten des Königs stand. Und dann konzentrierten sie sich auf die Rückgewinnung der Insel Fehmarn und stellten direkt gegenüber der Insel ein mächtig großes Heer zusammen, bestehend aus Rittern, Bauern und Bürgern.

Damit hatten sie natürlich ihr Land stark entblößt, was den Dänen Gelegenheit bot, am 22. September Oldesloe zu erobern.

Aber die Massierung der holsteinischen Truppen vor Fehmarn hatte sich gelohnt. Eines Nachts gelang es ihnen, unbehindert über den Fehmarn-Sund zu kommen, und die Bewohner der Insel, die ja König Erich Treue gelobt hatten, ergaben sich am 23. Oktober.

Das traf natürlich nicht auf Burg und Schloß Glambek zu, das ja nicht allzuweit vom Übergang der Holsteiner vom Festland zur Insel lag. König Erich hatte natürlich damit gerechnet, daß über kurz oder lang die Insel mit ihrem Schloß Angriffsziel der Holsteiner sein würde, weshalb er das Schloß außerordentlich befestigen ließ. Und zudem hatte er dort einen Kommandanten eingesetzt, der ihm wegen seiner Tüchtigkeit bekannt war.

Er hieß Iven Bryske und stammte aus einem angesehenen Adelsgeschlecht, das im 15. und 16. Jahrhundert große Güter auf Fünen und in Jütland besaß. Dieser tapfere Kommandant konnte die zahlreichen Belagerer ganze acht Wochen abwehren, bis diese sich genötigt sahen, „schwere Geschütze“ aufzufahren, um endlich in die Burg eindringen zu können. Sie brachten also große Steinwurfgeschütze in Stellung und anderes für die damalige Zeit effektives Kriegsgerät. Dem konnte die Besatzung nichts Gleichwertiges entgegenbringen und mußte sich schließlich ergeben. Am 13. Dezember, dem St. Lucia-Tag, erstürmten die Holsteiner die schwer umkämpfte Burg und nahmen die gesamte Besatzung gefangen. Zwei der Burgverteidiger wurden gehängt, weil sie angeblich bei der Übernahme der Burg durch die Dänen Verrat an den Holsteinern geübt hatten. Doch der Kommandant Iven Bryske konnte entkommen. Ihm gelang es, auf einem lübischen Schiff den Weg in die Freiheit zu finden.

Die lange Zeit der Belagerung entschuldigten die Holsteiner später mit der Behauptung, ein lübisches Schiff hätte die Burgbesatzung mit Proviant versorgt.

Das Jahr 1416 hatte dem Unionskönig kaum Gutes beschert. Neben dem Verlust von Fehmarn waren ihm mehrere Burgen entrissen worden, und auch das Schloß Tondern hatte sich den Holsteinern ergeben müssen. Aber König Erich ließ den Mut nicht sinken. Er mußte seine Schlappen wieder wettmachen – mit Diplomatie und dem Schwert.

Die Stadt Schleswig fällt wieder in die Hände der Dänen, und die Hanseaten veranlassen einen Schiedsspruch

König Erich war sich völlig darüber im klaren, daß er seine schleswigschen Pläne ohne den Beistand der Hanse nicht durchsetzen konnte. Er mußte bei seinen Aktivitäten Prioritäten setzen. Und die zielten auf Lübeck und die anderen Hansestädte, die sogenannten wendischen, wie beispielsweise Wismar, Rostock und Greifswald. Und da diese bei ihrem letzten Treffen mit dem Unionskönig seiner Aufforderung, voll und ganz auf seine Seite zu treten, nicht zustimmen konnten, mußte er versuchen, sie mit überzeugenden Argumenten an den Verhandlungstisch zu bringen.

Etwas hatten sie allerdings getan: sogenannte Friedensschiffe gegen die Freibeuter geschickt. Aber sie hatten dem König auch eine Liste überreicht, auf der alles verzeichnet war, was die Kaufleute der Hanse in den Nordischen Reichen zu Klagen veranlaßte, wozu die Überbringer noch mündliche Erläuterungen abgaben.

Das alles hatten sich der König und seine Räte geduldig angehört. Letztere erwiderten schließlich, daß ihr Herr den Hansestädten immer mit großem Wohlwollen entgegengekommen sei, ihn aber die lübische Sache große Unkosten bereitet hätte, die er bis jetzt nicht erstattet bekommen habe. Im übrigen aber sollte alles genau geprüft werden. Und im Fall eines Bündnisses mit dem Unionskönig würde er den Städten gern ganz neue Privilegien geben.

Das wollten die Abgesandten der Städte auf dem künftigen Hansetag alles vortragen, worauf sie sich verabschiedeten und mit fälschungssicheren schriftlichen Vorschlägen wieder abreisten.

Am 20. Mai 1417, einem Himmelfahrtstag, trat der Hansetag in Rostock zusammen, wurde dann aber nach Lübeck verlegt, wo er über zwei Monate tagte.

König Erich war dort durch seinen Rat Vicke von Vitzen vertreten, der selbst beim Abfassen der Bündnisvorschläge mitgewirkt hatte.

Zu einem Ergebnis kam es nicht. Die Hanseaten wollten die Holsteiner auch mit im Bündnis haben. Und so trafen sich dann Abgesandte des Hansestages mit den holsteinischen Fürsten in Travemünde und später in Arensbek. Doch dabei kam nichts heraus, was die Hanseaten veranlaßte, „beim König gegen die Holsteiner bleiben zu wollen." Aber man erinnerte die Holsteiner auch daran, daß sie erklärt hatten, sich einem Schiedsspruch zu unterwerfen. Der sollte am 15. August 1417 bekanntgegeben werden.

Nachdem König Erich damit einverstanden war, und er das bald den Hanseaten mitteilen ließ, mußten diese nur noch auf die Zustimmung der Holsteiner warten. Die hatten immer noch gezögert, erklärten aber gleichsam in letzter Minute, am 26. Juli, ihre Bereitschaft. Jetzt konnten die Hanseaten, in der Hoffnung auf baldigen Frieden, ihren Städtetag endlich beenden.

Doch es kam alles anders. König Erich war Ende Mai mit einer sehr großen Flotte in See gegangen. Ob es wirklich 2000 Schiffe waren, wie ein Chronist berichtet, ist allerdings nicht bewiesen. Aber es muß schon eine mächtige Flotte gewesen sein; denn sie erregte sofort die Aufmerksamkeit der Holsteiner, die jetzt auf alles gefaßt waren.

Sofort warnte Herzog Heinrich die Kieler, da er glaubte, daß ein so gewaltiger Flottenaufmarsch nur dieser Stadt gelten könne. Aber nichts geschah. Und so verspotteten die Holsteiner den Unionskönig, redeten von einem Biber, der seinen Schwanz nicht über das Wasser halten kann, und unternahmen einen Plünderzug in Richtung Flensburg.

König Erich wollte mit dieser Flottendemonstration den Holsteinern seine Seemacht zeigen und deren Einsatzfähigkeit beweisen. Denn er gab einem großen

Teil seiner Schiffe den Befehl, in die Schlei einzudringen, um die Stadt Schleswig zu erobern, in der Herzog Albrecht V. von Mecklenburg mit den Holsteinern lag. Der Herzog durfte als freier Mann abziehen, nachdem er gelobt hatte, künftig dem Unionskönig nur freundschaftlich gesinnt zu sein. Auch ungefähr fünfzig holsteinische Adelige erhielten freien Abzug, mußten aber das Versprechen abgeben, in diesem Krieg „Graf Heinrich, dem Jüngeren, der sich Herzog von Schleswig nennt, weder mit Rat noch mit Tat zu helfen."

Dann bestätigte der König den Bürgern feierlich ihre Privilegien – eine Handlung, die in den letzten hundert Jahren kein dänischer Monarch mehr hatte vornehmen können. Und das hob zweifellos König Erichs Ansehen in allen drei nordischen Reichen.

Nachdem Schleswig gefallen war, befürchtete der junge Heinrich, der sich mit seiner Mutter Elisabeth im Schloß Rendsburg aufhielt, daß nun auch Gottorf in König Erichs Hände fallen würde. Aber das versuchte sein Onkel, der alte Graf Heinrich, zu verhindern. Sofort nach dem Landgang der Dänen war er nach Hamburg geeilt und konnte den dortigen Rat zu Hilfsmaßnahmen für die Holsteiner bewegen und auch zu einem Bündnis mit ihnen, das am 20. Juli 1417 besiegelt wurde. Damit war die Gefahr für weitere Eroberungen der Dänen vorläufig gebannt.

In der folgenden Zeit kam es noch zu manchen Kämpfen, bis sich die Hanseaten entschlossen, den Schlichtungsversuch in ihre eigenen Hände zu nehmen. Ihr Vorschlag wurde sowohl von König Erich als auch von den Holsteinern akzeptiert.

Am 14. November 1417 kamen König Erich und seine Räte mit Herzog Heinrich in Schleswig zusammen. Der Vergleich sah folgendes vor:

Bis zum St. Michaelstag des kommenden Jahres – das war der 29. September 1418 – mußten die Waffen ruhen. In der Zwischenzeit sollte dann der Schiedsspruch in

Sachen Herzogtum Schleswig gefallen sein. Damit der Frieden eingehalten wird, bekommen die Hansestädte von König Erich die Stadt Schleswig ausgeliefert, und die Holsteiner müssen den Städten Schloß und Burg Tondern (Tønder) mitsamt dem Umland übergeben.

Die Hanseaten hatten nicht nur eine vernünftige Vermittlung zustandegebracht, sie hatten jetzt auch gewisse Forderungen, gleichsam als Dank, von König Erich erfüllt bekommen: er hob das Ausfuhrverbot für alle seine drei Reiche auf.

Auch die Holsteiner änderten ihre Kriegsmaßnahmen. Sie sperrten die Häfen für die Vitalienbrüder und diejenigen, welche in deren Diensten stehen. Letztere durften nicht einmal in See gehen. Sie wurden über Land nach Friesland geschickt und ihre Schiffe beschlagnahmt.

Auch König Erich löste sein Heer auf; denn das hätte ihn während eines langen Waffenstillstands eine Menge Geld gekostet. Aber als seine schwedischen Soldaten über Eckernförde zurückgeführt wurden, plünderten sie die Stadt und richteten großen Schaden an.

Mit dem vorläufigen Ergebnis der hansischen Vermittlung konnte König Erich zufrieden sein, und bezüglich des kommenden Schiedsspruchs war er guter Hoffnung. Das Jahr 1417, das jetzt seinem Ende entgegenging, hatte ihm aber noch etwas anderes beschert, das für seine Innen- wie Außenpolitik von Bedeutung war und auch dem Königreich Dänemark von Nutzen sein sollte.

Kopenhagen wird Hauptstadt und Residenz des Königreichs Dänemark

Kopenhagen, am Öresund gelegen, jener Wasserstraße, die die Ostsee mit dem Kattegat und Skagerrak verbindet und schließlich ins Nordmeer führt, war schon in der Steinzeit ein Siedlungsplatz von gewisser Bedeutung. Lag doch jenseits des Sundes weites nordisches Land. Jahrhundertelang zu Dänemark gehörend, kam dieses Land „auf der anderen Seite“ später zu Schweden, behielt aber seinen alten Namen Schonen.

Dort, wo einst die Steinzeitmenschen in ihrer Siedlung am Öresund lebten, entstanden in historischer Zeit, um 950, die ersten Bebauungen, und 1167 ließ Absalon, Bischof und Staatsmann zugleich, am Hafen und neu aufblühenden Handelsplatz eine Burg als Verteidigungsanlage gegen die zu damaliger Zeit ins Land einfallenden Wenden errichten.

Diese Burg wurde 1249 von den Lübeckern trotz heftigen Widerstands der Kopenhagener erobert und bis auf den Grund zerstört. Die erste Erwähnung des Namens Kopenhagen (Kiopmanhafn, neudän. København = Kaufmannshafen) findet man in einem Schreiben des Papstes Bonifatius VIII. (reg. 1294-1303) im Zusammenhang mit dem damaligen Kirchenkampf. Dieses Schreiben ist vom 9. März 1299 datiert.

Die Stadt aber fand keine Ruhe. Der dort aufblühende Handel war vor allem der Hanse ein Dorn im Auge. Aber auch die Holsteiner Grafen, die sich immer weiter nach Norden auszubreiten versuchten, unternahmen alles, was in ihrer Macht stand, um dem Königreich Dänemark Schaden zuzufügen.

Es war Königin Margretes Vater und König Erichs Urgroßvater mütterlicherseits, Waldemar IV. Atterdag, der in seinem Kampf gegen die Holsteiner und Hanseaten nach der verheerenden Niederlage seines Reiches wieder die Oberhand gewann und Dänemark vor dem totalen Untergang rettete. 1346 glückte es ihm, die Holsteiner aus Kopenhagen zu vertreiben. Und da überließ ihm der vaterlandstreue Roskilder Bischof Henrik Gertsen 1350 die Stadt Kopenhagen, die ja seit Absalons Zeiten immer im Besitz der Roskilder Bischöfe war, auf Lebenszeit.

Doch 1367 beginnt der Kampf von neuem. Am 11. November dieses Jahres traten in Köln 37 Hansestädte zusammen und beschlossen, Dänemark wieder den Krieg zu erklären. Schweden unter König Albrecht von Mecklenburg und die holsteinischen Grafen schlossen sich ihnen an. Gegen eine so mächtige Koalition konnte Dänemark kaum etwas ausrichten. Und so versuchte König Waldemar, bei seinen Freunden unter den deutschen Fürsten Hilfe zu bekommen. Er überträgt die Regierungsgeschäfte dem befreundeten rügenschen Adelsmann Henning Podebusch, den er auch mit uneingeschränkten Vollmachten versieht, und verläßt am 6. April 1368 sein Land.

Kaum aber hat Waldemar Dänemark verlassen, als auch schon der Angriff auf das Königreich beginnt. Die Flotte der Hanse läuft in den Öresund ein, und König Albrecht überfällt Schonen. Die Mecklenburger landen auf Lolland, und die holsteinischen Grafen dringen tief nach Jütland ein, wo sie Unterstützung durch die alte jütische Aufruhrpartei erhalten.

Dänemark wird von allen Seiten von Feinden bedrängt. Bereits am 2. Mai wird Kopenhagen übergeben und völlig ausgeplündert. Auch Helsingør, Malmö, Falsterbo und Skanör fallen in die Hände des Feindes. Auf der Insel Mön erobern die Mecklenburger Stege. Ribe kapituliert vor den Holsteinern. Ålborg fällt im September, worauf sich Randers ergibt. Auch Norwegen bleibt vom Krieg nicht verschont. Die niederländischen Hanseaten plündern und brandschatzen viele norwegische Städte und Ortschaften, und Hungersnot verbreitet sich überall.

Zwar findet König Waldemar in Deutschland Freunde und Bundesgenossen. So stellen sich die Fürsten von Brandenburg, Sachsen-Lauenburg und Braunschweig-Lüneburg auf seine Seite. Aber das konnte den dänischen König nicht retten. Ihre Heere wurden, als sie in Mecklenburg und Holstein einfielen, geschlagen und die Fürsten zum Frieden gezwungen.

Über Norwegen hatten die Hanseaten eine Blockade verhängt, die schließlich König Hákon zum Frieden zwang, der am 3. August geschlossen wurde.

Dänemark stand wieder einmal kurz vor dem Untergang. Zwar verteidigten sich noch einige Burgen, aber der größte Teil des Landes war in Feindes Hand. Am 8. September kapituliert Helsingborg nach anderthalb Jahren Belagerung. Kaum war die Stadt gefallen, als auch schon hanseatische Steinhauer in Kopenhagen erschienen, um die Burg, die wieder aufgebaut worden war, abzureißen. Es sah ganz so aus, als hätten Dänemarks alte Feinde, Holsteiner und Hanseaten, es endlich geschafft, dieses älteste Königreich Europas auszulöschen.

Doch es kam anders. Und das verdankt Dänemark jenem pommerschen Freund König Waldemars, dem rügenschen Adelsmann und Drost des Reiches Henning Podebusch.

Ihm glückte es, Verhandlungen mit den Hansestädten zu beginnen, obwohl diese ihren Allierten zugesagt hatten, keinen Sonderfrieden zu schließen. Doch Henning Podebusch konnte die Hanseaten dazu bewegen, am 30. November einen Waffenstillstand abzuschließen.

Die Allierten der Hansestädte schäumten vor Wut. Sie konnten die völlige Vernichtung Dänemarks nicht mehr erreichen.

Am 24. Mai des folgenden Jahres wird zwischen Dänemark und 37 Hansestädten Frieden geschlossen – allerdings zu harten Bedingungen für die Dänen. Aber in Anbetracht der Lage hätte alles noch viel schlimmer ausfallen können. Die wichtigsten Bedingungen, die König Waldemar am 27. Oktober besiegelte, waren folgende: Vor allem hat Dänemark die weitgehenden Freiheiten der Hanseaten auf dem Schonen-Markt zu sichern. Als Garantie dafür soll der Bund der Hanse 15 Jahre das Verfügungsrecht über die Schlösser in Schonen haben sowie zwei Drittel der Marktabgaben. Und schließlich verlangten die Hanseaten Mitspracherecht bei der Wahl eines Nachfolgers des Königs.

Als das alles besiegelt war, verging den ehemaligen Bundesgenossen der Städte alle Lust an einer Weiterführung des Krieges. König Albrecht hatte bereits Schonen geräumt, und der Herzog von Mecklenburg bat um Frieden und lieferte alle seine Eroberungen aus.

Die Holsteiner aber wurden 1372 von König Waldemar aus Jütland gejagt und bis nach Schleswig verfolgt. wo er das Schloß Gram einnimmt. Und nachdem er 1373 gleich nach Neujahr noch Flensburg bekommt, schließen die Holsteiner Frieden und liefern alle ihre Eroberungen ab.

An diesen Auseinandersetzungen wird erkennbar, wie wichtig es für das Königreich Dänemark war, daß König Erich von Pommern alles daransetzte, das Herzogtum Schleswig wieder unter die dänische Krone zu bringen. Und es wird auch klar, daß der Bund der Hanse eine permanente Bedrohung darstellte, begründet durch die kaufmännischen Interessen der Städte.

Nachdem König Waldemar am 24. Oktober 1375 im Alter von 55 Jahren auf Schloß Gurre in Nordseeland gestorben war, fielen Burg und Stadt Kopenhagen wieder an das Roskilder Bistum zurück; denn man hatte ihm Kopenhagen ja nur auf Lebenszeit überlassen.

Nun war ja von der Burg nach ihrer Zerstörung durch die Hanseaten kaum etwas übriggeblieben. Als der hochbegabte Peder Jensen Lodehat, ein Bürgerlicher und ein persönlicher Freund von Königin Margrete, 1396 Bischof von Roskilde und Kanzler des Reiches wird, werden Burg und Schloß von Kopenhagen wieder neu errichtet. Als aber 1416 Peder Jensen Lodehat stirbt, sieht König Erich die Stunde gekommen, Burg und Stadt Kopenhagen endlich unter die dänische Krone zu bringen. Das ist aber gar nicht so einfach. Doch der rechtskundige König hat bereits einen Plan.

Er stellte nämlich fest, daß der Roskilder Bischof Niels Jakobsen Ulfeldt (gest. 1395) 1375 – nach Waldemars Tod – Kopenhagen „mit Gewalt“ und nicht „nach den Gesetzen des Landes“ an sich gebracht hatte. Und das wollte er durch ein Gerichtsurteil überprüfen lassen.

Das alles geschah, als das Domkapitel von Roskilde noch gar nicht über einen Nachfolger Lodehats Entscheidungen getroffen hatte, und zeigt gleichzeitig, wie schnell und konsequent der König seine Regierungsgeschäfte erledigte, wenn es galt, Reformen für sein Land in die Wege zu leiten.

Wie schnell es dem König gelang, Kopenhagen unter die Krone zu bringen, läßt sich leicht an zwei Daten ablesen. Peder Jensen Lodehat war am 19. Oktober 1416 gestorben, und bereits am 19. Februar 1417 hatte der König das Urteil in der Hand. Es ist mit einer ganzen Reihe von Siegeln ausgefertigt (jetzt im Rigsarkivet Kopenhagen) und erklärt den König zum alleinigen Herrn von Kopenhagen.

Es waren zwölf Reichsräte, „zwölf wohlgeborene, wahrheitsliebende, ältere und in Seeland ansässige Männer“, die auf dem Landsthing von Seeland zu diesem Spruch kamen.

Peder Jensen Lodehats Nachfolger, sein Neffe Jens Anderssön, der Propst in Odense gewesen war, hatte der von König Erich vorgebrachten Begründung seiner Forderung widersprochen. Er und seine rechtskundigen Kleriker konnten dem Gericht außer den alten Anrechtsbriefen auf Kopenhagen seit Absalons Zeiten auch den Brief von Königin Margrete vorlegen, den der damalige Roskilde-Bischof Niels Jakobsen Ulfeldt 1375 bei der Rückgabe von Kopenhagen erhalten hatte, und in dem die Stadt als „bischöflicher Besitz“ bezeichnet wird. Und Bischof Jens konnte auch Erichs Erklärung heranziehen, in welcher der König gelobte, „alle Privilegien des Bischofstuhls zu bewahren.“

Zweifellos war der Roskilde-Bischof formal im Recht. Es ist jedoch möglich, daß dem damaligen Bischof 1375 bei der Rückgabe irgendwelche Formfehler unterlaufen sind, die der rechtskundige König nun zur Begründung seines Anspruchs aufgriff.

König Erich hatte sich also durchgesetzt. Kopenhagen mitsamt Schloß und Burg, „Kopenhagens Haus“ (Københavns Hus) genannt, blieb für immer Hauptstadt und Residenz des Königreichs Dänemark.

Daran konnte auch die Berufung beim Papst, in die der Bischof ging, nichts ändern. Und obwohl Erich nach Entgegennahme des Urteils großzügig erklärt hatte, sich auch einem neuen Urteilsspruch der zwölf Reichsräte zu stellen, lehnten die Roskilder das ab. Sie wollten keine weltlichen Räte mehr über das Gut der Kirche urteilen lassen. Ihren Vorschlag, ein Gericht aus dem Erzbischof und den anderen Bischöfen des Landes bilden zu lassen, lehnte wiederum der König ab. So kam es zu keiner weiteren Verhandlung, und Bischof Jens mußte sozusagen klein beigeben. Wie auch König Erich in den Besitz von Kopenhagen gekommen sein mag, er hat sich die Stadt nicht mit Gewalt angeeignet, sondern bekam sie durch ein rechtskräftiges Urteil zugesprochen.

Daß Erich Dänemark nun endlich eine zentrale Hauptstadt und Residenz hatte schaffen können, gereichte Stadt und Land zu großem Nutzen. Bisher hatten die dänischen Könige ihre Residenzen immer gewechselt. Mal bezogen sie in ihrem Reich hier, mal dort ein Schloß. So wie es auch im Mittelalter die deutsch-römischen Kaiser taten, die während ihrer Regierungszeit verschiedene Pfalzen ihres Landes zu ihren Residenzen machten. Jetzt regierte König Erich von „Kopenhagens Haus" aus, dem Schloß, das zugleich Burg war, und in dem seine Regierung ihren Sitz hatte – die Kanzlei. Sie zog in früheren Zeiten immer mit den Königen mit und wurde interimistisch in deren jeweiligen Schlössern eingerichtet. Das war jetzt nicht mehr nötig. Ein fester Regierungssitz war um so wichtiger, als sich dort auch die zentrale Verwaltung aller Unionsreiche befand. Es ist bekannt, daß sich des Königs Vögte aus Schweden und Norwegen hier einfanden, um Bericht zu erstatten und Rechenschaft über ihre Verwaltungsbezirke abzulegen. Kopenhagen war jetzt der wirkliche Mittelpunkt des großen Unionsreiches, von wo alle Fäden ausgingen.

Im Schloß wurden auch die wichtigsten Versammlungen der Räte abgehalten, ausländische Gesandte und Delegationen empfangen und überhaupt alles das getätigt, was in der königlichen Residenz eines großen Reiches an der Tagesordnung war.

Burg und Schloß Kopenhagen (Københavns Hus), wie es zur Zeit Erichs von Pommern aussah (nach dem Modell im Stadtmuseum von Kopenhagen).

Was die Kanzlei betraf, so muß erwähnt werden, daß ihr ein besonderer Leiter vorstand, der „Kanzler des Königs“. Und der hatte des Königs „geheimes Siegel“ in Verwahrung, das für alle Regierungssachen Anwendung fand, sowohl für dänische als auch für schwedische und norwegische. Dieses Siegel trug die drei Kronen und symbolisierte somit die Zusammengehörigkeit der Unionsreiche.

Der Roskilde-Bischof aber behielt sein politisches Amt traditionsgemäß und führte den Titel „Oberster Kanzler des Reiches“. Er hatte das „Große Reichssiegel“ in Verwahrung, das aber nur selten benutzt wurde, und zwar nur bei Staatsdokumenten von besonderer Bedeutung. Von König Erichs Kanzlern sind besonders zu nennen Jens Pedersön (gest. 1434), der viele Jahre in seinen Diensten stand und ihn auch auf Auslandsreisen begleitete, und Laurids Brand, der ihm bis zuletzt die Treue hielt.

Diese Kanzler waren äußerst wichtige Personen als Helfer des Königs bei seiner Regierungsführung, hatten aber kaum Einfluß auf seine Entscheidungen und traten selten bei den Verhandlungen auf. Auch hatten sie keinen Sitz im Reichsrat, jener Versammlung führender geistlicher und weltlicher Perönlichkeiten von Adel, die ursprünglich rein beratende Funktionen ausübten, zu König Erichs Zeiten aber ihre Befugnisse stark vermehren konnten. Der Reichsrat hatte das Recht, nach dem Tod eines Monarchen den Nachfolger zu wählen, die Verfassung mitzubestimmen, bei der Einführung von Privilegien und Steuern seine Zustimmung zu geben, und er war schließlich auch die oberste Gerichtsbarkeit des Reiches.

In Erichs neuer Kanzlei war nun eine Trennung zwischen den staatspolitischen Angelegenheiten und denen des Rechtswesens eingeführt worden. Letztere wurden mit einem besonderen Gerichtssiegel (sigillum ad causas) versehen und von einem Justitiar bearbeitet, einem

Das Stadtwappen von Malmö, das König Erich der Stadt 1437 verlieh und das später auch Wappen der Landschaft Schonen wurde.

gesetzeskundigen Mann, meist von niederem Adel, der aber nicht dem Klerus angehörte.

Aber auch schon damals war Korruption in den höchsten Amtsstuben nicht unbekannt. Davon zeugt besonders ein persönlicher Auftritt König Erichs im Februar 1421 auf dem Seeländischen Landsthing in Ringsted. Dort erklärte der König, daß alle seine Untertanen es wissen sollten, daß er niemals und zu keiner Zeit Privilegien oder Briefe – damit sind immer Dokumente gemeint – an ausländische Herren oder Städte wie auch innerhalb seines Reiches herausgegeben oder besiegelt habe, die dem Reich oder der Krone zum Schaden gereicht hätten.

Er nannte auch einige Namen, aber was genau dahintersteckte, ist nicht überliefert worden. Zweifellos handelte es sich um Urkundenfälschungen, Verfälschungen von Königsbriefen, in denen bestimmte Rechte verliehen wurden, oder ähnliches.

Ein besonders krasser Fall aber wurde der Nachwelt ziemlich genau überliefert. Es handelt sich dabei um den Bürgermeister der Stadt Malmö, die König Erich besonders am Herzen gelegen haben muß; hat er dort doch im Jahr 1434 das Schloß Malmöhus gegründet und von der Burg Visborg auf Gotland, die er 1411 hatte errichten lassen, einen offenen Brief geschickt, in dem er verordnete, daß die Stadt Malmö in „ewiger Zeit“ in ihrem Siegel und Wappen ein Greifenhaupt führen sollte, also einen Teil des pommerschen Wappens seiner Väter. Damit wollte Erich an die Treuepflicht der Malmöer nicht nur gegen ihn, sondern auch gegen den von ihm vorgeschlagenen Thronerben, den jungen Herzog Bogislaw, seinen Vetter, sowie allen folgenden Regenten der Union aus dem pommerschen Fürstenhaus erinnern. Das Schicksal aber hat es später anders bestimmt. Doch der pommersche Greifenkopf ist bis auf den heutigen Tag Siegel und Wappen der schwedischen Stadt Malmö geblieben.

Aber zurück zum Malmö der Zeit Erichs und seinem korrupten Bürgermeister. Sein Name war Anders Mortensön. In einem alten Archivverzeichnis ist dieser Name verewigt. Darin heißt es: „Falscher König Erichs-Brief, zerschnitten, für welchen Anders Mortensön verbrannt wurde, datum Hafnis anno Domini 1418." Das war ein strenges Urteil, ausgesprochen von König Erich selbst, der in seinem starken Rechtsbewußtsein, das immer wieder in seiner Regierungszeit sichtbar wird, für das Verbrechen der Fälschung einer königlichen Urkunde nur die damals höchste Strafe verfügen konnte. Anders Mortensön mußte 1419 sein Leben auf dem Scheiterhaufen lassen.

Mit Kopenhagen aber hatte der König eine bedeutende Stadt erworben; sie war im gesamten Norden die zweitreichste nach Bergen.

Schon wenige Jahre, nachdem Erich die Stadt in festen Händen hatte (1422), gab er Kopenhagen Privilegien, die sie bald zu einer aufblühenden Stadt machten. Von ihnen profitierten natürlich die Kaufleute besonders, jener Bürgerstand, den der König schon immer begünstigt hatte. Erst dann kamen die Handwerker. Nachdem Erich die Stadt übernommen hatte, war in ihr ein spürbarer Zuwachs der Oberklasse zu bemerken. Das lag nicht nur an der Einwanderung deutscher Kaufleute, sondern auch an dem neu in die Stadt einziehenden Landadel.

Wie aus dem Grundbuch des Roskilde-Bischofs aus dem Jahr 1377 hervorgeht, verstießen damals bereits einige Adelsfamilien gegen das alte Verbot, in Kopenhagen Grundbesitz zu erwerben.

Selbstverständlich profitierten Kaufleute und Handwerker von einer solchen Verstärkung der Oberschicht; denn sie war kapitalkräftig und brachte beiden Ständen Geld in die Kassen. Handwerker, die in Gilden zusammengeschlossen waren, hatten in einer Stadt wie Kopenhagen, die damals um die 10000 Einwohner zählte – exakte Angaben über Bevölkerungszahlen wurden erst Jahrhunderte später erstellt –, immer etwas zu tun. Am stärksten waren die Schuhmacher vertreten; denn es gab ja damals keine fabrikmäßig hergestellten Schuhe und Stiefel. Sie mußten alle „handgemacht“ sein.

Dasselbe galt für die Schneider, die besonders viel für die Oberschicht zu tun hatten. Die Stoffe kauften die Kunden meist selbst bei den Händlern ein. Auch für diese gab es besondere Vorschriften, die König Erich – wie die vielen anderen für Kaufleute, Händler und Handwerker – hatte ausarbeiten lassen.

So verfügte Erich beispielsweise, daß kein Gast oder Kaufmann, der nicht seinen festen Wohnsitz in Kopenhagen hat, Tuche oder Leinwand nach Ellenmaß verkaufen darf, sondern „sie sollen Tuch in ganzen und halben Stücken verkaufen ... und Strümpfe in ganzen und halben Dutzenden. Bier in Tonnen und nicht in Kannen, Salz in Pfunden, ganzen oder halben, und nicht nach Scheffelmaß, sowie Hopfen in Pfunden oder Säcken, und nicht in Scheffeln.“

All diese und noch manch andere Verfügungen dienten dem Schutz der Kopenhagener Bürger und Kaufleute. Doch wollte Erich den Hanseaten, die begonnen hatten, sich in Kopenhagen im Einzelhandel zu betätigen, den Großhandel keinesfalls verbieten, das geht ja auch aus den obigen Bestimmungen hervor. Denn woher sollte man sonst ausländische Güter nach Dänemark bekommen – beispielsweise das Rostocker Bier, das in besseren Kreisen gern getrunken wurde.

Aber auch das heimische, in der Stadt gebraute Bier erfreute sich großer Beliebtheit. Das geht auch aus einer Bestimmung hervor, die besagt, daß sich die Handwerker nicht mit dem Handel befassen dürfen und die Kaufleute nicht mit dem Handwerk, abgesehen vom Bierbrauen. Und das fand gerade häufig in den Kaufmannshöfen statt.

Derartige Verordnungen aber waren keineswegs Erfindungen des Unionskönigs. Dänische Städte, die mit besonderen Rechten bezüglich des Handels ausgestattet waren, gab es schon mehr als zweihundert Jahre vor König Erichs Regierungsantritt. Man nannte sie „Kaufstädte" (dän. pl. købstæder; sgl. købstad). Die älteste war Ribe, gegründet 1206.

Was Erich einführen wollte, waren neue, zeitgemäße Privilegien; die alten wollte er mit neuem Leben erfüllen. Zwei Städte sind es, die durch Erichs Privilegien-Politik besonders ins Licht der Geschichte treten: Helsingør und die von ihm neu gegründete Stadt Landskrona in Schonen, auf der anderen Seite des Öresunds.

Wenn die Kaufstädte Dänemarks bei Erichs Regierungsantritt auch schon über 200 Jahre bestanden, so war er es doch, der ihnen ihr Gepräge gab, das für mehrere hundert Jahre diesen Städten von Nutzen war. Erst 1970 verschwand diese Bezeichnung für Städte mit besonderer Verwaltungs- und Rechtsform.

In Kopenhagen aber, der neuen Haupt- und Residenzstadt des Landes, entwickelte sich ein reges Leben. Seit ihrer Gründung waren viele ansehnliche Bauwerke entstanden, wie die berühmte Frauenkirche, deren erster Bau 1209 eingeweiht wurde. Bald kamen die St. Klemenskirche, die St. Petri-Kirche und die St. Nikolai-Kirche hinzu. 1295 wurde das Heilige-Geist-Haus gegründet und etwas später die Heilige-Geist-Kirche. Und natürlich befanden sich schon früh mehrere Klöster in der Stadt. Aber es gab auch eine Schattenseite zu diesen geistlichen Stätten. Die war dort, wo der jetzige Hauser-

Platz in Kopenhagen liegt, in damaliger Zeit eine dünn besiedelte Gegend, die „Rosengarten" (dän. Rosengården) genannt wurde. In deutschen Städten wie Wismar und Rostock gab es auch einen „Rosengarten". Das war ein Platz, auf dem ursprünglich die Stadtmusikanten zum Tanz aufspielten, der sich aber später zu einer fragwürdigen Gegend entwickelte mit billigen Kneipen und Bordellen.

So war es wohl auch in Kopenhagen. Denn die dort durchreisenden und sich vorübergehend dort aufhaltenden Agenten und Handelsleute der Hanse, die nach den Regeln des Hansebundes unverheiratet bleiben mußten, suchten bei ihrer Ankunft wohl bald einen gewissen Stadtteil auf, von dem sie wußten, daß sie dort ihren sexuellen Bedürfnissen Genüge tun konnten. Das geschah dann in den sogenannten Hurenhäusern (dän. horekroer = Hurenkrüge), bei denen es wohl kaum eine wirtschaftliche Flaute gab.

Viel ist in den Überlieferungen darüber nicht berichtet worden. In solchen obskuren Stadtteilen wurden ja nicht nur die Dirnen der Stadt besucht, da blühte auch oft das Verbrechen.

Und das stellt auch der Bischof und Professor an der Kopenhagener Universität Peder Palladius (1503-1560) später fest, als er diesem Platz in seinem Visitationsbuch, das man 1866 als Manuskript in der Königlichen Bibliothek fand, einen – wie es ein dänischer Historiker ausdrückte – „düsteren Nachruf" gab.

Dort steht zu lesen: „Ja, wie viele verloren wohl ihr Leben in Kopenhagen, als der Rosengarten noch existierte. Kaum wischt wohl der Scharfrichter sein Schwert in dieser Zeit so viel ab, wie er es in jener tat."

Die Stadt Kopenhagen aber hatte zu Erichs Zeiten auch manches Positive, wenn man von der damals in vielen Städten oft beklemmenden Unsauberkeit absieht. Der König hatte oft darüber nachgedacht, wie er seine Stadt attraktiver machen könnte. Und da er ein

Mann von Geist und guten wissenschaftlichen Kenntnissen war, wollte er natürlich endlich eine Universität in seiner Residenz haben. Dafür war der Papst zuständig. Er erteilte 1419 die Genehmigung, in Kopenhagen eine Universität zu stiften. Aber die Sache hatte einen Haken. Die Genehmigung enthielt einen Passus, in dem ausgedrückt wurde, daß Theologie dort nicht gelehrt werden dürfe. Erich, der sich zeit seines Lebens sehr dem Kirchlich-Religiösen verbunden fühlte, konnte darauf nicht eingehen. Und so wurde zu seinen Lebzeiten nichts aus einer Universitätsgründung, auf die er so sehr gehofft hatte.[18)]

Der Kampf um Schleswig beginnt von neuem

König Erich hätte sich gerne noch weiter mit innenpolitischen Maßnahmen beschäftigt und auch mehr seinen beiden anderen Reichen, Schweden und Norwegen, gewidmet. Aber zunächst mußten die Verhältnisse vor seiner Haustür geklärt werden. So galt es nach der erfolgreichen Inbesitznahme von Kopenhagen, sich wieder der Südgrenze zuzuwenden.

Ihm war klar, daß der Bestand der Union gefährdet war, solange die Holsteiner Grafen nicht aufhören würden mit dem Versuch, das Herzogtum Schleswig ganz in ihren Machtbereich zu bringen. Würde ihnen das gelingen, hätten sie eine günstige Basis zum weiteren Vordringen in das jütische Land.

Zu sehr war in der Erinnerung des Königs deren Eindringen in das jütische Land lebendig, besonders der Einfall Graf Gerhards III. (1292 oder 1293-1340), der sich zum Herrn von Westdänemark gemacht hatte, bis sich die Jüten gegen ihn erhoben und er in der Nacht zum 1. April 1340 von dem jütischen Adelsmann Niels Ebbesen (gest. 1340) getötet wurde. Niels Ebbesen wurde später zur Symbolfigur des nationalen Widerstands gegen die Deutschen.

Das alles mag König Erich durch den Kopf gegangen sein, als er sich entschloß, den Kampf gegen die Holsteiner wieder aufzunehmen. Zudem waren ja alle Schiedsprüche ohne Resultat geblieben. Besonders bedrückte ihn auch der Verlust von Fehmarn; denn kaum hatte er die Insel erobert, als sie ihm auch schon wieder im selben Jahr (1416) aus den Händen glitt. Und obwohl ihm die Bewohner gehuldigt hatten, hatten sie sich wieder schnellstens auf die Seite der neuen, alten Herren geschlagen.

Das war wieder einmal etwas, das sein Rechtsbewußtsein verletzte und ihn zornig machte. Er mußte die Insel wiederhaben, die zudem noch ein vorzüglicher vorgeschobener Stützpunkt war. Und sie hatte für seine strategischen Pläne noch einen weiteren Vorteil: sie konnte von See aus gut versorgt und auch im Notfall entsetzt werden. Für derartige Operationen besaß der Unionskönig ja eine hervorragende Flotte.

Alle diplomatischen Versuche, zu einem endgültigen Frieden zu kommen – es gab Zusammenkünfte, an denen Abgeordnete des deutsch-römischen Königs, Herzog Johann von Mecklenburg, ein Abgeordneter der Stadt Reval, Vertreter der Hansestädte, der Holsteiner und selbstverständlich der Dänen teilnahmen –, waren fehlgeschlagen. Man hatte zwar viel über den Frieden geredet, aber gleichzeitig eroberten Vitalienbrüder in der Elbmündung einige mit Bier beladene Schiffe. Diese führten sie als Beute nach der Burg Schwabstedt, wo Hartwig Breyde Kommandant war, der im Dienst des Bischofs stand.

Die Seeräuber waren von den Hamburgern verfolgt worden, denen sich Herzog Heinrich angeschlossen hatte. Und nachdem die Vitalienbrüder die Burg verlassen hatten, drangen die Hamburger und der Herzog in die Burg ein, deren Kommandant versicherte, kein geraubtes Kaufmannsgut gelagert zu haben. Doch der Herzog wußte es besser, ließ die Burg durchsuchen, und das Bier kam zum Vorschein. Da wollte der Herzog den Kommandanten hinrichten lassen, was aber die Hamburger verhinderten, wodurch die Burg allerdings in die Hand des Herzogs kam. Nun glaubten die Hamburger, Profit aus der Sache schlagen zu können, und schickten zwölf große Schiffe gegen die Dänen in See. Die wiederum konnten diese außer Gefecht setzen, worauf deren Besatzungen auf den Ribe vorgelagerten Inseln an Land gingen, dort plünderten und schließlich mit großer Beute und Gefangenen wieder verschwanden.

Das geschah am 3. Mai 1420. Zur selben Zeit soll Herzog Heinrich, Hermann Korners (ca. 1365-1438) »Chronica novella« zufolge, in den dänischen Teil des Herzogtums Schleswig mit einem großen Heer eingefallen sein. Dort habe er Haderslev (Hadersleben) belagert und schließlich erobert, und den Bürgern 3000 lübische Mark für ihre Freiheit abgefordert. Das war dem holsteinischen Herzog aber noch nicht genug. Er ließ daher die umliegenden Dörfer mächtig ausplündern, nahm die reichsten Bauern gefangen und verschwand dann wieder.

Es dürfte nicht verwundern, daß König Erich sich nun auch auf das Schlimmste vorbereiten mußte. So ließ er Einberufungen in allen seinen drei Reichen ausstellen, befahl den Männern aus dem fernen Finnland, das ja damals zu Schweden gehörte, sich in Kalmar zu versammeln, und die anderen sollten an den Öresund kommen. Dort waren bereits viele Schiffe zusammengezogen, und es hieß, daß der König auch den Öresund hätte sperren lassen.

Natürlich war das den Holsteinern und Hanseaten zu Ohren gekommen. Und man befürchtete, daß diese großen Vorbereitungen böse Folgen haben würden. Man rätselte auch herum, wem eigentlich dieser große Flottenaufmarsch galt. Als sich im April die Vertreter der wendischen Städte in Wismar trafen, beschloß man, Ratsmänner zum König zu schicken, um zu erfahren, ob ihre Kaufleute in Frieden seine Reiche besuchen könnten.

Doch es muß damals stürmisch auf der Ostsee gewesen sein; denn das schlechte Wetter war schuld daran, daß die Vertreter von Lübeck und einiger anderer Städte nicht zum Unionskönig kommen konnten. Dort erschienen nur Räte von Stralsund und Rostock. Doch die bekamen erst gar keine Antwort auf ihre Fragen. Kaum waren sie vom König empfangen worden, als er ihnen auch schon bekanntgab, daß er Schleswig, seinerzeit den Städten als Garantiepfand übergeben, zurückhaben wolle, denn – so begründete er seine Forderung – er habe die Stadt gut befestigt übergeben, und jetzt seien die Wallgräben zugeworfen und alle Planken abgerissen worden. Das, so führte Erich aus, sei ein Friedensbruch. Und er habe dadurch Schaden erlitten. Doch die Ratsherren konnten natürlich keine Entscheidung in dieser Sache treffen. Und so wurde wieder einmal alles verschoben. Aber auf der kommenden Zusammenkunft in Schleswig wollte man darüber weiter verhandeln.

Doch dort gab es zu viele kontroverse Meinungen. Von seiten der Holsteiner war nur Herzog Heinrich anwesend. Sein alter Onkel, Graf Heinrich, war nicht erschienen. Es war bekannt, daß damals zwischen den beiden Meinungsverschiedenheiten herrschten, so daß man nicht wußte, wie sich das auf die Verhandlungen auswirken würde.

Man trug die verschiedensten Argumente vor, eine Einigung kam aber wieder nicht zustande. So wurde beschlossen, daß, wenn sich die Fürsten nicht einigen könnten, der deutsch-römische König das Urteil sprechen müßte.

Dem hielt nun wieder der Herzog entgegen, daß er wegen des Erbes seiner Väter keinesfalls mehr vor Gericht gehen würde. Und die Vertreter der Städte waren bei diesem Ausgang ganz verzweifelt. Was sollten sie zu Hause berichten? Zwar hatten ihnen beide Seiten erklärt, daß ihre Kaufleute unbeschadet die See befahren könnten, solange der Waffenstillstand währte. Aber wielange war das?

Die wendischen Städte schrieben nun an die preußischen, daß sie auf alle Fälle zu einer gemeinsamen Zusammenkunft erscheinen müßten, um abzusprechen, was zu tun sei. Aber hatte das in diesen unruhigen Zeiten überhaupt Sinn? Fragen über Fragen.

König Erich reichte es. Ohne auf die noch laufende Waffenruhe Rücksicht zu nehmen, die allerdings auch von der holsteinischen Seite mehrfach verletzt worden war, wie beispielsweise in Hadersleben (Haderslev), bereitete er sich mit seiner mächtigen Flotte zum Angriff vor.

Er ordnete an, daß in seinen Reichen, solange der Kriegszug anhielt, öffentliche Bittgottesdienste abgehalten werden sollten und an gewissen Tagen Prozessionen. Und weiter: „Betet um Glück und Erfolg für den König in diesem Kampf, der gegen unseres Reiches und alle Eure erklärten Feinde geführt wird."

Noch am 30. Juni lag König Erich mit seiner Flotte vor Lolland. Dort nahm er noch einige Änderungen am Leibgedinge[19)] seiner Frau Philippa vor und gab dann den Befehl zum Aufbruch.

Bereits acht Tage vorher hatten die Bewohner von Fehmarn darüber Klage geführt, daß Leute des Königs neunzehn Männer gefangengenommen hätten und obendrein noch drei Frauen, von denen keine über fünfzig war. Es ist wohl eindeutig, wozu die Männer noch einige jüngere Frauen benötigten. Aber die Gefangennahme von Frauen war damals nicht üblich. Es ist anzunehmen, daß die „Leute des Königs" Kundschafter waren, die dem König die Situation auf der Insel melden sollten. Als Erich mit seiner Flotte vor Fehmarn erschien –

diese Insel war ja sein erklärtes Ziel –, wurden seine an Land gesetzten Truppen zuerst zurückgeschlagen. Dabei kämpften die einheimischen Männer mit außerordentlicher Tapferkeit. Sie wurden allerdings von holsteinischen Einheiten unterstützt, die ihnen zu Hilfe gekommen waren.

Da der König die Situation nicht genau überschauen konnte und daher nicht beurteilen mochte, ob seine Truppen die Insel ohne größere Verluste einnehmen würden, ließ er Fehmarn erst einmal liegen und nahm Kurs auf das holsteinische Festland. Dort konnte er in Heiligenhafen an Land gehen und seine Truppen nach Oldenburg ziehen lassen, wo sie die holsteinische Stadt mit Plünderungen und Brandschatzungen überzogen.

Danach schifften sich des Königs Truppen wieder ein und setzten nach Fehmarn über. Während die großen Schiffe an der Südseite der Insel, bei der Landzunge Flügge, lagen, und die Einwohner und holsteinischen Truppen glaubten, daß dort der große Schlag erfolgen würde, wurden die Soldaten des Königs in kleinen Kähnen auf eine andere Seite gebracht, von wo aus sie nach hartnäckigem Widerstand die ganze Insel mitsamt der stark befestigten Burg Glambek einnahmen.

Der König hatte die Untreue der Fehmarner immer noch nicht vergessen und war voller Zorn, der sich wohl wegen des ersten abgeschlagenen Eroberungsversuchs maßlos gesteigert hatte. Er gab also seinen Soldaten freie Hand zum Plündern, Brandschatzen und Töten. Und was nun mit Fehmarn und den Menschen dieser Insel geschah, gehört mit zu den düstersten Kapiteln in der Lebensgeschichte dieses Königs.

In „Chronicon Holtzatiae" ist darüber folgendes zu lesen: „Der König fuhr los und umzingelte mit seiner Flotte fast ganz Fehmarn. Bei der Insel Flügge ließ er die größten Schiffe vor Anker gehen, auf welchen man viele bewaffnete Männer sah. Und dort kämpfte er lange. Plötzlich verließ er die großen Schiffe, ließ die an

Bord befindlichen Männer in kleinere Boote einsteigen und eilte zu der üblichen Überfahrtsstelle.

Indem er von Bord ging, bevor die Bewohner Zeit zum Sammeln fanden, erreichten die Dänen, nach großen Verlusten auf beiden Seiten, das feste Land. Nachdem sie Pferde hinübergeführt hatten, töteten sie gnadenlos mit dem Schwert, was sie an Männern antrafen. Aber manche suchten Zuflucht in den Kirchen, besonders in der Stadt Burg. Die Dänen schleppten sie wieder aus den Kirchen heraus, zogen ihnen die Kleidung ab, führten sie auf den Kirchhof und töteten sie schonungslos. Durch diese unerhörten Taten entweihten sie grob die heiligen Stätten, Kirchen und Kirchhöfe, mit Ausnahme der Sakramente und des heiligen Leibes Jesu Christi. Sie verheerten das ganze Land, plünderten und brannten zuletzt alle Häuser und Hütten ab. Sie erlaubten keinem zurückzubleiben, sondern brachten alle überlebenden Männer, Frauen, Jungfrauen und Kinder weg. Viele von ihnen wurden – o weh! – so durch Armut erniedrigt, daß die Männer Seeräuber wurden und die Frauen und Jungfrauen Ehebrecherinnen und Huren. Von einer so großen Unmenschlichkeit, wie sie von denen ausgeübt wurde, die Christen genannt werden sollten, kann man weder etwas bei den Heiden noch den Barbaren lesen.“ [20)]

Dänische Historiker aber sind der Meinung, daß eine so große Verschleppung der Bevölkerung, wie sie der Chronist schildert, nicht stattgefunden haben kann. Der dänische Historiker Erik Kjersgaard schreibt darüber folgendes:

„Die totale Vertreibung der Bevölkerung ist übertrieben. Aber sonst ist die Schilderung leider richtig. Schleswig war in diesen Jahren undisziplinierten Banden preisgegeben, die es nur unterließen, alte Frauen zu vergewaltigen, ‚wegen ihrer Häßlichkeit‘. Holsteinische Truppen zogen danach durch Jütland und führten große Rinderherden mit zurück.“ [21)]

Sicherlich ist diese Eroberung von Fehmarn das schlimmste gewesen, das die Bevölkerung der Insel je hatte durchmachen müssen. Und fest steht auch, daß König Erich die Insel seinen Truppen zum Plündern freigab. Mit einem solchen Befehl hatten sie sicherlich freie Hand für alles. Ein Beispiel aus der Geschichte des Dreißigjährigen Krieges zeigt das sehr deutlich.

Als nämlich – ca. 200 Jahre nach diesem Ereignis – der schwedische König Gustav II. Adolf (1594-1632) in den Dreißigjährigen Krieg eingriff und die Stadt Frankfurt an der Oder im Februar 1631 eroberte, gab er seinen Truppen ebenfalls die Stadt zum Plündern frei. Die Folge dieses Befehls des „allerchristlichsten Königs“ und „Verteidigers der evangelischen Sache“ war ein fürchterliches Blutbad, Brandschatzungen, Vergewaltigungen und dergleichen mehr.[22)]

Es könnte sein, daß diesen Königen im Augenblick des Plünderungskommandos die Befehlsgewalt aus den Händen geglitten ist und aus den Soldaten eine Soldateska wurde. Aber möglich ist auch, daß ein solches Blutbad als abschreckende Demonstration für alle weiteren und ähnlichen Fälle in Kauf genommen wurde. Die christliche Ethik galt offenbar in Kriegszeiten für diese Monarchen nicht, obwohl sie sich sonst ja mit ihr verbunden fühlten. Eine ähnliche Einstellung wird auch erkennbar bei den Inquisitionen, den Hexenverbrennungen und anderen Grausamkeiten, die in alten und älteren Zeiten die Kirche selbst veranlaßt hatte.

Eine andere Frage ist die nach der Objektivität des Chronisten. Dieser unbekannte Verfasser schrieb sein Werk unter dem Titel „Chronicon Holtzatiae, auctore Presbytero Bremensi“. Es kam, wie der Autor selbst erwähnt, im Jahr 1448 heraus, also ca. 28 Jahre nach Erichs Eroberung von Fehmarn. Der Herausgeber dieses Werkes, der bedeutende deutsche Historiker Johann Martin Lappenberg (1794-1865), schreibt in seinem Vorwort dazu: „Da er weiter nichts über sich und seine eigenen Verhältnisse ausführt ... können wir ihn nur aus seinem Werk zu erkennen versuchen, das sich freilich als ein Denkmal unübertroffen schlechter Latinität im Zeitalter der wiederauflebenden klassischen Bildung und zugleich der Verwirrung werthvoller urkundlicher Quellen bezeichnen läßt." [23)]

Lappenberg betont, daß das Werk erst 1698 gedruckt wurde und dazu viele Abschriften sowohl von den lateinischen Texten „als von einer schon frühe veranstalteten niederdeutschen Übersetzung genommen wurden."

So kann auch angenommen werden, daß manches von den Berichten des Presbyters in der gedruckten Erstausgabe zu stark ausgemalt wurde. Auch schon deshalb, weil Urheber und Abschreiber sich vermutlich einer gewissen Parteilichkeit nicht entziehen konnten. Zudem war der Autor ja auch kein Kriegsberichterstatter im heutigen Sinn, sondern auf zeitgenössische Berichte angewiesen.

Dänemarks Stellung im Herzogtum Schleswig wurde immer schwächer. Und der Winterfeldzug hinderte den König auch am Einsetzen seiner stärksten Waffe, der Flotte.

Die Holsteiner konnten im nördlichen Teil des Herzogtums ihre Stützpunkte ausbauen. Die Stadt Schleswig ging den Dänen wieder einmal verloren. Und die Hanseaten, die sich Erich gegenüber neutral verhalten hatten, um Handelssperren in den Reichen der Union zu vermeiden, wandten sich jetzt den Holsteinern zu; denn sie hatten erfahren, daß der König eine kräftige Einschränkung ihrer Rechte in seinen Reichen einführen wollte.

Um ihre Macht zu zeigen, steuerte eine hanseatische Flotte in den Öresund, und einige Seeleute dieser Koggen gingen von Bord, enterten ein paar Schiffe der kgl. Flotte und schnitten deren Takelage in Stücke.

Herzog Heinrich kann Flensburg nicht erobern, und die wendischen Städte der Hanse schliessen einen Bund mit König Erich

Einige Monate nach der hanseatischen Demonstration im Öresund glaubte Herzog Heinrich, daß die Zeit für einen vernichtenden Angriff auf einen der wichtigsten dänischen Stützpunkte gekommen sei. Und welche Burg konnte dafür wohl besser geeignet sein als die, die hoch über der Stadt Flensburg thronte – die Marienburg (Duborg). Daß das kein leichtes Unternehmen werden würde, war dem kriegsgewohnten holsteinischen Fürsten klar. Deshalb war es sein Plan, zuerst die Stadt Flensburg zu überrumpeln und dann von dort sorgfältig die Belagerung der festen Burg durchzuführen.

Der Herbst war ins Land gezogen, und die Tage wurden immer kürzer. Da beschloß Herzog Heinrich, die Stadt anzugreifen.

In der Morgendämmerung des 11. November 1422 erschien er, von Norden kommend, mit seinem Bruder und einem kleinen Heer vor den Toren der befestigten Vorstadt Ramsharde. Dort gelang es ihnen, zwei Tore zu erstürmen, und so hofften sie, schnell die Stadt in ihren Besitz zu bekommen. Aber sie hatten sich getäuscht. Der dänische Widerstand war so stark, daß sie sich mit schweren Verlusten zurückziehen mußten.

Nun war zu dieser Zeit, nämlich am Abend vorher, Herzog Heinrich von Schlesien, genannt Rumpold, in Flensburg eingetroffen. König Erichs Vetter, der deutsch-römische König Sigismund, hatte ihn nämlich gebeten, sich aus seinem fernen Herzogtum in den Norden zu begeben, um zwischen den Schauenburgern und seinem Vetter zu vermitteln. Bereits am 20. Oktober 1422 war der schlesische Fürst in Lübeck eingetroffen, wo er als Sigismunds Repräsentant mit allen Ehren empfangen wurde. Dort verhandelte er rund zwei Wochen mit den

Hanseaten. Was dabei herauskam, ist nicht überliefert. Aber man weiß, daß seine Anwesenheit in Lübeck die friedliche Stimmung bei einem Teil der Städte verstärkte.

Nach seinem Lübeck-Besuch war Herzog Rumpold also nach Flensburg gereist, wo er am frühen Morgen des 11. November durch den kriegerischen Lärm jäh aufgeschreckt wurde. Er begab sich so schnell wie nur möglich zu Herzog Heinrich, der natürlich von der Anwesenheit eines so hohen Repräsentaten des deutschrömischen Königs in Flensburg nichts ahnte und dessen Aufforderung, die Truppen von der Stadt abzuziehen, sofort befolgte.

Nachdem die Holsteiner abgezogen waren, suchte Herzog Rumpold König Erich auf und machte ihn mit seinem Plan bekannt. Sigismund hatte großes Interesse am Ausschalten aller Unruheherde in seinem großen Reich, und besonders wollte er die norddeutschen Fürsten für einen Kampf gegen die aufständischen böhmischen Hussiten gewinnen, die er für sehr gefährlich hielt.

Um die Weihnachtszeit verhandelte der schlesische Herzog mit Erich und den Holsteinern in Flensburg. An dieser Zusammenkunft nahmen auch Vertreter der hanseatischen Städte teil.

Am Tag der Heiligen Drei Könige, dem 6. Januar 1423, wurde dann der Waffenstillstand verkündet, und auch die Verhandlungen mit den Vertretern der Hansestädte konnten erfolgreich abgeschlossen werden, indem ein Präliminarvertrag zwischen dem nordischen Unionsreich und den in Flensburg vertretenen wendischen Städten mit Lübeck an der Spitze geschlossen wurde. In ihm hieß es, daß die beiden Parteien zu einem „ewigen Bund“ sich vereint hätten. Der Vertrag sah auch vor, daß sich weitere Hansestädte dem Bund anschließen könnten, wobei man besonders an die preußischen und livländischen Städte dachte. Ferner wurde beschlossen, sich im Fall von Angriffen gegenseitig mit Streitkräften zu unterstützen – ein Passus, der rein defensiven Charakter hatte. Es wurde auch festgelegt, daß man sich einmal im Jahr in Kopenhagen treffen sollte, um über anstehende Probleme zu verhandeln.

Im Juni desselben Jahres wurde dann das Vertragswerk in Kopenhagen ratifiziert. Dort waren die Vertreter der wendischen Städte mit König Erich und zahlreichen Räten der drei Reiche zusammengekommen. Bei der Gelegenheit wurden noch verschiedene neue Bestimmungen dem Vertrag hinzugefügt. Für die Hansestädte, die dem Bund beitreten wollten, setzte man die Frist von einem Jahr für das Einreichen einer Bewerbung.

Ferner wurde festgesetzt, daß das Bündnis den nordischen Hanseprivilegien nicht „zum Nachteil oder Schaden“ gereichen soll. Die Vorschrift unterstreicht die bedingungslose Gültigkeit der Privilegien und betont, daß ihre Rechtskraft nicht vom Bestehen der Allianz abhängig ist. Dieser Passus zeigt, daß König Erich in dieser Sache zugunsten der Städte nachgegeben hatte.

Dafür aber bekam er einen Ausgleich durch eine Zusatzverfügung, die er ganz persönlich verlangt hatte, und die das Leibgedinge seiner Frau Philippa betraf.

Ursprünglich sollte Philippa für den Fall, daß sie ihren Mann überlebte, in allen drei Reichen Länder für ihren Unterhalt bekommen. In Dänemark auf Fünen, in Schweden die Landschaft Närke und in Norwegen Romerike. 1420 aber, als Erich mit seiner Flotte vor Lolland lag, hatte er diese Bestimmungen, wie oben berichtet, geändert. Danach sollte das Leibgedinge in seiner Gesamtheit nur auf Schweden Anwendung finden, und zwar in des Reiches Zentrum, so daß außer Närke noch Västmanland, Uppland, Södertörn und Stockholm, Schloß und Stadt, dazukamen.

Mit dieser Verordnung hatte Erich zwar für das Wohl seiner Frau bestens vorgesorgt, gleichzeitig damit aber auch einen politischen Schachzug getan. Denn diese Änderung, so hoffte er, würde sich für seine Pläne, die Unionsreiche für Pommerns Herzogshaus als Erbmonarchien umzubilden, günstig auswirken.

Dafür war Schweden von großer Bedeutung, denn dort war das Wahlkönigtum in der Geschichte des Landes und im Bewußtsein seiner Bevölkerung tief verwurzelt. Im Fall des Gelingens der „pommerschen Lösung" konnte das neugeschaffene Verhältnis von Königin Philippa zu Schweden von ausschlaggebender Bedeutung sein, und zwar besonders dann, wenn sie Unterstützung durch die Hanseaten bekam. Daher mußte König Erich die Hanseaten dazu bewegen, sich vertraglich zu verpflichten, der Königin bei Schwierigkeiten zu Hilfe zu kommen. Und damit setzte sich der Unionskönig auch durch. Ein entsprechender Passus wurde in das Vertragswerk aufgenommen.

Es sieht ganz so aus, als wenn König Erich nach Abschluß dieser Verhandlungen und der Vertragsratifizierung der festen Überzeugung war, daß die Hanseaten künftighin an seiner Seite stehen würden, und zwar bei allen seinen Unternehmungen, vor allem aber bei der Verwirklichung seines großen Traums, der Schaffung eines Dominium Maris Baltici.

Dessen Verwirklichung aber konnte er zu diesem Zeitpunkt noch nicht in Angriff nehmen.

Nach dem Abschluß der Kopenhagener Tagung mußte er in Hinsicht auf seine Regierungsführung Prioritäten setzen. Und die sahen als erstes eine Reihe von Verhandlungen außerhalb seiner Reiche zwecks Gewinnung von Bundesgenossen vor.

Der Grosse Tag von Neustettin

Schon auf dem Flensburger Kongreß von 1422/23 war König Erich die große Bedeutung klargeworden, die stabile Bündnisverträge für die Durchführung seiner politischen Pläne haben würden. Dafür war ein persönlicher Einsatz erforderlich, für den ihm nach den Flensburger Tagen die Zeit günstig erschien.

Schon damals war die Außenpolitik für einen Staat genau so wichtig wie in der heutigen Zeit – mit dem Unterschied, daß diese heutzutage zum großen Teil von den Außenministern eines Landes erledigt wird, die oft ständig unterwegs sind, besonders in Krisenzeiten, an denen im 20. Jahrhundert kein Mangel besteht.

Nun hatten die Fürsten im ausgehenden Mittelalter auch Berater, die auf die Außenpolitik spezialisiert waren, aber Außenminister im modernen Sinn gab es damals noch nicht.

Und was König Erich betrifft, so kann man sagen, daß er sein eigener Außenminister war, der sehr wohl diplomatisch verhandeln konnte, manchmal jedoch aufgrund seines Temperaments den falschen Weg einschlug.

Das, was König Erich jetzt vorhatte, sollte ihn nicht nur in die allernächste Nachbarschaft bringen, sondern weit darüber hinaus. Und so brach er bald nach Beendigung des Kopenhagener Kongresses auf und ging, nachdem er die Regierungsgeschäfte Königin Philippa übertragen hatte, mit einem großen und glänzenden Gefolge an Bord seines Schiffes. Das nahm Kurs auf sein Stammland, auf Pommern. Dort wollte er vor allem mit dem Hochmeister des Deutschen Ordens zusammentreffen, von dem er – vor dem jüngst abgeschlossenen Vertrag mit den Hansestädten – befürchtet hatte, daß er sich mit den Hansestädten gegen ihn verbünden würde.

Als aber der Vertragsabschluß von Kopenhagen dem Hochmeister bekannt wurde, nahm er die Einladung gern an. Und man vereinbarte, sich im hinterpommerschen Neustettin zu treffen.

König Erich hatte nun den Öresund verlassen und Kurs auf Stralsund genommen. Ob ihn noch weitere Schiffe seiner Flotte begleiteten, ist mit Sicherheit nicht festzustellen. Aber es ist durchaus möglich, da ihm vermutlich größere Einheiten bewaffneter Männer folgten, die für das Kriegshandwerk wohl ausgebildet waren.

Nachdem König Erich mit seinem Gefolge, dem verschiedene hochrangige Persönlichkeiten wie der Bischof von Roskilde und der neugewählte Erzbischof von Uppsala, Jöns Hákonsson, angehörten, in Stralsund angekommen war, begab man sich nach der Insel Wollin und hielt sich dort rund eine Woche auf.

Vermutlich hat sich der geschichtskundige König für diese zwischen Swine und Dievenow gelegene Insel interessiert. Dort hatte einmal eine der wichtigsten Handelsstädte an der Südküste der Ostsee gelegen, das wikingisch-wendische Julin. Diese Handelsmetropole wurde zwischen 900 und 1200 rund 15mal zerstört und wieder aufgebaut. Aus ihr entstand schließlich die Stadt Wollin.

Von dort aus begann auch der Apostel der Pommern, Otto von Bamberg (ca. 1060-1139), seine Missionsreisen und machte die Pommern zu Christen. Otto von Bamberg gründete auf Wollin zwei Kirchen und plante dort ein Bistum, das aber erst nach seinem Tod gestiftet und später wegen der ständigen Bedrohung seitens der Dänen nach Cammin verlegt wurde. Die Dänen hatten damals die pommersche Küste hin und wieder angegriffen, um dadurch die Überfälle der Wenden auf Dänemark abzuwehren.

Begonnen hatte das schon unter König Waldemar I. (reg. 1157-1182), dessen Kanzler und Heerführer, Bischof Absalon, den Wenden erhebliche Niederlagen zufügen konnte.

Als dann Waldemars Sohn als Knud IV. (reg. 1182-1202) an die Regierung kam, wurden diese Kämpfe unter Absalon fortgesetzt und beendet. Die Dänen fielen in Usedom und Wollin ein, zerstörten die Stadt Wollin und zwangen den damaligen pommerschen Herzog Bogislaw I. (gest. 1187), sich König Knud zu unterwerfen und ihn als Lehnsherren anzuerkennen.

Nach dem Aufenthalt auf Wollin begab man sich jetzt nach Neustettin. Diese pommersche Stadt wurde etwas später als die anderen Städte in Hinterpommern gegründet. Der pommersche Chronist Thomas Kantzow (ca. 1505-1542), seines Zeichens herzoglicher Kanzleisekretär, spricht von einer Gründung des Herzogs Wartislaw IV. im Jahr 1310, wo er „Schloß und Flecken Newenstettin an der polnischen Grenze gebaut und mit Leuten besetzt [habe], damit sein Land in den vielen Heerzügen der Markgrafen wider Polen und Hinterpommern daraus beschützt würde.“ [24)]

Aus sicheren Urkunden ist die Gründung der Stadt Neustettin nicht bekannt. Aber eine Reihe von Jahren später, nämlich 1356, wurde von den Herzögen Bogislav V., Barnim IV. und Wartislaw V. auf dem sogenannten Mönchsberg, am Südende des zu Neustettin gehörenden Streitzigsees, das Augustiner-Eremitenkloster Marienthron gegründet. Die Stiftung geschah zum „Seelgerät“ ihrer Eltern Wartislaw IV. und Elisabeth nach der dort grassierenden großen Beulenpest. Diese Gründung ist ein sicheres Zeichen dafür, daß der Ort damals schon bestanden hat.

Die ganze Gegend muß ein bis zwei Jahrhunderte vorher teilweise urwaldartigen Charakter gehabt haben. So berichtet beispielsweise J. A. Wilcke in seiner Chronik der Stadt Neustettin, die 1862 erschien, daß dort im 12. und 13. Jahrhundert noch wüste Einöde gewesen sei, „große, unwirtbare Brüche, besonders in der Nähe der späteren Stadt ... sowie ein in südlicher Richtung über Thurow, Ratzebuhr und Bahrenbusch sich meilenweit erstreckender, undurchdringlicher Wald, in welchem damals noch wilde Auerochsen lebten, waren für die Ansiedlung wenig anlockend, und gewiß ist es, daß damals in der ganzen Gegend nur eine sehr spärliche Bevölkerung vorhanden war.“ [25)]

Das änderte sich aber später, als Siedler aus dem Westen dorthin zogen und seßhaft wurden. Nach dem Tod von Herzog Wartislaw IV. (gest. 1326) regierten seine Söhne zuerst gemeinschaftlich, was aber nicht gut ging. Und so trennten sich die Brüder wieder. Der älteste von ihnen, der den Namen Bogislaw V. (gest. 1374) erhielt, regierte die Lande östlich der Swine und gab dann wieder als Apanage an seinen jüngsten Bruder, Wartislaw V. (gest. 1390), Stadt und Land Neustettin ab. Dieser pommersche Fürst residierte auch im Neustettiner Schloß, von wo er oft in den riesigen umliegenden Wäldern die Jagd ausübte. Neustettin hatte 1310 die lübischen Stadtrechte wie Stettin bekommen und hatte die Funktion einer Grenzfestung des Herzogs Wartislaw IV. gegen Waldemar von Brandenburg. Nun gehörten zu einer derartigen Verteidigungsanlage üblicherweise feste Mauern, Türme und Tore. Aber dergleichen hat Neustettin nie besessen. Es war die Natur mit ihren Seen, Sümpfen und Wäldern, die die Stadt schützte, so daß sie sich nur mit Wall, Wallgraben und Palisaden zu sichern brauchte.

Nach dem Teilungsvertrag der pommerschen Herzöge von 1402 kamen Stadt und Land Neustettin an Herzog Barnim V. Da dieser aber kurz darauf starb, wurde Neustettin wieder mit dem Anteil Bogislaws VIII. und König Erichs vereinigt, der ja immer noch Herzog von Pommern-Stolp war.

So kommt also König Erich wieder ins Bild und zwar mit seiner Beziehung zu Neustettin.

Der Weg dorthin mußte mit stark bewaffneter Begleitung bewältigt werden, da die hinterpommersche Landschaft zwischen Wollin und Neustettin – wie eigentlich überall in jenen Zeiten – sehr unsicher war. Erich hatte mit dem Hochmeister Paul Bellizer von Rußdorf (reg. 1422-1441) abgesprochen, daß der für ihn günstigste Tagungsort Neustettin sei; denn um von seiner Residenz, der Marienburg, dorthin zu kommen, konnte er auf verschiedenen Burgen seines Ordens Zwischenstation machen.

Die Stadt Neustettin mit ihren Handwerkern und Ackerbürgern und den kleinen Häusern war kaum imstande, einen so großen und illusteren Besuch aufzunehmen. Aber das sollte sie auch nicht. Für derartige Ereignisse war ja das Schloß da. König Erich hatte nun mit seinem großen Gefolge Neustettin erreicht und war ins Schloß eingezogen, das, umgeben von Wasser, einen guten und sicheren Tagungsort bot.

Als die Tagung begann, war dort eine ganze Reihe hochstehender Persönlichkeiten versammelt. So waren neben dem Unionskönig und dem Hochmeister des Deutschen Ordens fünf Herzöge, und zwar Otto II. und Kasimir von Stettin, Wartislaw IX. und Barnim VII. von Barth und Wolgast und schließlich Bogislaw IX. von Stolp, anwesend. Ferner nahmen an der Tagung teil der Landesmeister des Deutschen Ordens in Livland, Sifridt Lande, der Abt Andreas von Kolbatz, ein Ordenstreßler, ein Vogt von der Neumark und noch sechs angesehene Mitglieder des Adels.

Wenn man bedenkt, daß alle diese hohen Herren nicht ohne ein großes Gefolge und schwer bewaffnete Krieger zum persönlichen Schutz gekommen waren, dann kann man sich vorstellen, wie gedrängt voll das Neustettiner Schloß gewesen sein muß. Und es ist anzunehmen, daß ein Teil der Dienstleute und Krieger vor dem Schloß biwakieren mußte; denn der Große Tag von Neustettin fand ja zu einer milden Jahreszeit statt, nämlich Mitte September 1423. Auch haben die Fürsten und ihr Gefolge sicherlich die schöne Lage des Schlosses auf einem Werder im Streitzigsee, gebaut auf einem früheren wendischen Burgwall, genossen. Und wenn der Blick der Versammelten aus den Fenstern fiel, konnten sie am gegenüberliegenden Ufer den riesigen Wald schimmern sehen, in dem einst Auerochsen und anderes wildes Getier gehaust hatten.

Mancher der dort versammelten Fürsten und ihrer Begleiter hat sich wohl gewünscht, noch länger bleiben zu können, um in dem Wald auf der anderen Seite des Sees, der noch bis in die Mitte des 20. Jahrhunderts den Namen Klosterwald trug, der Jagd zu frönen. Neustettins Lage inmitten schönster Natur, umgeben von Seen, Wäldern und Hügeln, war auch in neuerer Zeit noch berühmt. Man nannte die Stadt „die Perle Hinterpommerns“.

Aus seiner abgeschiedenen Lage aber kam Neustettin heraus, als die pommersche Fürstin Hedwig (gest. 1650) nach dem frühen Tod ihres Mannes, Herzog Ulrichs II. (1589-1622), ihren Witwensitz auf dem Schloß nahm und 1640 in Neustettin ein Gymnasium stiftete, die später berühmte Lateinschule, die den Namen dieser Herzogswitwe bekam.

Die Verhandlungen, die die Fürsten und der Hochmeister am 15. und 16. September führten, waren nicht ganz einfach. Aber die Tagung nahm einen günstigen Verlauf.

König Erich hatte eigentlich die Absicht, mit dem Hochmeister über ein Anliegen zu sprechen, das ihn schon lange beschäftigte. Es handelte sich um einen Plan, dessen Durchführung er allerdings wegen der permanenten Bedrohung durch die Holsteiner in absehbarer Zeit nicht in Angriff nehmen konnte, wohl aber, wie er hoffte, nach dem Urteil durch König Sigismund, von dem er fest überzeugt war, daß es für ihn positiv ausfallen würde. Es ging dabei um einen Landerwerb, der den estnischen Ordensbesitz betraf.

Zu diesem Vorhaben motivierte Erich die frühere Zugehörigkeit dieses baltischen Landes zum Dänischen

Das Schloß in Neustettin, in dem 1423 der Große Tag von Neustettin stattfand.

Reich. Estland wurde 1346 von König Waldemar IV. Atterdag, Erichs Urgroßvater, nach Verhandlungen mit dem Hochmeister Heinrich Dusemer von Arffberg (reg. 1345-1351) auf der Marienburg für 19 000 Mark in Silber an den Deutschen Orden verkauft.

König Erich hatte wohl im stillen gehofft, daß sich während der Neustettiner Tagung die Gelegenheit ergeben würde, dem Hochmeister diesen Wunsch vorzutragen. Aber er nahm doch davon Abstand, da er, der in vielen Dingen diplomatisches Geschick bewies, wohl wußte, daß ein solcher Wunsch sein sonstiges Verhandlungskonzept stören könnte.

Ob König Erich aber einen solchen Kaufwunsch für immer aufgegeben hat, ist nicht mehr erkennbar. Gewißheit darüber hätte wohl nur eine längere Regierungszeit geben können.

So kam jetzt also eine Versöhnung zwischen dem Unionsmonarchen und dem Deutschen Orden zustande, die ihren Niederschlag in dem Vertragswerk fand, das am 15. September zwischen König Erich und den pommerschen Herzögen einerseits und dem Hochmeister andererseits geschlossen wurde.

Der Text entsprach fast wortgetreu dem vorher abgeschlossenen nordisch-hanseatischen Vertrag: die Vertragsparteien versprachen einander effektive gegenseitige militärische Hilfe im Kriegsfall.

Ursprünglich wollte man in den Vertrag von Neustettin noch etwas anderes einfügen, nämlich die Aufnahme der Hansestädte mit dem Ziel, eine Tripelallianz aus der Nordischen Union, dem Ordensstaat und den Hansestädten zu schaffen. Und es waren auch bereits Bevollmächtigte der Städte in Pommern angekommen. Doch daraus wurde nichts. Der Grund war, daß der Hochmeister in Preußen wieder einen sogenannten Pfundzoll eingeführt hatte, der die hanseatische Schiffahrt und Kaufmannschaft arg bedrängte. Da der Hochmeister aber davon nicht abgehen wollte, obwohl König Erich versucht hatte, ihn dazu zu überreden, verzichteten die Vertreter der Städte auf weitere Verhandlungen und weigerten sich, gemäß ihren Instruktionen, künftighin Allianzverpflichtungen gegenüber dem Deutschen Orden wahrzunehmen.

„Das Merkwürdige traf also ein“, wie der schwedische Historiker Gottfrid Carlsson feststellt, „daß die beiden Ostseemächte, die beim Jahreswechsel 1422/1423 durch gegenseitiges Zusammenhalten König Erich gezwungen hatten, in seiner großen Politik einen Schritt zurückzugehen, sich in dem Augenblick voneinander trennten, als der Unionskönig beider Bundesgenosse wurde.“ [26)]

Als der „Große Tag von Neustettin“ zuende ging, und die Teilnehmer das im Glanz des Spätsommers liegende Neustettiner Land wieder verließen, muß König Erich tief befriedigt gewesen sein. Der jetzt etwa 40jährige Monarch stand hier, in seinem Stammland, auf der Höhe seines Ansehens. Seine pommerschen Freunde und Verwandten sahen in ihm das Oberhaupt aller Fürsten des Greifengeschlechts, der Gebieter des Deutschen Ordens schenkte ihm volle Anerkennung und konnte ihn nun als seinen Bundesgenossen begrüßen.

Und der gerade abgeschlossene Vertrag stärkte Erich auch bei der Verfolgung seiner außenpolitischen Pläne.

Aber dieser „Große Tag von Neustettin“ war im Grunde nur ein Teil seiner ausländischen „Reisediplomatie“. Zwar brachte er den Verbündeten einen gewissen Schutz gegen Polen und gleichzeitig einen Rückhalt gegen Friedrich I. von Brandenburg, jenen Nürnberger Burggrafen, der 1415 mit der Mark Brandenburg belehnt worden war, Kurfürst von 1417 bis 1425 war und mit den Pommern zeitweise im Krieg lag, aber Erich hatte ein weit höheres Ziel.

Er mußte nun zum deutsch-römischen König. Denn er wartete auf dessen Urteil. Die Frage, wann Sigismund ihm das Herzogtum Schleswig zusprechen würde, war im Grunde das A und das O seiner Außenpolitik.

Die grosse Auslandsreise des Unionskönigs und seine aussenpolitischen Aktivitäten

Als König Erich im August 1423 in Pommern an Land ging, erhielt er die überraschende Nachricht, daß König Sigismund den vorgesehenen Feldzug gegen die Hussiten in Böhmen abgeblasen hatte. Der Hauptgrund war, daß der polnische König Wladislaw II. (reg. 1386 bis 1434), der Sieger von Tannenberg, und sein Vetter, der litauische Großfürst Witold (gest. 1440), schließlich die begonnenen Rüstungen abgebrochen hatten. Das lag daran, daß die verhältnismäßig späte Jahreszeit, die König Sigismund für den Einmarsch festgesetzt hatte, den polnischen und litauischen Aufgeboten nicht paßte. Sigismund hätte den Feldzug ebenfalls nicht durchführen können, da er noch mit den Türken im Krieg lag.

Für Erich war diese Nachricht eine große Enttäuschung, da er bereit war, seinem Vetter Beistand zu leisten, wozu er auch Truppen aus Dänemark mitgeführt hatte, die er für den Kampf gegen die Hussiten noch mit pommerschen Einheiten verstärken wollte.

Auf jeden Fall aber durfte diese neue Situation seinen Besuch bei Sigismund nicht verhindern. So beschloß Erich also, ihn in Breslau aufzusuchen, wo er sich zu der vorgesehenen Zeit befinden sollte.

Erich reiste also nach dem wohlgelungenen Vertragsabschluß in Neustettin nach Schlesien. Unterwegs bekam er bei Landsberg von Sigismund die Nachricht, daß dieser sich nicht aus Ungarn entfernen könne, wo er sich als regierender König um diese Zeit immer aufzuhalten pflegte. Erich mußte also umkehren und verbrachte den Winter in Pommern in der Hoffnung, seinen Vetter im kommenden Jahr treffen zu können.

Inzwischen hatte Sigismund mit Wladislaw über eine Zusammenkunft wegen des gemeinsamen Feldzuges gegen die Hussiten verhandeln lassen. Der Angriff sollte im Sommer 1425 stattfinden. Aber man konnte sich nicht über den Ort einer persönlichen Verhandlung einig werden. Sigismund hatte vorgeschlagen, sich in Ungarn oder an der ungarisch-polnischen Grenze zu treffen, wohingegen Wladislaw Krakau, seine Residenz, vorschlug. Er hatte sich 1422, mit weit über siebzig Jahren, zum vierten Mal verheiratet. Seine junge Gemahlin Sophia, Großfürstin von Moskau, sollte in absehbarer Zeit in der Hauptstadt Krakau gekrönt werden. Und so meinte Wladislaw, daß das kommende große Krönungsfest den richtigen Rahmen für einen Besuch des deutschrömischen Königs abgeben würde. Der aber wollte sich ungern nach Polen begeben, denn er hegte ein gewisses Mißtrauen gegen dessen König.

Jetzt schaltete sich Erich ein und begab sich kurzerhand nach Krakau. Sein Weg führte ihn über Posen und Kalisch, eine der ältesten Städte Polens, im Südwesten des Reiches gelegen. Am 24. Januar 1424 traf er in Polens Hauptstadt ein. Dort hatte ihn niemand erwartet. Und König Wladislaw war auch nicht anwesend. Aber die junge Königin Sophia befand sich am Krakauer Hof und empfing den König der großen nordischen Union mit den ihm gebührenden Ehren. Und sicherlich war die junge, mit einem alten Mann verheiratete Frau von dem schönen und stattlichen Mann aus dem Norden stark beeindruckt. Festliche Mahlzeiten wurden gegeben, Turniere veranstaltet und noch vieles mehr.

Während einer dieser ihm zu Ehren gegebenen Festveranstaltungen brachte König Erich unerwartet der Königin seinen Wunsch nach einer Teilnahme an den Krönungsfeierlichkeiten vor. Einen Augenblick lang völlig überrascht von einem solchen Wunsch, der wohl in ihren Augen einer Selbsteinladung entsprach, wußte sie nicht, was sie darauf antworten sollte; denn so etwas entsprach nicht der Hofetikette. Aber einer ihrer Hofleute hatte die kleine Szene beobachtet. Und geistesgegenwärtig, wie dieser Mann wohl gewesen sein muß, flüsterte er seiner Herrin etwas ins Ohr, worauf die Königin ihre große Freude ausdrückte, den nordischen König zu ihrem Krönungsfest als einen der Ehrengäste begrüßen zu können. Als Erich diese herzliche Einladung hörte, machte er einen galanten Kniefall vor der polnischen Königin und versprach ihr, alles zu tun, um an dieser fürstlichen Feier teilnehmen zu können.

Begleitet von einer großen Schar polnischer Adelsleute, reiste er nun aus Krakau ab und kam im Februar bei Sigismund an. Das war das erste Mal, daß sich die beiden Vettern persönlich begegneten. Und es scheint so, als hätten sie sich auf den ersten Blick sympathisch gefunden. Nachdem sie eine Weile zusammen waren, kam Erich auf sein Anliegen zu sprechen: die Beschleunigung der Rechtssache Schleswig. Und es dauerte auch nicht lange, bis Sigismund zwei seiner rechtskundigen Räte nach Dänemark schickte, um sich dort bezüglich der Beweislage der beiden Parteien sachkundig zu machen.

Aber dann wurden erst einmal die Gespräche über das Hussitenproblem fortgesetzt.

In der Umgebung des Königs machte der nordische Unionskönig einen starken Eindruck, was aus einer Schilderung des am ungarischen Hof weilenden Enea Silvio Piccolomini (1405-1464) hervorgeht. Der in Pienza bei Siena geborene Humanist entstammte einem verarmten Adelsgeschlecht. Er erhielt später als Priester die höheren Weihen (um 1445) und wurde am 19. August 1458 unter dem Namen Pius II. zum Papst gewählt. Enea Silvio hatte früher Vorträge an der Wiener Universität über antike Dichter gehalten und lernte nun den nordischen König an Sigismunds Hof in Buda kennen und machte Aufzeichnungen über ihn.

Der Italiener schildert Erich als einen großen, starken Mann von stattlichem Äußeren und ungewöhnlicher Spannkraft. Und er berichtet, daß er am Hof überaus große Bewunderung erregte, wenn er, ohne die Steigbügel zu berühren, auf ein Pferd sprang. Und zudem muß ein großer Charme von ihm ausgegangen sein; denn es heißt auch, daß alle Frauen des Hofes, aber besonders die Gemahlin des deutsch-römischen Königs, die für ihr „vollblütiges Temperament berüchtigte Königin Barbara, sich zu ihm aus Liebessehnsucht hingezogen fühlte." Ob es aber der schönen Barbara gelang, den hohen Gast ihres Mannes zu einem Schäferstündchen zu bewegen, ist der Nachwelt nicht überliefert worden. Möglich wäre es wohl gewesen; denn in einer Zeit, in der Boccaccio seinen Decamerone schrieb – das war allerdings bereits um die Mitte des 14. Jahrhunderts –, machte der freizügige Geist in diesen Dingen auch vor den Höfen der Fürsten nicht halt.

Man darf annehmen, daß die Schilderung und Darstellung König Erichs aus der Feder eines späteren Papstes, eines großen Gelehrten und Humanisten durchaus den Tatsachen entsprach. Denn auch andernorts findet man Hinweise auf den äußeren Habitus des nordischen Monarchen, in denen er immer als stattlicher, großer Mann mit blondem Haar und Bart dargestellt wird, der überall beim weiblichen Geschlecht großen Eindruck machte. Es ist nur bedauerlich, daß es kein zeitgenössisches Porträt dieses Königs gibt; denn solche Darstellungen gibt es erst seit der Zeit seines Nachfolgers und Neffen, König Christophers III. von Bayern, der seinem Onkel 1440 auf den nordischen Thron folgte. Allerdings scheint es ein originalgetreues Porträt des Königs aus seiner Zeit gegeben zu haben, denn es heißt, daß ein Sohn des byzantinischen Kaisers, der sich am Hof König Sigismunds in Ungarn aufhielt, ein Porträt von Erich hat zeichnen lassen, das er dann dem Sultan von Damaskus schickte, damit dieser den nordischen König bei seinem Aufenthalt in Jerusalem erpressen könnte. Daß Erich eine Pilgerfahrt ins Heilige Land machen wollte, war am ungarischen Königshof wohl bekannt geworden. Ob diese Geschichte nun eine Sage ist oder der Wirklichkeit entsprach, ist nicht mehr festzustellen. Jedenfalls deutet manches auf letztere Möglichkeit; denn Erich scheint tatsächlich bei seiner Abreise aus dem Heiligen Land erpresst worden zu sein.

Daß, wie oben erwähnt, Erichs Neffe Christopher von Bayern, der Sohn seiner Schwester Katharina aus der Ehe mit dem Pfalzgrafen Johann I., einmal sein Nachfolger werden würde, hat Erich damals noch nicht geahnt. Nach wie vor war er fest entschlossen, seinen Vetter Bogislaw auf den nordischen Thron zu bringen und dann für dessen Nachkommen die erbliche Monarchie durchzusetzen. Für Bogislaw hatte er die polnische Königstochter Hedwig zur Frau ausersehen.

Auch Sigismund war stark daran interessiert, daß eine solche Eheschließung zustande kommt, der aber immer noch der brandenburgische Kurfürst Friedrich I. im Wege stand.

Erich sah nun eine gute Gelegenheit, diese Heiratspläne auf dem bevorstehenden polnischen Krönungsfest mit König Wladislaw zu besprechen, und konnte auch seinen Vetter Sigismund überreden, einer Einladung des polnischen Königs zu folgen. Da er bei einem neuerlichen Besuch in Krakau am 24. Februar von Wladislaw die Zusage für eine polnische Eskorte von der ungarisch-polnischen Grenze nach Krakau und von dort wieder bis zur Grenze zurück erhalten hatte, stand einem Drei-Königs-Treffen in Krakau nichts mehr im Wege.

So begaben sich also die beiden Vettern auf die Reise nach Polen. Wladislaw hatte es sich nicht nehmen lassen, am 3. März ein paar Meilen südlich von Krakau seinen hohen Gästen entgegenzukommen.

Es wurde eine großartige Feier, und die beiden Vettern, die zum Mittelpunkt der großen Gesellschaft wurden, fühlten sich immer mehr miteinander verbunden.

Aber bald folgte der nüchterne Alltag. Die nun beginnenden politischen Verhandlungen versprachen alles andere als einen Erfolg. „Verhandlungsobjekt" war die Königstochter Hedwig, die dem Sohn Friedrichs I. vom polnischen König versprochen war, die König Erich aber für seinen Vetter haben wollte. Diese Idee hing auch mit seinem Plan der Schaffung eines Dominium Maris Baltici zusammen. Denn außer den an die Ostsee grenzenden Ländern des Nordens, die in seinem eigenen Machtbereich lagen, gedachte er auch sein Stammland Pommern in ein solches Dominium einzubeziehen, und zwar als südliche Begrenzung. Und da er auch Estland für ein solches Ostseeimperium gern gehabt hätte, der Rückkauf dieses früher einmal in dänischem Besitz befindlichen Landes aber sehr fraglich war, konnte durch eine dynastische Verbindung mit der einzigen Erbin des Polnischen Reichs dieses einen gewichtigen Schlußstein beim Bau eines mächtigen Ostsee-Reichs bilden. Hanseaten und Holsteiner konnten dann in ihre Schranken verwiesen werden, und der große hansische Städtebund würde womöglich sogar froh sein, einem solchen Machtgebilde beitreten zu können.

Von derartigen Gedanken und Plänen war Erich besessen, als er mit dem Jagellonen Wladislaw in Verhandlungen eintrat. Doch der zeigte sich durchaus nicht verhandlungsbereit. Er lehnte eine Annulierung des Ehevertrags strickt ab. Da half auch der Beistand nichts, den Sigismund seinem Vetter in dieser Sache leistete. Wladislaw wollte nicht wortbrüchig werden.

Als der brandenburgische Kurfürst Friedrich I. von den Absichten Erichs von Pommern erfuhr, die zudem noch von dessen Vetter Sigismund unterstützt wurden, beschloß er, zum Gegenangriff überzugehen. Das geschah bereits vor der Krönung der polnischen Königin und wurde auf dem Kurfürstentag in Bingen in der zweiten Hälfte des Januars 1424 diskutiert.

Man beschloß, von Kurfürst Friedrichs Argumenten stark beeindruckt, alles daranzusetzen, die Pläne des nordischen Unionskönigs und seines Vetters zu vereiteln. Es sah sogar so aus, als ob die Kurfürstenversammlung vor einer Drohung, Sigismund abzusetzen, nicht zurückschrecken würde. Als Argument wollte man in einem solchen Fall folgendes anführen: Kurfürst Friedrich glaubte zu wissen, daß König Erich bestrebt ist, seinen Vetter Sigismund zu überreden, ihm die Neumark zu übergeben. Dieses Gebiet, nordöstlich der Mark Brandenburg gelegen, ursprünglich nur rechts der Oder und nördlich von Warthe und Netze, gehörte anfangs zu Pommerellen.

Es wurde 1260 von den brandenburgischen Markgrafen Johann I. und Otto III. erworben und der deutschen

Kultur zugänglich gemacht und war 1402 von Sigismund für 140 000 Gulden an den Deutschen Orden verpfändet worden.

Nun glaubte Kurfürst Friedrich, daß Sigismund mit einem Einlösen des Pfandes durch seinen Vetter Erich einverstanden sein würde und das Land dadurch nicht mit Brandenburg wiedervereinigt werden könnte. Und so vereinbarten die in Bingen versammelten Kurfürsten, gemeinsam gegen Sigismund vorzugehen, falls er dem Deutschen Reich etwas wegnehmen würde, was zu ihm gehört.

Aber nicht genug damit. Die Tagungsteilnehmer schickten auch einen hochrangigen Beauftragten – er stand im Rang eines Bischofs – an Wladislaws Hof, um den polnischen König eindringlich zu warnen, den Ehevertrag zu annulieren. Dies wurde Wladislaw in einem Brief mitgeteilt, in dem es hieß, er solle sich nicht von denen überreden lassen, die von dem „Sämann des Bösen", dem Teufel, inspiriert seien. Und weiter wurde in dem Schreiben betont, wie bedeutungsvoll es für Polen sei, gute Beziehungen zu den deutschen Reichsfürsten zu haben.

Gemäß seinen Instruktionen trug der Abgesandte des Kurfürstenkollegiums dem polnischen König noch mündlich die Sache mit der Neumark vor: Der polnische König solle Sigismund veranlassen, König Erich von seiner Absicht, die Neumark zu erwerben, abzubringen.

Um ganz sicher zu gehen, wandte sich Kurfürst Friedrich noch an Papst Martin V. (reg. 1417-1431), der Wladislaw auffordern sollte, an dem Ehevertrag für seine Tochter Hedwig aus dem Jahr 1421 festzuhalten. Und das tat der Papst auch, so daß auf dem Treffen der drei Monarchen in Krakau am 19. März König Wladislaw seine ablehnende Haltung gegenüber Erichs Heiratsplan beibehielt.

Zwar hatte Erich versucht, Wladislaw die Sache dadurch schmackhaft zu machen, daß Polen im Fall einer

Heirat der Königstochter Hedwig mit Bogislaw Zugang zur Ostsee durch Hinterpommern bekommen könnte, womit der Schaden wiedergutgemacht würde, den zu Beginn des 14. Jahrhunderts der Deutsche Orden verursacht hatte, indem er Polen vom Meer ausschloß. Aber auch das nützte nichts.

In einer anderen Frage zeigte sich Polens König allerdings zugänglicher. Er wollte Sigismund bei seinem Sommerfeldzug gegen die Hussiten mit einigen tausend Mann unterstützen, die jedoch nie zum Einsatz kamen.

Bei dem Heiratsproblem aber wollte Wladislaw den beiden Monarchen doch noch ein kleines Zugeständnis machen. Er meinte, daß er sich, falls sein Vetter, der litauische Großfürst Witold, einer Annulierung des augenblicklichen Ehevertrages zustimmen würde, die Sache nochmals überlegen könnte.

Da König Erich und sein Vetter Sigismund in einer solchen Äußerung des Polenkönigs bezüglich einer Annulierung des Ehevertrages eine Ultima ratio sahen, wurde sofort eine Delegation zusammengestellt, bestehend aus drei nordischen Mitgliedern, darunter der Erzbischof von Uppsala, und drei ungarischen. Im April wurden sie von Großfürst Witold in dem damals litauischen Grodno empfangen. Dort schilderte für die ungarischen Delegierten ein „doctor legum" im Namen von Sigismund in glühenden Redewendungen die Vortrefflichkeit einer pommersch-polnischen Eheverbindung. Und er betonte die Nutzlosigkeit eines Ehebundes zwischen der 16jährigen Königstochter Hedwig und dem 10jährigen brandenburgischen Kurfürstensohn.

Witold wollte keine Entscheidung treffen, war aber zu sehr Diplomat, als daß er der Delegation ein überzeugendes „Nein" mit auf die Rückreise gegeben hätte.

Wladislaw konnte sich durch eine derartige Reaktion seines Vetters Witold nicht von seinem bisherigen Standpunkt abbringen lassen.

Inzwischen hatten sich Erich und Sigismund Ende März 1424 wieder nach Ungarn begeben, wo sich Erich gute drei Monate aufhielt. Dort kamen sich die beiden Vettern immer näher, wozu auch wohl ihr hoher Bildungsstand beitrug. Erwähnenswert dürfte in diesem Zusammenhang sein, daß Sigismund sechs Sprachen fließend beherrschte: Deutsch, Ungarisch, Polnisch, Tschechisch, Französisch und Latein. Und er wird auch als ein stattlicher, schöner Mann geschildert, ein Monarch, der seiner Majestätswürde Ausdruck zu geben verstand, allerdings hier und da als unzuverlässiger Bündnispartner galt und wohl politisch und militärisch mehr ein Taktiker war als ein Stratege.

Was auch immer die beiden Fürsten am ungarischen Hof zu tun hatten, Vorrang für Erich hatte nach wie vor die schleswigsche Frage. Und man geht bestimmt mit der Annahme nicht fehl, daß Erich seinen Vetter oft gedrängt hat, das von ihm so sehnlichst erwartete Urteil zu sprechen. Und Sigismund war auch dazu bereit. Denn ein Hofbeamter soll damals geäußert haben: „Was König Erich möchte, das tut unser König auch."

Und so sollte auch bald Erichs Wunsch in Erfüllung gehen. Am 21. Juni 1424 kamen die beiden rechtskundigen Ermittler, die Sigismund nach Dänemark geschickt hatte, der italienische Doctor juris Ludovico de Cataneis und ein Notar aus Pisa, nach Ofen (Buda) zurück. Sie hatten sich einen ganzen Monat in Flensburg aufgehalten, wo sie mit großem Entgegenkommen aufgenommen worden waren. König Erich hatte dafür gesorgt, daß die beiden italienischen Beauftragten von vier Persönlichkeiten seines Gefolges begleitet wurden. Diese sollten den Beauftragten die Arbeit erleichtern und sie auf Dokumente und Archivarien aufmerksam machen, die für König Erichs Beweisführung bezüglich seines Rechtsanspruchs auf das Herzogtum Schleswig (Sønderjylland) von Bedeutung waren. Zu diesen Begleitern gehörten Erich Krummendiek und des

Der deutsch-römische König und Kaiser Sigismund. Nach einem Holzschnitt aus der „Chronik des Konstanzer Konzils“, deren Verfasser der zu jener Zeit lebende Ulrich von Richental ist (um 1470).

Königs Kanzler Jens Pedersön. Diese Untersuchungskommission des deutsch-römischen Königs war den Holsteinern natürlich ein Dorn im Auge. Herzog Heinrich versuchte mit allen Mitteln, ihr Steine in den Weg zu legen und die Sache in die Länge zu ziehen. Sigismunds Beauftragter konnte daher nicht voll und ganz seine Arbeit ausführen. Natürlich war es ihm möglich, die vorgelegten Dokumente zu prüfen, Zeugen anzuhören und zusätzliche Beweisstücke zu prüfen. Die holsteinischen Zeugen konnte er allerdings persönlich nicht anhören. Diese sollten ihm in Gottorf zur Verfügung stehen. Dorthin war aber nur ihm Geleit zugesagt, nicht aber den dänischen Beratern. Deshalb war der Kommissarius nicht bereit, dorthin zu reisen.

Und so begab sich Dr. Ludovico de Cataneis mit dem Ergebnis seiner Untersuchungen, zusammen mit seinen Begleitern, wieder zurück an den ungarischen Hof. Auch Herzog Heinrich machte sich auf den Weg nach Ungarn. Vorher hatte er seine Zeugen dem Bischof von Schleswig vorgestellt und deren Aussagen bezeugen lassen. Herzog Heinrich nahm diese Unterlagen mit und fügte einen Protest gegen die Vorgangsweise des kaiserlichen Kommissarius wegen dessen Untersuchungsmodalitäten hinzu.

Die Sache wurde nun beschleunigt. Herzog Heinrich vertrat sich selbst, König Erich ließ sich von Erich Krummendiek vertreten. Als der Prozeß begann, legte Herzog Heinrich seine Beweise vor. Dagegen protestierte Erich, vornehmlich aus formellen Gründen. Herzog Heinrich erklärte nun – und das war sicherlich sein wichtigstes Argument –, daß er einen Urteilsspruch des deutsch-römischen Königs nicht anerkennen würde, da dieser nicht allein in der Sache Recht sprechen könne. Das wiederum widerlegte Sigismund, und einen Tag nach dem 28. Juni begann die Einleitung der Urteilsverkündigung.

Der Bevollmächtigte der Holsteiner legte wiederum Protest ein. Doch ohne darauf Rücksicht zu nehmen, verkündete Sigismund, nachdem er sich mit den Anwesenden – unter denen sich der Erzbischof von Magdeburg befand, jedoch keiner der deutschen Fürsten, aber verschiedene Ungarn und Italiener – beraten hatte, das Urteil.

Es lautete ganz kurz, daß das ganze Herzogtum Schleswig (dän. Sønderjylland) „mit direktem und üblichem Recht der Herrschaft" König Erich und dem Dänischen Reich gehöre und daß er, der König, es in dessen Besitz einfügen solle. Demgegenüber stehe den Grafen Heinrich, Adolf und Gerhard keinerlei Recht auf das Herzogtum als Lehen (ratione feudi) zu.

Über die Schadenersatzforderungen, die von beiden Seiten vorgetragen wurden, verlautete in Sigismunds Urteil nichts. Doch seine Entscheidung entsprach voll und ganz dem, was König Erich gefordert hatte. Das Urteil geht davon aus, daß Schleswig (Sønderjylland) eine Provinz des Dänischen Reiches ohne Selbständigkeit ist.

Das war wohl Erichs größter Tag während seines langen Auslandsaufenthalts. Vergessen waren zu dieser Stunde sicher alle die anderen politischen Pläne und Probleme, die Verhandlungen mit dem Polenkönig und dem litauischen Großfürsten. Das, wofür er seit Jahren gekämpft hatte, war Wirklichkeit geworden. Die vielen anderen politischen Maßnahmen konnten jetzt in aller Ruhe in Angriff genommen werden. Aber nun mußte er erst einmal dem Herrgott für diesen Tag danken. Und wie konnte das wohl besser geschehen, als durch eine Pilgerfahrt ins Heilige Land. So wie es schon sein Vater und sein Urgroßvater Waldemar IV. Atterdag vor Jahren getan hatten.

König Erich in Venedig und seine Pilgerfahrt nach Jerusalem

Im Sommer des Jahres 1424 nahm König Erich Abschied von seinem Vetter Sigismund. Es ist anzunehmen, daß es den beiden schwerfiel, sich voneinander zu trennen, denn sie wußten, welche Gefahren auf dem Meer lauern. Es waren nicht nur die Unbilden des Wetters, widrige Winde und aufrührerische See, sondern vor allem die Menschen – besonders die Sarazenen, die in jener Zeit die Meere zwischen Europa und dem Heiligen Land unsicher machten. So berichtet eine Lübecker Chronik von einem Gemetzel, das sich unter 300 Pilgern ereignete, die sich auf der Rückreise vom Heiligen Land befanden. Sie waren Sarazenen in die Hände gefallen. Wie es heißt, machten sich die „bosen mynschen" aufs grausamste über die Pilger her, die gerade das größte seelische Erlebnis ihres Lebens gehabt hatten. Mit äußerster Brutalität erschlugen sie alle Männer, die nicht „an eren god Muhamet" glauben wollten. Die Frauen erlitten ein anderes Schicksal. Sie blieben am Leben, „uppe dat se erer bruken mochten to vleschliker wollust."

Frauen hatte Erich nicht im Gefolge, als er sich mit seinen Begleitern auf den Weg nach Venedig begab, von wo – wie es damals üblich war – die Reise nach Jerusalem ihren Anfang nehmen sollte. Aber es waren immerhin rund dreißig nordische Adelige, die ihrem König auf der Pilgerfahrt das Geleit gaben, und daß diese Herren wohlgeübt im Gebrauch von Waffen waren, ist wohl kaum zu bezweifeln.

In Venedig waren bereits im Juli 1424 Abgesandte erschienen, die die Meldung überbrachten, daß „ein sehr großer Herrscher über Dacia, Sovercia und Novercia" nach Venedig unterwegs sei, um der Stadt einen Gastbesuch abzustatten und von dort aus eine Pilgerfahrt ins Heilige Land zu unternehmen.

Es ist verständlich, daß nach einer solchen Nachricht Venedigs Regierung alles unternahm, um einen so bedeutenden Monarchen mit all dem Glanz und der Pracht zu empfangen, die die Seerepublik Venedig aufzubieten hatte.

Venedig war damals mit all seinen umliegenden Besitzungen ein europäischer Staat, der in weiten Kreisen bekannt und berühmt, aber auch gefürchtet war und gerade auf der Höhe seiner Macht stand.

Als man die Nachricht erhielt, daß der nordische König sich Venedig nähert, sandte man ihm eine große Delegation venezianischer Adeliger entgegen, um den hohen Gast am Lido zu empfangen. Und dann begrüßte ihn das Staatsoberhaupt, der Doge Francesco Foscari (reg. 1423-1457), ein Mann aus altem und vornehmem Geschlecht. Dieser energische Doge hatte gleich nach seiner Wahl Saloniki für die Republik erworben und konnte 1425 ein Bündnis mit Florenz, Ferrara, Mantua und Ravenna gegen die Visconti in Mailand abschließen. Trotz großer außenpolitischer Erfolge wurde er innenpolitisch von der Partei der Loredani bekämpft, die seinen Sohn Jakob in die Verbannung schickten, wo er bald starb. Sie setzten auch durch, daß der Doge am 25. Oktober 1457, angeblich wegen Altersschwäche, abgesetzt wurde. Bald darauf starb auch er.

Als Francesco Foscari König Erich empfing, stand er in der Blüte seiner Jahre. Er war seinem hohen Gast auf der Staatsgaleere „Il Bucintoro“ (Das goldene Schiff) [27] entgegengefahren. Es war dies eine mächtig große, mit vergoldeten Aufbauten versehene Galeere, das Flaggschiff des Staatsoberhauptes, mit dem er höchste Gäste empfing und auf dem er jedes Jahr am Himmelfahrtstag auf die Adria fuhr, um dort einen goldenen Ring in die See zu werfen. Das war das Zeichen der Vermählung Venedigs mit dem Meer. Einer Legende zufolge soll der Ring im Jahr 1177 dem Dogen vom Papst übergeben worden sein. Es ist durchaus möglich, daß dieses Zeremoniell aus vorchristlichen Zeiten stammt, in denen dem Gott des Meeres, Neptun, ein solches oder ähnliches Opfer dargebracht wurde. Nicht wenige Bräuche der Antike wurden ja in christlicher Zeit übernommen und entsprechend umgebildet.

Ein Hochgefühl muß Erich ergriffen haben, als er sich auf dem goldenen Schiff des Dogen der Stadt des heiligen Markus näherte. Sein Meer lag im Norden. Hier war Europas Süden. Erichs Hoffen war auf das

Meer gerichtet: Mit håb står til havet – Meine Hoffnung gilt dem Meer. Das wurde bald sein Leitwort.

Vom Deck des „Bucintoro“ schmetterte eine Kapelle ihre Töne über das Wasser. Der Staatsgaleere folgten viele Schiffe, große und kleine, geschmückt mit Wimpeln und goldenen Bannern, als es zum Canal Grande ging.

Später, nachdem der König alle Empfangsmodalitäten überstanden und man ihm und seinem Gefolge sicherlich eine gewisse Zeit der Ruhe gegönnt hatte, widmete er sich natürlich den obligaten Gebräuchen, die alle Gäste des Staatsoberhauptes zu akzeptieren hatten.

Man war auf venezianischer Seite natürlich stolz darauf, daß man hohen Gästen aus fernen Ländern den Reichtum und die Sehenswürdigkeiten der Stadt vorführen konnte. Und es gab tatsächlich außerordentlich viel zu sehen. Erich hat dieses „Muß“ eines Staatsgastes bestimmt nicht als Last empfunden.

In einem Reisebericht aus diesem Jahrhundert, geschrieben allerdings rund 60 Jahre nach König Erichs Venedig-Besuch – verfaßt von dem Mainzer Bischof Bernhard von Breydenbach, der wie Erich Zwischenstation in Venedig auf seiner Reise ins Heilige Land machte –, werden diese Sehenswürdigkeiten wie folgt beschrieben:

„So ist es andächtigen Pilgern wohl zu wissen, daß viel köstliches Heiligtum zu Venedig behalten wurde, das mag man besehen und besuchen in der Zeit, als man gemeiniglich dort muß warten, ehe die Verhandlungen abgeschlossen und die Galeere ausfährt. Zuerst Sankt Georgs Kloster, das im Wasser liegt gegenüber Sankt Marcus.

Gegen die Kastelle zu liegt ein Kloster Sankt Helena, auch zu Sankt Nikolaus ist vieles zu sehen. Auch liegt in einer Kirche zu Venedig, Sankt Marina genannt, Sankt Marina, von der man große Dinge in einem alten Buch geschrieben findet, ganz leibhaftig in einem Altar.

So ist auch in Sankt Marco der heilige Evangelist leibhaftig bewahrt und der Venediger Schatz, Krone, Gold und Perlen, Saphyr und Smaragde. Bei Venedig liegt eine Stadt Muron oder Murano genannt, da man Gläser macht." [28)]

Sicherlich hat König Erich das alles auch gesehen. Und an den Klöstern ist er bestimmt nicht vorbeigegangen, denn sie waren für ihn immer anziehend, zeigten doch er und Philippa stets warmes Interesse für das Kloster der hl. Birgitta in Vadstena. Und gleich in seinen ersten Regierungsjahren glückte es dem König, dem Orden der hl. Birgitta eine Heimstatt in Dänemark zu schaffen. Und in Helsingör sorgte er dafür, daß während seiner Regierungszeit mehrere Klöster in dieser alten Stadt am Öresund entstehen konnten.

Natürlich hat er sich in Venedig auch eingehend mit den großartigen Bauten vertraut gemacht. Doch vergaß er bei alledem die Politik nicht; denn er bot während seines dortigen Aufenthalts dem Dogen an, in einem Konflikt zwischen diesem und seinem Vetter Sigismund als Vermittler tätig zu werden.

Das eigentliche Ziel seiner Reise verlor er in dieser erlebnisreichen Stadt nicht aus dem Auge. Hier, wo in jener Zeit fast täglich viele Pilger auf ihre Abreise ins Heilige Land warteten, war der stattliche nordische Unionskönig keine strahlende Majestät mehr, sondern ein Pilger unter Pilgern. Nur mit einem härenen Büßergewand bekleidet, wanderte er dort unter den Menschen umher. Und die Venezianer, die ihn erkannten, bewunderten ihn. Und sie fanden ihn „rechtschaffen, freundlich und friedfertig, freigebig und großmütig und keinesfalls prunksüchtig."

Der Tag der Abreise mußte bald kommen. Der Doge hatte seinem hohen Gast eine Galeasse zur Verfügung gestellt, deren Ausrüstung kurz vor dem Abschluß stand. Und je näher der Tag heranrückte, an dem das Pilgerschiff in See stechen sollte, desto mehr nahmen

Venedig – nach Breydenbachs Reisebeschreibung aus dem 15. Jahrhundert (Ausschnitt)

König Erich die Gedanken gefangen, die um den Sinn dieser Pilgerfahrt kreisten. Sein Entschluß, ins Heilige Land zu fahren, war in erster Linie als Dank an Gott für das Kaiserurteil gedacht. Aber da war noch etwas anderes, das wohl schon lange tief in Erich gelegen hatte, ihm jetzt aber wieder klar vor Augen stand.

Der schwedische Historiker Gottfrid Carlsson äußert sich darüber folgendermaßen:

„Einer pommerschen Tradition zufolge wollte Erich mit seiner Reise nach Jerusalem die Gewalttaten sühnen, die seine Soldateska 1420 bei der Eroberung von Fehmarn begangen hatte. Dieser Erklärung muß man wohl größeren Glauben schenken, als es die Forschung in der Regel bisher getan hat. Die Exzesse auf Fehmarn, von denen sich die Gerüchte weit verbreiteten, hatten rein politisch Erichs Ansehen draußen in der Welt sicherlich geschadet. Eine Bemerkung, die uns ein zeitgenössischer Chronist mitteilt, scheint das zu bestätigen, indem er darauf verweist, daß der König im Frühling 1424 das selbst bei der für ihn so wichtigen Ehrensache erfahren hatte. Überwiegend die hier angedeutete Situation, vielleicht auch die erwünschte Versöhnung mit den Holsteinern, könnte Erich zu einem Bußgang in Form der Pilgerreise just zu dem Zeitpunkt, von dem hier die Rede ist, veranlaßt haben.“ [29)]

Der Tag der Abreise war gekommen. Verkleidet als Diener oder Sekretär des Schiffspatrons war Erich mit seinen Begleitern an Bord der Galeasse gegangen. Die Reiseroute sollte durch die Adria, das Ionische Meer und das Mittelmeer führen. Viele Pilgerschiffe machten Zwischenstation auf den in diesen Meeren liegenden Inseln, um Proviant aufzunehmen, Wasser und noch manches mehr, was man für eine lange Seereise nötig hat. Auch wegen unterwegs erlittener Schiffsschäden wurde hin und wieder eine Insel aufgesucht.

Bernhard von Breydenbach gibt in seinem oben zitierten Reisebericht eine anschauliche Darstellung einer Pilgerfahrt von Venedig nach Palästina. Und da es einen Bericht von König Erichs Jerusalem-Reise nicht gibt, sei hier Breydenbachs Beschreibung herangezogen. Es heißt dort:

„Von Modon (Murano) ist es dreihundert welscher Meilen bis gen Candia, eine Insel, die also oder auch

Kreta genannt, ganz unter der Herrschaft der Venediger ist. Sie pflegen auch alle Zeit einen Herzog dort zu erwählen, welchen sie nach ergangener Zeit ändern, wie sie es gewöhnlich in allen ihren Landen in solchen Ämtern tun. Diese Insel Candia lieg in Grecia, lang ausgestreckt zwischen der aufgehenden und der niedergehenden Sonne. Nach Aussagen der Poeten, liegt sie in der Mitte der Welt, die in drei Teile aufgeteilt ist: Asien, Afrika und Europa. So hat sie gen Mitternacht das Ägäische Meer, in der untergehenden Sonne das Ionische und Thyrrenische Meer, die alle zu Europa gehören ... Diese Insel ist voll aller Lust, daß sie vor Zeiten die Erde und das Land der Götter genannt wurde, die hier wohnten ... Auch ist diese Insel vor Zeiten mit hundert edlen Städten geziert gewesen, wonach sie Centapolis, hundertstädtig, genannt wurde.“ [30)]

Nachdem Breydenbach und seine Begleiter Kreta verlassen hatten, kamen sie schließlich auf Zypern an, jener Insel, die als Geburtsort der Liebesgöttin Aphrodite gilt. Viele Legenden lebten dort unter den Menschen, die von Liebe und Leidenschaften der Frauen und den Liebesgeschichten von Königen zu berichten wissen. Ob wohl auch Erich Zypern gesehen hat?

Den Venezianern war diese Insel seit den Anfängen ihres Handels mit dem Osten bekannt, und sie beanspruchten sie auch für ihren Staat. Vermutlich weil ihr Schutzpatron Sankt Markus, der Evangelist, dort eine Zeitlang gelebt hat. Die Insel aber kam erst 1489 in den Besitz der Venezianer, wurde ihnen aber gute hundert Jahre später wieder entrissen und dem türkischen Reich einverleibt. Zypern war seit 1192 ein unabhängiges Königreich, in dem die Großen der Kreuzzüge herrschten. Und als die Insel gegen Ende des 15. Jahrhunderts von den Venezianern übernommen wurde, war Zypern das einzige Kreuzfahrerkönigtum, das noch übriggeblieben war. Aber nun mußte Erich bald am Ziel seiner Reise sein. Breydenbach berichtet, daß er und seine Begleiter am 27. Tag des Monats Juni mit gutem Wind von Zypern wieder in See gingen. Und dann kamen sie nach „drei Tagen an die Stelle, von dannen wir das Heilige Land sehen konnten."

Vor der Stadt Jaffa warfen sie Anker und warteten auf die vom Schiffspatron ausgeschickten „Knechte", die um freies Geleit nach Jerusalem bitten sollten, denn Palästina stand damals unter der Herrschaft des Islam.

Eine lange und bewegte Geschichte hat dieses Land gehabt. Zur Zeit Jesu Christi und noch länger gehörte es zum Römischen Weltreich, unter Konstantin dem Großen wurde es christlich, seit 637 war es Teil des arabischen Weltreichs, und 1099 eroberten es fränkische Ritter unter Gottfried von Bouillon. Es erlebte nun als Königreich Jerusalem eine kurze Blütezeit, bis es dann seit 1244 unter die Herrschaft des Islam kam, die bis in die Neuzeit währte. Von Venedig bis ins Heilige Land hatte Bernhard von Breydenbach etwa 40 Tage gebraucht, und es ist anzunehmen, daß König Erich für seine Pilgerfahrt ungefähr die gleiche Zeit benötigte.

Auch seine Galeasse wird vor Jaffa Anker geworfen haben, von wo sich dann die kleine nordische Gruppe an Land begab und auf den Weg nach Jerusalem machte. Sicherlich hatten sie Esel oder Pferde zur Verfügung, die ihnen den beschwerlichen Weg erleichterten. Vermutlich hat die Gruppe ohne besondere Zwischenfälle Jerusalem erreicht, denn gegenteilige Nachrichten sind nicht überliefert worden. Am Abend hatte Erich sein Ziel erreicht. Er wurde in die Heilige Grabeskirche hineingelassen, wo er die Nacht in stiller Andacht verbrachte und von dem Guardian der Kirche zum Ritter des Heiligen Grabes geschlagen wurde. Diesen Ritterschlag erhielten vom König dann auch seine Begleiter.

Wie Erich Kirche und Grabkapelle wohl erlebte, geht ebenfalls aus Breydenbachs Bericht hervor: „Die Kirche ist rund und von Apsiden umgeben. In der Mitte derselben Kirche ist eine runde Öffnung, so daß das heilige Grab ganz unter dem Himmel freisteht. Aber die Kirche Golgatha ist daran gebaut anstatt eines Chores an die Heilig Grabkirche, doch ein wenig niedriger und beide Kirchen unter einem Dach. Die Kapelle, darin das Grab unseres Herrn ist, ist auswendig mit Marmor bedeckt, aber inwendig ist es Fels, wie es zu der Zeit war, als unser Herr darin lag. In diese Kapelle geht man durch eine Tür vom Orient aus, die ganz niedrig und klein ist. Wenn man darin ist, so ist das Grab an der rechten Hand, an der Wand nach Mitternacht zu, von grauem Marmorstein. Die Kapelle ist zu allen Seiten geschlossen, kein Licht dringt von außen nach innen, nur neun Ampeln über dem Grab unseres Herrn geben das Licht. Eine andere Kapelle ist vor dieser Kapelle des heiligen Grabes. In diese auswendige Kapelle gingen die heiligen Frauen als sie sprachen, wer wendet uns den Stein von der Tür des Grabes, womit die Tür geschlossen war. Ein großer Teil des Steins liegt noch vor der Tür, aber der andere Teil ist auf dem Berg Zion.“ [31)]

Wie lange sich König Erich mit seinen Begleitern in Jerusalem aufgehalten hat, ist nicht überliefert. Aber sicherlich hat er noch weitere heilige Stätten in Jerusalem aufgesucht, von denen auch Breydenbach berichtet. In seinem Buch liest man vom Ölberg, dann von der Stelle, von wo „der heilige Leichnam der ehrwürdigen Mutter Gottes zum Begräbnis in das Tal Josaphat getragen wurde“, ferner von der Stelle, „wo Sankt Petrus nach der dritten Verleugnung unseres Herrn aus dem Hause Kayphas eilte, und in einer Höhle bitterlich weinte“. Und schließlich erwähnt Breydenbach noch einige andere heilige Stätten in Jerusalem und Umgebung.

Von Erichs Rückreise ist eine Episode überliefert, die mit dem oben erwähnten Porträt zusammenhängt, das von ihm am Hof seines Vetters gemacht worden war. Das Bild, das der Sohn des byzantinischen Kaisers hatte anfertigen lassen, wurde dem Sultan von Damas-

Die Grabeskirche in Jerusalem (15. Jahrhundert)

kus geschickt, um die Möglichkeit zu schaffen, von dem nordischen König eine sehr große Geldsumme zu erpressen. Tatsächlich trat dem König, als er sich an Bord der Galeasse begeben wollte, ein Sarazene entgegen, der ihm erklärte, daß er erkannt sei und ohne ein großes Lösegeld nicht die Rückreise antreten könne. Das könnte eine Sage sein. Falls dem so ist, kann sich in ihr eventuell ein gewisser Wahrheitsgehalt befinden. Denn auf seiner Rückreise litt König Erich unter großem Geldmangel.

Den mußte er auf jeden Fall beheben. Und nachdem er noch Zypern und Rhodos besucht hatte, ging er später in Ragusa, dem heutigen Dubrovnik, von Bord, um sich Geld zu leihen und von dort an den ungarischen Königshof zu reisen.

Während König Erich auf dem Wege nach Ofen (Buda) war und Venedig nicht mehr aufsuchen konnte, hatte sein junger Dolmetscher, der Italiener Giovanni Franco, noch schnell einen Abstecher nach Venedig gemacht, wo er von der großen Reise viel zu erzählen wußte und mit Freuden berichtete, daß König Erich ihn in Jerusalem zum Ritter geschlagen hatte. Er würde König Erich nun in sein Reich nachreisen, was er auch tatsächlich tat. Erich muß zu diesem jungen Italiener ein gutes Verhältnis gehabt haben; denn er belehnte ihn später für seine treuen Dienste in der Fremde mit einem Schloß in Schweden. Zu Beginn des Jahres 1425 war der König wieder am Hof seines Vetters. Und man kann sich wohl vorstellen, daß die beiden Fürsten sich viel zu erzählen hatten. Aber nicht genug damit. Sigismund war so voller Freude, daß er einen Brief an den polnischen König schreiben mußte, in dem es heißt: „Unser lieber Bruder König Erich ist jetzt aus dem Heiligen Land und von den heiligen Stätten zurückgekehrt und befindet sich in unserem Reich. Wir freuen uns herzlich darüber, daß er glücklich und ohne Schaden sein Gelübde erfüllen konnte."

Vermutlich wollte Sigismund den polnischen König auch auf einen Besuch seines Vetters am polnischen Hof vorbereiten; denn Erich hat seinem Vetter bestimmt gesagt, daß er seine Heimreise über Krakau legen würde.

Die Pilgerfahrt nach Jerusalem war zweifellos für König Erich ein großes seelisches Erlebnis. Er hat vor dem Grab des Erlösers in stiller Andacht gekniet und dadurch in jener Nacht die Vergebung seiner Sünden erlangt. So konnte er sich künftighin frei von jenem Druck fühlen, der ihn wegen des Massakers von Fehmarn wohl belastet hatte. Und daß Erich mit seinem Vetter so gut auskam, muß seinen Blick in die Zukunft mit viel Hoffnung erfüllt haben. Er glaubte nicht mehr an einen Kampf mit den Holsteinern. Er baute auf das Kaiserurteil.

Aber die Holsteiner hatten inzwischen einen Weg gefunden, über den sie das Urteil zu annullieren hofften. Nachdem sich der junge Herzog Heinrich in Bornhöved mit seinen Ratgebern getroffen hatte, kam man zu dem Entschluß, beim Papst vorstellig zu werden. Man begründete die Sache damit, daß weder Heinrich noch sein Bruder voll mündig waren und somit der Papst sich ihrer annehmen müsse als der oberste Hirte, der vaterlose Kinder beschützen muß. Mit dieser Begründung wurde Heinrichs Bevollmächtigter, der Propst von Schleswig, Nils Sachow, nach Rom geschickt, um beim Papst Herzog Heinrichs Anliegen durchzufechten.

Papst Martin V. stand von vornherein der Sache wohlwollend gegenüber. Er sympathisierte damals mehr mit den Kurfürsten als mit Sigismund. So hatte er beispielsweise bereits den polnischen König gebeten, auf keinen Fall sich von Erich und Sigismund überreden zu lassen, den Verlobungsvertrag mit dem Brandenburger Kurfürsten außer Kraft zu setzen.

Der Papst versuchte nun mit allen Mitteln, die Holsteiner zu unterstützen, und beauftragte einen seiner Kardinäle, den Erzbischof Antonio von Aquileja, die Sache gründlich zu untersuchen. Und der forderte daraufhin die Gegenpartei zu einer Anhörung auf.

Das wiederum löste Erichs und Sigismunds Widerstand aus. Erich schrieb an den Papst, daß er nicht glauben könne, daß er „sein Siegel in eine fremde Ernte" einsetzen wolle, um eine weltliche Sache vor ein geistliches Gericht zu bringen. Und Sigismund, der sich natürlich in seiner Ehre verletzt fühlte, schickte im März 1424 ein Rundschreiben an eine Reihe norddeutscher Fürsten, denen er befahl, Erich in seiner gerechten Sache beizustehen und keine Einmischung der Kurie zu dulden. Und wie die Chronisten zu berichten wissen, hat er auch beim Papst Protest gegen dessen Einmischung eingelegt. Das muß dem Papst unangenehm gewesen sein; denn er rief darauf seinen bevollmächtigten Kardinal zurück, bat aber den Erzbischof von Bremen, als

Vermittler tätig zu werden, und die Parteien forderte er auf, sich friedlich zu verhalten.

Das alles aber war ohne Bedeutung. Sigismund hatte sich gegenüber dem Papst durchgesetzt, und der hatte die Sache fallengelassen.

Da König Erich von vornherein mit einem für ihn günstigen Verlauf der holsteinischen Interventionen gerechnet hatte, war er nach Polen gereist, wo die junge Königin Sophia im Herbst des verflossenen Jahres einen Sohn zur Welt gebracht hatte. Das hatte keiner erwartet, weder der Hof noch König Erich; denn dem polnischen König, der hoch in den Siebzigern war, hatte wohl kaum jemand noch Zeugungsfähigkeit zugetraut. König Erich aber scheint das bezüglich seiner Heiratspläne für seinen Neffen Bogislaw nicht sonderlich gestört zu haben. Vermutlich sah er in einem gerade geborenen Säugling noch nicht mit aller Sicherheit den Nachfolger des polnischen Königs.

Letzteren traf er allerdings nicht in Krakau, sondern in Kalisch. Erichs Besuch bei Wladislaw soll sehr freundschaftlich verlaufen sein. Auch seinen Heiratsplänen stand der polnische König durchaus nicht mehr ablehnend gegenüber. Die Zeiten hatten sich geändert. Wladislaws Einstellung zum brandenburgischen Kurfürsten Friedrich I. war eine andere geworden. Das ging auch daraus hervor, daß er dessen Bitte um Hilfe gegen den pommerschen Angriff auf Brandenburg strickt ablehnte. Statt dessen bekamen die Pommern Hilfe durch polnische Truppen, als der Kurfürst im Herbst desselben Jahres einen Heerzug in ihr Land unternahm.

Von Polen reiste König Erich nach Preußen, um das prächtige Schloß des Hochmeisters, die Marienburg, endlich einmal zu sehen. Auch wollte er mit seinem neuen Bundesgenossen, dem Hochmeister Paul Bellizer von Rußdorf, mit dem er zuletzt auf dem Großen Tag von Neustettin zusammengekommen war, Gespräche führen.

Nachdem Erich seinen Besuch auf der Marienburg beendet hatte, reiste er in sein Stammland Pommern, um von Stralsund wieder in sein Reich zurückzukehren, wo er am 24. Mai 1425 eintraf.

Der dänische Historiker Kristian Erslev (1852-1930), langjähriger Professor an der Kopenhagener Universität und von 1916 bis 1924 Reichsarchivar des Königreichs Dänemarks, beschreibt in seinem Werk über Erich von Pommern dessen Ankunft in Kopenhagen mit folgenden Worten: „Stolz wie ein Sieger kehrte Erich heim. Er hatte das entscheidende Kaiserurteil bekommen, und er stand an der Spitze eines großen Bündnisses von Fürsten und Städten. Das mußte ihm helfen, das Urteil durchzusetzen. Längs der gesamten Küste der Ostsee hatte er Freunde und Bundesgenossen, während die Holsteiner völlig isoliert waren.“ [32)]

König Erich ist in sein Reich zurückgekehrt

Eine lange Zeit war der nordische Unionskönig seinem Reich ferngeblieben. Doch konnte er mit Befriedigung auf seine Unternehmungen zurückblicken: da war der Große Tag von Neustettin, das neue politische Aspekte beinhaltende Kaiserurteil und die Pilgerfahrt ins Heilige Land. Wenn man nur an diese drei Höhepunkte seines Auslandsaufenthalts denkt, so kann man sagen, daß diese große Reise von einem Erfolg gekrönt war, der wegweisend sein konnte für eine glückliche Zukunft. Politisch waren ihm durch das Kaiserurteil und seine erfolgreiche Bündnispolitik neue, die internen Maßnahmen und Planungen störende Hindernisse aus dem Wege geräumt, und rein persönlich war jetzt seine Seele „reingewaschen“ durch den Bußgang zum Grab des Erlösers.

Im August des Jahres 1423 hatte er Dänemark verlassen, im Mai 1425 war er heimgekehrt in sein Reich und zu seiner Gemahlin Philippa. Ihr hatte er bei seiner Abreise die Regierungsgeschäfte übertragen, die sie, zusammen mit dem Reichsrat, mit aller Sorgfalt und erstaunlicher Tüchtigkeit wahrgenommen hat.

Es ging während Erichs Abwesenheit in diesen zwanzig Monaten gar nicht einmal um große Politik. Philippa beschäftigte sich in dieser Zeit unter anderem mit der Neuordnung des nordischen Münzwesens.

Die Hansestädte hatten in den letzten Jahren ständig über König Erichs Münzpolitik geklagt, womit es tatsächlich nicht zum besten stand. Königin Margrete hatte während ihrer Regierungszeit das dänische Münzwesen einer Reform unterzogen und nach englischem Muster eine Silbermünze schlagen lassen, die Sterling genannt wurde. Diese Münzen sollten einem Wert von vier Pfennigen (sgl. penning) entsprechen. Aber die Hanseaten hatten darüber eine andere Meinung. Ihrer Ansicht nach entsprach der neue Sterling einem Wert von nur drei Pfennigen.

Nun hatte König Erich in den ersten zehn Jahren seiner Regierung an diese Münzreform seiner Adoptivmutter nicht gerührt, zumal sich Margrete sehr dafür eingesetzt hatte. Er ließ die von seiner Mutter eingeführten Sterlinge weiter prägen.

Da König Erich aber immer mehr in Geldnot geriet, ordnete er 1422 an, daß fortan statt der silbernen Sterlinge Kupfermünzen geprägt werden sollten, die er „cuprei sterlingi“ nannte. Das empörte nicht nur die Hanseaten, sondern erregte auch in Dänemark Unwillen.

Diese für Dänemark und seine Handelsbeziehungen ungünstige Münzsituation versuchte nun Philippa aus der Welt zu schaffen. Die Kupfermünzen wurden 1423 zurückgezogen, und am 8. Oktober 1424 traf Philippa ein Abkommen mit den Hanseaten, das nun endlich dem Streit um die schlechten Münzen des Unionskönigs ein Ende bereiten sollte. Die älteren Münzen wurde abgewertet, wodurch das Vier-Pfennig-Stück nur noch einen Wert von zwei Pfennigen hatte. Und Philippa sicherte den Hanseaten zu, Münzen von derselben Qualität prägen zu lassen, wie diese sie hatten. Das sollte besonders mit einer Sechs-Pfennig-Münze geschehen. Aber von diesen muß es so wenige gegeben haben, daß sie wohl kaum in Umlauf gekommen sind. Geprägt wurden sie, die man „sösling“ nannte, in Lund, und heutzutage sind von diesen Münzen nur fünf Stück bekannt.

Ob König Erich später wieder Kupfermünzen prägen ließ, ist nicht ganz klar. Jedenfalls veranlaßte er in seinen späteren Jahren, daß sogenannte „groter“ oder Neunpfennige geprägt wurden, deren Silbergehalt aber so schlecht war, daß sie keineswegs dem Wert, den sie haben sollten, entsprachen.

Die meisten während Erichs Regierungszeit im Unionsreich Schweden geprägten Münzen, die von ca. 1430 bis 1440 in Umlauf kamen, trugen die Umschrift „Ericus Rex D(acie) S(vecie) N(orvegie). In einer schwedischen numismatischen Publikation heißt es in diesem Zusammenhang: „Als Kuriosum kann genannt werden, daß ein Schwerarbeiter um 1440 3 1/2 Örtugar am Tag verdiente. Ein Krug gotländisches Bier (1,3 l) kam zwei Penningar. Zum selben Zeitpunkt kostete eine Orgel 60 Mark. König Erichs ältester Örtug aus Stockholm trug auf dem Avers ein gekröntes Haupt und auf dem Revers ein E auf einem kleinen Kreuz.“ [33)]

Königin Philippas Münzabkommen mit den Hanseaten war die erste große Regierungsmaßnahme, die sie während der Abwesenheit ihres Mannes durchführte. Sie bewies damit ihre politische Klugheit. Diese zeigte sich auch während ihrer wiederholten Reisen in das Unionsland Schweden, wo sie manche Verhandlungen mit Geschick durchzuführen verstand. Daß sie aber auch bei kriegerischen Auseinandersetzungen geschickt vorgehen konnte, sollte sich in absehbarer Zeit zeigen.

Die Holsteiner machten nämlich keine Anstalten, Konsequenzen aus dem Kaiserurteil zu ziehen. Sie räumten das Herzogtum Schleswig nicht, das König Erich von der höchsten richterlichen Instanz zugesprochen worden war. Und so mußte Erich erkennen, daß nur Macht die Holsteiner zwingen konnte, sich vor dem Kaiserurteil zu beugen.

Er hatte aber ein zu großes Rechtsbewußtsein, als daß er nur aufgrund des von Sigismund ausgesprochenen Urteils zu den Waffen gegriffen hätte. Er mußte sich selbst noch einmal sein Recht auf das umstrittene Gebiet vor Augen halten, ehe er seine Truppen in Bewegung setzte. Eine Handlung, die für ihn die Ultima ratio war.

Aber warum konnten die Schauenburger so stur bei der Ablehnung des Kaiserurteils bleiben? Das entsprang nicht nur dem absoluten Willen, das Erworbene zu behalten, sondern auch, so glaubten sie, dem Recht.

Und das war ihre Begründung: Das Land, um das es hier geht, hätte viele hundert Jahre als ein Herzogtum Sønderjylland (Südjütland) oder Schleswig existiert und läge in Deutschland. Es umfasse das gesamte Gebiet zwischen der Levensau und der Koldingau (Kolding Å), wo das Königreich Dänemark beginnt. Auch, so begründeten die Schauenburger ihren Rechtsanspruch weiter, hätte es als Wappen zwei blaue Löwen auf goldenem Feld bekommen, welches die Könige als Zeichen eines ewigen und erblichen Lehens zu verleihen pflegten.

Vor allem aber wiesen die Schauenburger darauf hin, daß König Waldemar 1326 ihren Urgroßvater, den Grafen Gerhard, mit dem Herzogtum belehnt habe, und zwar als erbliches Lehen nach dem Lehnsgesetz, worüber ein Lehnsbrief des Königs, geschrieben mit Billigung seiner Räte, vorliege.

Die jungen Schauenburger lehnten auch die Begründung des Unionskönigs ab, daß sich die Schauenburger gegen das Lehnsrecht vergangen hätten, weil sie die

Waffen gegen ihren Lehnsherrn erhoben haben; das hätten sie erst gemacht, als der König sie zu bekriegen begann. Und immer wieder verwiesen sie auf den erblichen Lehnsbrief von 1326 und den Vertrag, den Königin Margrete 1392 mit ihrem Vater geschlossen hatte, und in dem sie für sich selbst, ihre Nachfolger und Reiche gelobte, niemals den Herzog oder seine Erben an ihrem Besitz des Herzogtums Schleswig zu hindern.

Kernpunkt der Rechtsauffassung des Königs war, daß das Herzogtum Schleswig (Sønderjylland) kein abgesondertes Herzogtum sei, kein Lehen im europäischen Sinn, kein Erblehen, kein feudum. Diese Behauptung bewies Erich klar und deutlich, indem er erklärte, daß Schleswig (Sønderjylland) ein Teil des Dänischen Reiches sei, in dem es nie ein Erblehen gegeben habe oder geben werde, da ein solches dort völlig unbekannt ist und im Gegensatz zu den Gesetzen des Reiches stehen würde.

Für alle diese Argumente lagen auch Beweise vor. So war es Tatsache, daß man im Königreich keine Belehnungen kannte. Zwar konnten die Könige Schlösser oder Landschaften verpfänden oder verdienten Männer für treue Dienste derartiges übergeben, jedoch nur auf bestimmte Jahre oder höchstens auf Lebzeiten. Und ein neuer König konnte immer das zurücknehmen, was sein Vorgänger vergeben hatte.

Das, was König Erich in diesem Zusammenhang erklärt, mußte ihm nach allen juristischen Gesichtspunkten recht geben: das Herzogtum Schleswig (Sønderjylland) gehörte zum Königreich Dänemark. Und wenn man aus heutiger Sicht die damalige Situation überblickt, muß man feststellen, daß in jener Zeit des auslaufenden Mittelalters der größte Teil des umstrittenen Gebiets von Dänen bewohnt war.

Der dänische Historiker Kristian Erslev kommt bezüglich dieses Hin und Her der politischen Meinungen zu folgendem Schluß:

„Halten wir uns an die Grundfrage selbst, kann man sehen, wie König Erichs Rechtsstandpunkt völlig die Beweisführung der Holsteiner durchschnitt. Wenn diese auf langem Weg zu beweisen versuchen, daß sie das Lehnserbrecht für das Herzogtum hätten, nahm Erich ihnen mit seinem Hauptargument ganz und gar den Boden unter ihren Füßen weg: Schleswig ist kein Herzogtum. Und seine Beweisführung dafür ist eigentlich nicht weniger einfach als sein Argument. Das war ja ein reiner Syllogismus: in Dänemark kann kein Erblehen existieren, Schleswig liegt in Dänemark. Also ist Schleswig kein Erblehen. Alle historischen Einzelbeweise schwanden gegenüber dieser klaren juristischen Demonstration dahin.“ [34)]

Die Erwiderung König Erichs auf die holsteinischen Argumente, die nach Meinung der Schauenburger ihnen den Besitz des umstrittenen Landes garantierten, läßt mit aller Deutlichkeit erkennen, daß er sich nicht „in einem langen hoffnungslosen Kampf mit den Holsteinern verzettelte“, wie es manche Historiker ausdrücken, sondern daß er lediglich versuchte, in dieser für sein Reich so wichtigen Frage das Recht wieder einzusetzen.

Es muß in diesem Zusammenhang auch hervorgehoben werden, daß der deutschgeborene Erich von Pommern der erste dänische Monarch war, der sich scharf gegen das Eindringen der deutschen Holsteiner in das süddänische Gebiet wandte und das mit Waffengewalt zu verhindern suchte.

Wieder kommt der Krieg ins Land

Die Holsteiner wollten Schleswig nicht räumen, und König Erich mußte 1425 einmal mehr zu den Waffen greifen. Das konnte aber nicht von heute auf morgen geschehen. Das bedurfte einiger harter Vorbereitungen.

Auch mußte er feststellen, wie es im Fall eines neuen Krieges mit den Hansestädten bestellt war, denn die hatten sich nur mit ihm verbündet unter der Voraussetzung, daß er mit den Holsteinern Frieden hält. Die Lübecker hatten im Grunde überhaupt keine Lust, im Kriegsfall stillzuhalten. Ihnen war die Ausbreitung der nordischen Herrschaft im Elbgebiet ein Dorn im Auge. Und weder das Kaiserurteil noch Sigismunds schriftliche Mahnung an die norddeutschen Fürsten und die Regierungen der Städte, König Erich beizustehen, konnten sie beeindrucken.

Auch waren die meisten Untertanen König Erichs in Schweden und Norwegen gegen einen neuen Krieg eingestellt. Zu sehr waren ihnen noch die früheren Kriege des Unionskönigs in Erinnerung, die schwere Belastungen gebracht hatten.

In Dänemark verhielt es sich allerdings anders. Dort waren des Königs Räte sehr geneigt, den Holsteinern die Bedeutung des Kaiserurteils mit Waffengewalt klarzumachen. Was das einfache Volk darüber dachte, war der Regierung scheinbar völlig egal.

Draußen in der Welt, wo Erich vor noch gar nicht so langer Zeit gewesen war, hatte sich auch manches verändert. Die Heiratspläne, die Erich für seinen Vetter Bogislaw hatte, waren voll und ganz ins Wasser gefallen. Die polnische Prinzessin Hedwig wurde weder mit dem Sohn des brandenburgischen Kurfürsten noch mit Bogislaw verheiratet. Sie starb unvermählt im Jahr 1431. Aus Bogislaws Thronfolge in Polen wäre ohnehin nichts geworden, denn die männliche Thronfolge war durch die unerwartete Geburt eines Sohnes des alten Königs Wladislaw, der bei guter Gesundheit war, gesichert.

Es gab aber auch gute Nachrichten. Und die kamen vom Hof König Sigismunds. Der hatte den aufsessigen Kurfürsten Friedrich von Brandenburg in die Knie zwingen können. Friedrich war nämlich durch den Gegenangriff der Pommern auf Brandenburg, die von polnischen Hilfstruppen und solchen des Hochmeisters unterstützt wurden, in so arge Bedrängnis geraten, daß er einen Bittgang zum deutschen König antreten mußte. Auf diesem Canossagang unterwarf er sich demütig dem König und kehrte dann nicht wieder nach Brandenburg zurück, sondern überließ die dortige Regierung seinen Söhnen. Damit war auch der Bingener Kurfürstenbund gesprengt.

Das war zumindest ein moralischer Erfolg für Erich, denn er hatte durch seine Aktivitäten auf dem Großen Tag von Neustettin seinem Vetter Sigismund wertvolle Hilfe geleistet. Aber ein für ihn wichtiger Wunsch ging nicht in Erfüllung – er kam nicht in den Besitz der Neumark. Sie blieb vorläufig beim Deutschen Orden und kam später, in den fünfziger Jahrens, wieder an Brandenburg.

Doch zurück zur Schaltstelle der Unionspolitik in der Kanzlei des Kopenhagener Schlosses. Dort waren die Räte, wie bereits erwähnt, stark an dem kommenden Waffengang interessiert. Vermutlich versprach sich der eine oder andere auch persönliche Vorteile davon. Und sicherlich trugen sie viel dazu bei, die letzten Bedenken des Königs zu zerstreuen.

So begann man jetzt, die Eroberung von Schleswig vorzubereiten. Im Frühling 1426 wurde in allen drei Reichen das Ausfuhrverbot bekanntgegeben. In Schweden, wo besondere Maßnahmen für die Kriegsführung erforderlich waren, traf Königin Philippa ein. Es glückte ihr auf einem im April nach Vadstena einberufenen Herrentag, die Schweden dazu zu bewegen, an dem bevorstehenden Krieg teilzunehmen. Und so wurde beschlossen, daß ein Kontingent schwedischer Reiter und Schützen schleunigst mit voller Jahresverpflegung in Marsch gesetzt werden sollte. Zugleich mußten die Kaufstädte die nötigen Transportfahrzeuge zur Verfügung stellen. Das war wieder einmal ein politischer Erfolg, den Königin Philippa für sich verbuchen konnte;

denn ein bloßer Befehl aus der Kopenhagener Kanzlei hätte diese partielle Mobilmachung nicht bewirken können. Und selbstverständlich wurden nun auch in Dänemark und Norwegen entsprechende Kriegsvorbereitungen getroffen.

Aber König Erich wollte nichts unversucht lassen bei der gründlichen Vorbereitung der kommenden Kriegsaktionen. Er bemühte sich, die wendischen Städte auf seine Seite zu bringen, und verhandelte im Vorsommer 1426 mit einer hanseatischen Delegation in Vordingborg. Er forderte sie auf, ihm gemäß dem 1423 geschlossenen Bündnisvertrag im bevorstehenden Krieg mit Hilfstruppen beizustehen. Gleichzeitig erklärte er sich bereit, den Angriff auf die Holsteiner ein oder zwei Jahre aufzuschieben, wenn die Hanseaten versprechen, ihn dann ohne Umschweife gegen die Holsteiner zu unterstützen.

Dieser Vorschlag hatte sicherlich eine ganz bestimmte Bedeutung. Erich hatte in Ungarn seinem Vetter Sigismund Unterstützung im Kampf gegen die Hussiten zugesagt. Und in Deutschland wartete man voller Ungeduld auf die Erfüllung dieses Versprechens.

Im Juni 1426 schickten Sigismund und die deutschen Reichsstände Sendboten zu Erich, um ihn an sein Versprechen zu erinnern und ihn zu veranlassen, schnellstmöglich eine skandinavische Armee nach Böhmen zu schicken. Erich, ein Mann des Rechts und der Ehre, wäre seinem Versprechen wohl nachgekommen, das er seinem Vetter gegeben hatte, als er fest davon überzeugt war, daß dieser das holsteinische Problem aus der Welt schaffen würde. Daher versuchte Erich – so sieht es aus –, den Kampf um Schleswig auf ein oder zwei Jahre hinauszuschieben.

Aber die Hanseaten lehnten seinen Vorschlag ab. Gegen Ende Juni verpflichteten sich die Städte Lübeck, Wismar, Rostock, Stralsund und Lüneburg zu einer unverbrüchlichen Solidarität gegen jeden, „der ihnen zu nahekommt". Es wurde nun immer deutlicher, daß sich die wendischen Hansestädte in keiner Weise mehr an den nordischen Unionskönig gebunden fühlten, sondern sich auf eine gemeinsame Sache mit den Holsteinern gegen König Erich vorbereiteten.

Als Erich das erkannte, beschloß er, so schnell wie möglich in Schleswig zu den Waffen zu greifen, damit sich die Hanseaten nicht in den Kampf einmischen konnten, bevor er die für ihn wichtigsten Positionen erobert hatte.

Und so begann er im Juli 1426 mit einem dänisch-schwedisch-norwegischen Heer einen Generalangriff auf die holsteinischen Stellungen im Süden von Schleswig. Die Stadt Schleswig wurde von der Land- und Seeseite aus eingeschlossen und Schloß Gottorf belagert.

Während der nun folgenden blutigen Kämpfe, bei denen die Holsteiner von den Hamburgern Hilfe bekamen, wandte sich bald das Kriegsglück zu Gunsten der Holsteiner, denen es gelang, die Insel Fehmarn wieder in ihren Besitz zu bringen. Am 22. September, dem Tag nach dem Sieg der Holsteiner auf Fehmarn, vereinigten sich Lübeck, Wismar, Rostock, Stralsund und Lüneburg mit Holsteins Bundesgenossen Hamburg zu einer förmlichen Kriegsallianz gegen den Unionskönig.

Bald danach verbündeten sie sich auch mit den Herzögen von Schleswig und schickten dem Unionskönig am 18. Oktober 1426 ihren Fehdebrief.

Jetzt fürchtete König Erich, daß die Hanseaten sofort Dänemark angreifen würden, hob die Belagerungen von Schleswig und Gottorf auf und zog sich mit seinen Truppen nach Nordschleswig und Dänemark zurück.

Der große nordeuropäische Krieg hatte begonnen, der bereits seit 1422 gedroht hatte. Ausgelöst durch den Streit um das Herzogtum Schleswig, war dieser Krieg in Wahrheit der Kampf des Nordens mit dem Süden um das Dominium Maris Baltici.

Dem mächtigen Bund der Hanse standen die erfolgreichen handelspolitischen Unternehmungen des nordischen Königs schon lange im Wege. Die Friedensallianz von 1423 war nun zerstört.

Daß dieser Schritt nicht schon früher geschah, etwa während König Erichs langer Abwesenheit von seinem Reich, ist vor allem Königin Philippa zu danken, die als Interimsregentin mit den Hanseaten stets freundschaftlich verhandelte und ihnen mit dem von ihr initiierten Münzabkommen von 1424 – soweit es in ihrer Macht lag – entgegenkam. Es sieht so aus, als wenn der jetzige Waffengang des Unionskönigs, der das Ziel hatte, das Kaiserurteil zu vollstrecken und dem Recht Genüge zu leisten, den Hanseaten ein willkommener Anlaß war, die Herrschaft über die Ostsee endlich allein für sich zu gewinnen.

Die Hanseaten hatten eine Reihe von Gründen, König Erich die Macht über das Baltische Meer, die er ja zweifellos anstrebte und bereits teilweise schon hatte, zu entreißen. Da war vor allem der von Erich hier und da angekündigte Plan, alle den Öresund passierenden Schiffe, die nicht der Union angehören, mit Zoll zu belegen – eine Maßnahme, die das wirtschaftliche und handelspolitische Konzept der Hanse stark belastet hätte. Auch die bislang übliche Freiheit auf dem Meer würde durch Erichs geplante Maßnahmen stärker gefährdet werden als durch die hier und da auftauchenden Piraten, hinter denen ja nicht eine solche Macht stand wie hinter den Flotten des Unionsreiches.

Tatsächlich hatte der Unionskönig wohl schon seit längerer Zeit die Absicht, sich zum absoluten Herrn der Ostsee zu machen. Darauf deuten auch seine Überlegungen, sich durch die Erwerbung Estlands und der pommerschen Küste eine gute strategische Position zu verschaffen.

Im Augenblick aber waren andere Maßnahmen notwendig. Der Öresund war ja der Schlüssel für neue seestrategische Planungen. Dort, wo er sich vor den dänischen Küsten am stärksten verengt und wo sich die Städte Helsingør und Helsingborg gegenüberliegen, dort mußte etwas geschehen. Kein Schiff konnte ohne Zustimmung der Dänen diese Stelle passieren, es sei denn mit Waffengewalt. Diese konnte aber nur dann erfolgreich sein, wenn keine effektive Gegenwehr vorhanden war. Und damit stand es nicht zum besten.

Zwar lag Helsingør gegenüber die starke Festung Kärnan, die diesen Namen erst nach dem in dieser Zeit gebauten Turm erhielt, aber auf der Seite von Helsingör lag nur die Flynderborg, ein altes Bauwerk, das nicht mehr den Anforderungen der jetzigen Zeit entsprach. Es mußte nun einer neuen „festen Burg" weichen. Und so ließ König Erich die Burg Krogen bauen, die, wie es heißt, nach dem Vorbild seines väterlichen Schlosses im pommerschen Rügenwalde entstanden sein soll. Gleichzeitig wurde die alte Stadt Helsingør, die bis dahin relativ unbedeutend war, in die Nähe von Krogen verlegt und im Juni 1426 mit außerordentlichen, vorteilhaften Privilegien ausgestattet. Das hatte zur Folge, daß die Einwohnerzahl der Stadt wuchs und sich dort ein blühendes Handels- und Wirtschaftsleben zu entwickeln begann, das sich natürlich erst in späteren Zeiten richtig entfalten konnte.

Hier zeigt es sich auch, wie klug und vorausschauend König Erichs Politik war, indem er militärische Maßnahmen mit handels- und wirtschaftspolitischen verband. Er schuf damit die Voraussetzungen für den von ihm 1429 eingeführten Öresundzoll, der dem Königreich Dänemark viel Geld einbrachte und Jahrhunderte überdauerte. Er wurde erst 1857 gegen eine Ablösungssumme von 33,5 Mio. Reichstalern aufgehoben.

Die Stadt Helsingør ehrte ihren Wohltäter aus dem pommerschen Greifengeschlecht mit der Einweihung eines Gedenkbrunnens im Mittelpunkt der Stadt, dem Axeltorv, anläßlich des 500. Jahrestages der Verleihung

Burg und Schloß Krogen in Helsingør

der neuen Stadtrechte. Diesen Brunnen krönt die sitzenden Skulptur des Königs, der in seiner erhobenen linken Hand die Rolle mit den Stadtrechten hält. Geschaffen wurde dieses Monument von dem bedeutenden Bildhauer und Professor an der Kopenhagener Kunstakademie Aksel Einar Utzon-Frank (1888-1955). Auf dem mittleren Steinblock des großen, in rechteckiger Form errichteten Brunnens stehen die Königsworte „Mit Haab staar til havet" – Meine Hoffnung ist auf das Meer gerichtet – Worte, die in hohem Maß das Wirken dieses Monarchen bestimmten.

Die beiden Burgen diesseits und jenseits des Öresunds garantierten nicht nur die Kontrolle über die dort sehr schmale Wasserstraße, sie waren auch starke Abwehrbauten gegen feindliche Truppen, die dort zur Eroberung von Helsingör und Helsingborg an Land gehen konnten. Hinzu kommt, daß sie in einer Zeit entstanden oder fertiggebaut wurden (Helsingborg), in der die Feuerwaffen eingeführt wurden.

Die Anwendung von Pulver zu Kriegszwecken wird in Europa zum erstenmal 1338/39 in Frankreich und

England erwähnt. In Dänemark 1372. Die ältesten in Dänemark bewahrten Feuerwaffen stammen vom Beginn des 15. Jahrhunderts. Aus dieser Zeit hat man auch eine Schiffskanone in Dänemark entdeckt, die vor der Insel Anholt aus dem Meer geborgen wurde. Das erste Artillerieduell im Norden fand 1428 statt, als eine Flotte der Hanse vergebens versuchte, Kopenhagen zu erobern. Selbstverständlich wurden in dieser Zeit auch die beiden oben genannten Burgen mit Geschützen ausgerüstet. Und natürlich begann man damals auch das Fußvolk mit einer Feuerwaffe, der Arkebuse, zu bewaffnen, die allmählich die Armbrust ablöste.

Die Hanseaten wollten nun mit aller Macht die Nordische Union in die Knie zwingen. Deshalb verbanden sie sich, wie ein alter norddeutscher Chronist es ausdrückte, mit Holsteins Fürsten gegen den König von Dänemark, „weil sie wünschten, ihre Freiheit sowohl auf dem Lande als auch auf dem Meer zu bewahren, und lieber Herzöge und Grafen zu Nachbarn haben wollten als Dänemarks allzu mächtigen Herrscher, der ihre Privilegien zunichte machte." Es sollte ein langer Krieg werden, dessen Ausgang noch völlig ungewiß war. Auf der einen Seite kämpften Erichs Truppen aus Dänemark, Schweden und Norwegen, unter denen sich tapfere Ritter befanden, aber auch wohl eine Menge kriegsmüder Männer. Ihnen stand eine mächtige Heerschar gegenüber, die immer wieder aufgefrischt werden konnte, da abenteuerhungrige Männer aus vielen Teilen Deutschlands nach solchen Gelegenheiten ständig auf der Suche waren. Und zudem war der Sold sicherlich nicht schlecht, denn hinter der holsteinischen Kriegsmaschinerie stand das Kapital der reichen Stadt Hamburg und das vieler anderer betuchter Städte.

Im Januar des Jahres 1427 treffen sich in Rostock die Hansestädte, um eine endgültige Absprache bezüglich eines neuen Flottenaufmarschs zu treffen. Es wird vereinbart, daß sich alle Schiffe bereits am vierten Sonntag

Erich von Pommern. Denkmal auf dem Axeltorv in Helsingør von Aksel Utzon-Frank (1888-1955). Das Denkmal – ein Gedächtnisbrunnen – wurde 1926 anläßlich des 500. Jahrestages der Verleihung der neuen Stadtrechte enthüllt.

der Fastenzeit treffen sollten. Lübeck und Hamburg verpflichten sich, je vier große Schiffe „mit Vorkastell" zur Verfügung zu stellen; Stralsund verspricht drei, Rostock und Wismar bieten je zwei, alle mit den dazugehörenden kleineren Schiffen. Hamburg, Lübeck und Lüneburg sollen zudem die Holsteiner mit Hilfstruppen unterstützen.

Ende März war die Flotte der Hanse zusammengestellt. Die letzten Absprachen zwischen den Hanseaten fanden in Stralsund statt. Kurz vorher hatten sich die sächsischen Städte in Braunschweig getroffen, wo sie ein Bündnis mit den kriegsführenden Städten schlossen, wobei erklärt wurde, diese nur auf dem Lande zu unterstützen. Ungefähr zwanzig Städte von Halle und Magdeburg bis hin zu Hannover schickten König Erich ihre Fehdebriefe.

König Erich ließ sich allerdings durch diese Kriegserklärungen nicht sehr beeindrucken, unternahm allerdings den Versuch eines Friedensangebots. Er bat seine Verwandten, die Herzöge Kasimir von Stettin und Wartislaw und Barnim von Wolgast, die Städte aufzusuchen und ihnen zu erklären, daß er bereit sei, sie über Recht oder Unrecht seines Verhaltens urteilen zu lassen. Die Herzöge versuchten es erst in ihrer engeren Heimat, in Stralsund, wurden von dort aber zu den anderen Städten verwiesen. Die wollten aber als Sicherheit von König Erich Pfänder haben in Form von Schlössern und Ländern, jedoch dem König keine gleichwertigen Sicherheiten bieten. Nach einigem Hin und Her zeichnete sich bald ein negatives Resultat dieses Versuchs des Unionskönigs, den Frieden zu erreichen, ab. Und im April lief die vereinte Flotte der Hanse aus.

Sie war überaus gut gerüstet, was die Hamburger allein über 4000 Pfund gekostet haben soll. Auch Herzog Gerhard hatte sich mit seinen Holsteinern den Städten angeschlossen, die den Krieg „auf das allerhärteste, das in ihrer Macht stand", führen wollten.

Ihr Plan war, die Schlösser am Öresund zu erobern und alle Schiffe der Union auf See und im Belt abzubrennen, so daß „das eine dänische Land dem anderen nicht zu Hilfe kommen könne."

Natürlich schafften sie das nicht, plünderten aber überall an den dänischen Küsten. Die Bornholmer mußten ihnen 10 000 „gediegene" Mark versprechen, damit sie ihre Insel nicht abbrennen. Møn, Falster und Lolland wurden verwüstet, die Hamburger eroberten Læsø, und auch Ærø mit der festen Burg der Insel fiel in ihre Hände. Und überall konnten sie reiche Beute machen.

Dieser Plünderzug währte bis tief in den Mai hinein. Dann verlangte Herzog Gerhard, daß die Flotte Kurs auf Flensburg nehmen sollte. Die Hanseaten schlossen die Stadt von der Seeseite ein, während Herzog Heinrich sie mit seinen Truppen vom Lande her angriff.

In Flensburg hatte König Erich den jütischen Ritter Morten Jensen Gyrsting als Kommandanten eingesetzt, der die Stadt mit außerordentlicher Tapferkeit verteidigte. Da es den Belagerern an schweren Geschützen fehlte, verschoben sie ihren Angriff, von dem sie die Eroberung der Duburg erwarteten, auf den Tag nach Himmelfahrt, den 29. Mai.

Der hamburgische Söldnerführer aber war damit nicht zufrieden. Er wollte so schnell wie möglich den Angriff durchführen, weil er vermutlich nach der Ehre strebte, der erste Heerführer in der stark befestigten Duburg zu sein.

Um seinen Plan durchzuführen, verteilte der Ratsherr Johann Kletzeke, das war Stand und Name dieses ungeduldigen Hamburgers, Bier unter seine Leuten, die nun halbbetrunken zu lärmen begannen und versuchten, die Burg zu erstürmen.

Von diesem Getöse in seinem Feldlager geweckt, fuhr Herzog Heinrich hoch, stürmte, schlaftrunken, wie er war, an das Festungswerk und wollte, um den anderen nicht den Vortritt zu überlassen, unverzüglich in die

Burg hinein. Er schaffte es auch, eine Sturmleiter in die Hände zu bekommen, legte sie an das starke Mauerwerk und stürmte hinauf.

Als das seine Leute sahen, riefen sie ihm lauthals zu, vorsichtig zu sein und sich möglichst zurückzuziehen.

Durch diese Rufe wurden die Dänen auf den anstürmenden Feind aufmerksam, der, von einem Speer durchbohrt, zu Boden stürzte.

Noch in derselben Nacht zum Himmelfahrtstag starb der junge, tapfere Herzog, nur siebenundzwanzig Jahre alt, vor der Duburg. In seine Nachfolge trat sofort sein nächstältester Bruder Graf Adolf, der auch gleich das Kommando über die holsteinischen Truppen übernahm.

Aber nun wollten die Hamburger und die Lübecker nicht mehr weitermachen. Da halfen auch alle Bitten des neuen Herzogs nichts. Als das die Befehlshaber der anderen Städte hörten, machten auch sie Schluß.

Und so verschwand nach Himmelfahrt die mächtige Flotte der Hanse aus dem Bereich von Flensburg, was den neuen Herzog veranlaßte, die Belagerung, die ohnehin schon zwei Wochen ohne jeden Erfolg gedauert hatte, ganz aufzugeben.

Die Duburg war gerettet. Die Frage war nur – für wie lange?

Der Kampf der Hanseaten im Öresund und die Siege des Unionskönigs

Im Juni 1427 nimmt eine Flotte der Hanse erneut Kurs auf den Öresund. Und diesmal gilt es, sich im maritimen Zentrum der nordischen Großmacht festzusetzen und von dort aus verschiedene Operationen durchzuführen. Vor allem hoffte man damit König Erichs neue Burg Krogen zu zerstören und auch die anderen Befestigungsanlagen diesseits und jenseits des Öresunds auszuschalten.

Aber die Hanseaten hatten nicht mit König Erichs Gegenmaßnahmen gerechnet, die dieser in kluger Voraussicht rechtzeitig eingeleitet hatte. Da er die Seestreitkräfte der Hanse durchaus nicht unterschätzte, mußte er, der durch seinen Nachrichtendienst über einen bevorstehenden Angriff gut informiert war, die stärksten Flotteneinheiten aufbieten, die ihm zur Verfügung standen.

Und hier zeigte sich einmal mehr das hervorragende strategische Planungsvermögen dieses Königs, das sich dann besonders bemerkbar machte, wenn es um maritime militärische Unternehmungen ging.

Es war Philippa, die ihn dabei tatkräftig unterstützte. Sie hatte bei ihrem Schwedenbesuch 1426/27 die dortigen Verantwortlichen dazu bewegen können, ihrem Mann eine besonders starke Flotte zur Verfügung zu stellen, die, wie es scheint, von dem uppländischen Adelsmann Gregers Magnusson kommandiert wurde.

Aber an diesem Flottenaufmarsch nahmen nicht nur nordische Kriegsschiffe teil. König Erich standen auch englische Einheiten zur Verfügung. Darum hatte er in Philippas Heimatland auf diplomatischem Weg gebeten. Und man genehmigte ihm auch, Schiffe und Mannschaften für Kriegszwecke in England zu chartern und anzuheuern. Gleichzeitig bekam er auch von Pommern Hilfe.

Was die Hanseaten betrifft, so machten sie bereits zu Beginn ihres Kriegszuges einen schweren Fehler: sie begannen ihn zu spät. Hätten sie ihre Flotte früher im Marsch gesetzt, hätte König Erich seine gutdurchdachten Pläne nicht durchführen können, und die große Seeschlacht im Öresund wäre anders verlaufen.

Denn als die Flotte der Hanse endlich im Juli 1427 den Öresund erreicht hat, wird sie von Kriegsschiffen des Königs vor Kopenhagen sofort zurückgedrängt. Und am 11. Juli kommt es zu einer Seeschlacht, die in den Annalen der nordischen Seekriegsführung noch lange als Ruhmestat weiterlebte.

Es war ein großer Sieg, den König Erichs Unionsflotte über die Aggressoren davontrug. Nachdem die hamburgische Flottenabteilung der hanseatischen Streitkräfte mit dem Angriff begonnen hatte, wurde sie von Dänen und Engländern, die unter dem Befehl eines pommerschen Herzogs standen, umzingelt und nach einem harten, blutigen Kampf besiegt. Die Sieger enterten die feindlichen Schiffe, soweit sie noch fahrtüchtig waren, und brachten sie mitsamt 600 Gefangenen nach Kopenhagen.

Diese entscheidende und für die Hamburger katastrophale Seeschlacht konnte von der lübischen Flotte nicht mehr wettgemacht werden, obwohl sie hier und da kleine Erfolge unter ihrem Admiral, dem Ratsherrn Tidemann Steen, erringen konnte. Diesem gelang es sogar, einige schwedische Schiffe in seine Gewalt zu bekommen resp. zu vernichten und eine größere schwedische Schiffsbesatzung mitsamt dem Kommandeur der schwedischen Einheiten, Gregers Magnusson, gefangenzunehmen.

Dabei wurde auch jenes Schiff erobert, auf dem sich die berühmte nordische Unionsflagge befand, die nun in die Hände der Hanseaten fiel.

Diese Flagge zeigt in vier Feldern die Wappen der drei Unionsreiche und das pommersche Wappen, den Greif. Auf dem größten Feld an der Flaggenstange ist außerdem die Mutter Gottes mit dem Jesuskind zu sehen, zusammen mit dem hl. Jakob. Die Flagge, die 4,4 m lang und 1,4 m breit ist, hatte der dänische Archäologe und Historiker Henry Petersen (1849-1896) am 10. September 1879 in der Lübecker Marienkirche entdeckt. Sie wurde von ihm untersucht und identifiziert.

Die Lübecker wollten sie nicht an Dänemark ausliefern, jedoch erreichte es Petersen, daß sie von dem nam-

Die 1427 von den Hanseaten erbeutete große Unionsflagge

haften Restaurator Professor Julius Magnus-Petersen (1827-1917) originalgetreu kopiert werden konnte. Diese Kopie hängt jetzt im Waldemarsaal des Nationalhistorischen Museums in Schloß Frederiksborg in der nordseeländischen Stadt Hillerød. Die Originalflagge verbrannte bei der Zerstörung der Marienkirche durch die britische Luftwaffe in der Nacht zum Palmsonntag 1942.

Nachdem Tidemann Steen die Verluste seines Unternehmens erkannt hatte und seiner stark angeschlagenen Flotte keinen Gegenanariff mehr zumuten konnte, zog er sich, gejagt von den Dänens und hoffend auf eine baldige Revanche, aus dem Öresund zurück.

König Erich war der Sieger. Doch nicht genug damit. Bald konnte er einen neuen Erfolg für sich verbuchen. Im Herbst 1426 war eine bedeutende Handelsflotte der Hanse wie jedes Jahr nach Flandern und Frankreich in See gegangen, um dort baltische Produkte gegen Salz einzutauschen – das wohl wichtigste Gewürz des Mittelalters, das völlig unentbehrlich war als Konservierungsmittel von Fleisch und Fisch.

Hauptproduktionszentrum war die Atlantikküste. Und dorthin schickte also die Hanse regelmäßig Schiffskonvois, ein Unternehmen, das „Baienfahrt“ genannt wurde. Dieses sogenannte Baiesalz wurde von reichen Lagern, gelegen in einer Meeresbucht der südlichen Bretagne (Baie de Bouraneuf), geholt.

Schwerbeladen befand sich nun die lübische Handelsflotte auf der Rückfahrt und hatte die Direktive, sich den Kriegsschiffen der Hanse, die im Öresund operierten, anzuschließen.

Nun war allerdings eine neue Situation entstanden. Als die Baienflotte, vom Kattegat kommend, den Öresund erreicht hatte, wurden Admiral Tidemann Steens Schiffe bereits aus dem Öresund gejagt. Unbekümmert passierten die aus Frankreich kommenden Salzschiffe Krogen, schickten der verhaßten Burg noch ein paar Kugeln hinüber und waren nicht schlecht überrascht, als ihnen Schiffe des Unionskönigs entgegenkamen.

Ein harter Kampf begann, den die Baienflotte verlor. Ganze sechsunddreißig Handelsschiffe mitsamt der Besatzung und der kostbaren Ladung fielen König Erichs Geschwader in die Hände.

Ein ungeheurer Jubel verbreitete sich unter den Siegern. Und zu Recht. Denn die aufgebrachten salzbeladenen Schiffe bedeuteten ein Ende der durch die Handelsblockade der Hanseaten bedingten Importausfälle.

In Dänemark und Norwegen war dieser Mangel an Einfuhrgut nicht so gravierend gewesen, da dort englische und niederländische Handelsschiffe ungeachtet der Blockade die westlichen Häfen dieser Länder anlaufen konnten.

Das traf nicht auf Schweden zu, dem die Nordsee-Häfen fehlten. Für dieses Land waren die riesigen Mengen Salz eine wahre Wohltat, eine unschätzbare Hilfe für die Versorgungssituation seiner Bevölkerung.

Aber auch der rein militärische Erfolg des Unionskönigs, den er durch diese beiden Seesiege errungen hatte, war von immenser Bedeutung. Die vielen Kriegs- und Handelsschiffe, die seine Flotte erbeutet hatte, verstärkten die Seestreitkräfte der Union so sehr, daß diese, jedenfalls zu diesem Zeitpunkt, Herr der Ostsee war.

König Erichs Traum von der Schaffung eines Dominium Maris Baltici schien Wirklichkeit zu werden. Bereits im Herbst 1427 verbreiteten sich Gerüchte, denen zufolge der König beabsichtige, zu einer großen Seeoffensive überzugehen und die Städte Lübeck, Wismar und Rostock in deren eigenen Hafengebieten anzugreifen.

Für die Flottenkommandeure der verlorenen Öresundschlacht brach eine böse Zeit an. Während die Hamburger ihren Ratherrn Johann Kletzeke – auch wegen seines übereilten Angriffs auf die Duburg und den dadurch verursachten Tod des Herzogs Heinrich – hinrichten ließen, kam Tidemann Steen besser davon. Aber auch er bekam eine Strafe. Obwohl ihn drei niedersächsische Städte für unschuldig erklärt hatten, wurde er in Lübeck erst zu Haft, später zu Hausarrest verurteilt und kam erst 1434 wieder frei. Allerdings hatte er vorher auf sein Ratsamt verzichten müssen.

Diese strengen Strafen entsprachen ganz und gar der Empörung, die die Hansestädte ob der schweren Niederlage ihrer Flotten im Öresund ergriffen hatte. Aber sie wollten sich dennoch nicht kleinkriegen lassen und bereiteten einen neuen Schlag vor.

Als der deutsch-römische König davon erfuhr, griff er in den Konflikt ein und schickte den Magister Nils Stock als Schlichter zu den kriegführenden Parteien. Die Städte nahmen den Sendboten des deutsch-römischen Königs bereitwillig auf, und es hatte den Anschein, als ob sie auf den Vorschlag eines Waffenstillstands eingingen.

Doch tatsächlich rüsteten sie eine neue Flotte für eine bevorstehende Revanche aus. Sie versuchten sogar, den Herrgott als Bundesgenossen gegen den verhaßten nordischen König zu gewinnen, indem sie sein Wohlgefallen durch Prozessionen zu erreichen suchten und das Kriegsvolk veranlaßten, Gelöbnisse abzulegen, in dem bevorstehenden Krieg weder Kirchen noch Klöster zu plündern. Auch glaubten sie, den Sieg leichter erringen zu können, wenn sie die Segel ihrer Schiffe mit hellblauen Kreuzen bemalen lassen.

Im darauf folgenden Jahr befand sich Magister Nils Stock auf Seeland. Er hatte versucht, die Holsteiner und Hanseaten zu einem Waffenstillstand zu bewegen, hatte ihnen einmal sogar die Reichsacht angedroht. Und es sah auch ganz so aus, als wenn sie darauf eingingen. Aber nachdem Nils Stock wieder einmal mit den Holsteinern in Schleswig zusammengekommen war, das geschah Mitte Februar 1428, stieß er auf ihren Widerstand. Sie erklärten ihm, das Erbe ihrer Väter mit dem Schwert zurückholen zu wollen.

Doch bald darauf verhandelte Nils Stock von neuem. Und zwar mit den Städten und den Holsteinern im Rathaus zu Lübeck. Und da kam er weiter und schöpfte wieder Hoffnung. In einem Schreiben von ihm heißt es, daß er, nachdem er mit großer Mühe die Holsteiner Herren und die Städte unterrichtet habe, sie ihm den 4. März zugesagt hätten, an dem sie „einen friedlichen Tag mit Dänemarks königlichen Gnaden in Falsterbo abhalten und ihre Waffen zurücklassen wollen“. Darüber, so berichtete er weiter, sei er sehr froh gewesen.

Doch seine Freude war verfrüht. Als es soweit war, hatten die Vertreter der Holsteiner und Städte allerlei Ausreden, weshalb sie die Fahrt zu diesem Zeitpunkt nicht antreten könnten. Aber darauf war Nils Stock aufgrund seiner Direktiven vorbereitet: Er hatte Vollmacht, den vorgesehenen Termin auszusetzen. Und schließlich bekam er in Lübeck die Zusage, daß die Vertreter der Städte zu einem Treffen am Sonntag nach Ostern kommen würden, soweit Wind und Wetter es erlaubten.

Nun machte sich Nils Stock auf den Weg nach Dänemark, in der Hoffnung, daß seine Mission endlich Erfolg haben würde. Aber wieder hatte er Pech. Als er Rendsburg erreicht hatte, wurde er dort mehrere Tage ohne glaubwürdige Erklärung zurückgehalten. Und erst nach eindringlichen Klagen in Lübeck konnte er weiterreisen. Aber König Erich traf er erst am Freitag nach Ostern, dem 9. April, in Roskilde ein.

Jetzt war König Erich und Nils Stock alles klar: die Städte und die Holsteiner hatten durch ständiges Versprechen und Widerrufen Zeit für ihre Aufrüstungen und Bereitstellungen gewinnen wollen, mit denen sie einen entscheidenden Schlag gegen den Unionskönig durchzuführen beabsichtigten. Das Ziel eines solchen Generalangriffs war für die Holsteiner zweifellos der endgültige Besitz des Herzogtums Schleswig und für die Hanseaten die alleinige Herrschaft über die Ostsee.

Nils Stocks Vermittlungsversuch war gescheitert an der Unehrlichkeit der verhandelnden Hanseaten und Holsteiner. Er hatte das wohl auch geahnt; denn bei seiner letzten Verhandlung hatte er erklärt: „Bekomm ich nun keine Antwort, muß ich das so verstehen, daß Ihr nur immer Ausflüchte gesucht habt, um Zeit zum Angreifen zu gewinnen."

In Roskilde konnte Erich dem Schlichter des deutsch-römischen Königs sagen, daß seine Gegner, denen er eine friedliche Zusammenkunft zugesichert hatte, bereits ein paar Tage vorher ihn mit ihrer ganzen Macht angegriffen hätten und brennend und mordend in sein Land eingefallen seien.

Für den Angriff auf Dänemark gab es einen genau ausgearbeiteten Plan. Danach sollte Lübeck nicht weniger als 2000 Mann bereitstellen, die anderen Städte sollten mit 4800 Mann dabeisein, alle wohlausgerüstet, die Schützen pro Mann mit zwei Dutzend Pfeilen, woraus zu erkennen ist, daß dieses Fußvolk noch mit Armbrüsten kämpfen mußte. Die Schiffe aber sollten bereits mit zur damaligen Zeit modernen Waffen bestückt werden, und zwar mit Feuerwaffen, also Geschützen mit dem dazugehörigen Pulver.

Die Flotte, die sich in Richtung Öresund und Kopenhagen in Bewegung setzen sollte, war stark. Ob – alten Berichten zufolge – tatsächlich 240 Schiffe mit einer Gesamtbesatzung von 12000 Mann in Marsch gesetzt wurden, kann mit Sicherheit nicht mehr gesagt werden. Aber es dürften schon umfangreiche Flottenverbände gewesen sein, denn man hatte ja Großes vor.

An die Söldnertruppen der Hanseaten schlossen sich noch zahlreiche Vitalienbrüder an, die eine Stärke von 800 Mann gehabt haben sollen. Sie bekamen allerdings keinen Sold von den Hanseaten, sondern wollten „auf eigene Rechnung" Krieg führen.

Auch Holstein leistete unter Herzog Gerhard, der den Oberbefehl über diese Streitkräfte erhielt, Hilfe.

Die Kriegsvorbereitungen der Hanseaten und Holsteiner waren im April abgeschlossen. Am 5. April 1428 stach die Flotte von Wismar aus in See und lief einen Tag später in den Öresund ein. Vor Kopenhagen, im Revshaledybet, ging sie vor Anker, wo Vorbereitungen für den Angriff auf die Stadt getroffen wurden.

Nils Stock versuchte noch einmal, die Hanseaten zu Verhandlungen zu bewegen. Aber er stieß auf taube Ohren. Die Hanseaten waren, wie sie glaubten, optimal gerüstet und hatten nur noch ein Ziel vor Augen: die Vernichtung des Unionskönigs.

Da griff Nils Stock zu seiner Ultima ratio: einer Vorladung seitens des deutsch-römischen Königs. Die Hanseaten wollten den Brief des höchsten deutschen Monarchen nicht annehmen. Aber da verkündete Nils Stock mit lauter Stimme, daß sie innerhalb von 100 Tagen vor dem deutsch-römischen König zu erscheinen hätten.

Da wurden sie allerdings etwas nachdenklich und ließen sich auf neue Verhandlungen ein. Aber weiter kam man nicht.

Und jetzt begannen die Hanseaten mit ihrem Angriff. Ihr erstes Ziel war die Eroberung von Kopenhagen, der Zentrale der Unionsmacht.

Als sie merkten, daß die Stadt nicht so leicht einzunehmen ist, wie sie gehofft hatten, begannen sie die Zugänge zu dem guten Hafen von Norden und Süden zu blockieren, indem sie in den betreffenden Fahrwassern Schiffswracks und ähnliches versenkten. Weil sie damit keinen Erfolg hatten und von den Befestigungsanlagen der Stadt starkem Widerstand ausgesetzt waren, zogen sie wieder ab und nahmen Kurs auf Wismar, vermutlich um sich dort mit Proviant zu versorgen.

Am 8. Mai zeigten sie sich wieder vor Kopenhagen. Aber die Stadt war diesmal besser vorbereitet. Auf Prahmen hatten die Dänen die größten Kanonen ihrer Kriegsschiffe angebracht, die jetzt ein mörderisches Feuer auf den Gegner eröffneten.

Doch allzu groß waren die Verluste der Hanse nicht; denn die Wirkung der dänischen Kanonade ist nicht vergleichbar mit Artillerieoffensiven späterer Jahrhunderte. Natürlich schossen die Hanseaten mit ihren Schiffsgeschützen kräftig zurück. Und so kam es im Mai 1428 zum ersten Artillerieduell im Norden.

Als die Aggressoren sahen, daß sie Kopenhagen nicht einnehmen können, verließen sie den Kriegsschauplatz und zogen wieder ab. Zuerst schienen sie nicht zu wissen, wohin. Herzog Gerhard wollte, daß sie nach Flensburg in See gingen, was sie ihm vorher versprochen hatten. Aber die Schiffsführer der Hanse hatten es sich anders überlegt. Ihnen waren wohl die Lebensmittel ausgegangen, und so wollten sie sich erst einmal versorgen.

Also segelten sie quer über den Öresund nach Schonen, gingen in Landskrona an Land, jener Stadt, die König Erich 1413 als Kaufstadt gegründet hatte, plünderten und brandschatzten dort aufs schlimmste und nahmen dann Kurs auf Bornholm. Die Insel hatte furchtbar unter ihnen zu leiden. Die eine Hälfte wurde abgebrannt, die andere mußte sich mit 500 Kühen, 100 Ochsen, Lämmern und Butter freikaufen.

Dann stachen die Hanseaten wieder in See und liefen die deutsche Küste an. Doch unterwegs überfiel sie ein starker Sturm und trieb die Flotte völlig auseinander. Später fanden sie sich wieder, wußten aber immer noch nicht, wohin der nächste Kriegszug gehen sollte, bis sich schließlich im August die Flotte auflöste.

Die Zugänge zum Hafen von Kopenhagen waren teilweise – wie sich zeigte – passierbar, so daß König Erich sieben seiner größten Schiffe über die von den Hanseaten versenkten hinwegbringen konnte. Diese hatte er mit 1400 Seeleuten unter dem Kommando seiner tüchtigsten Schiffsführer bemannen können.

Im August war die schon lange erwartete schwedische Flotte mit einer Besatzung von etwa 2000 Mann eingetroffen. Aber davon waren nur 400 Mann kampftüchtige Krieger in voller Ausrüstung. Die übrigen waren Bauern und andere, kaum zum Kriegsdienst taugliche Männer.

Der König war jetzt wieder Herr des Öresunds. Das erwies sich, als eine Flotte der Vitalienbrüder versuchte, durch den Öresund nach Norwegen zu kommen.

Sie wurde sofort von den Dänen verfolgt, die mehrere Schiffe erbeuteten mit einer Gesamtbesatzung von rund 500 Mann.

König Erich schickte weiter kleinere Schiffe aus, die nach Gedser oder Grönsund in See gingen, um in den Gebieten Schiffe des Gegners aufzubringen, die zwischen den Städten verkehrten.

Der Unionskönig war nun wieder voll und ganz Herr der dänischen Fahrwasser. Das Hauptziel des hanseatisch-holsteinischen Angriffs, die Eroberung von Kopenhagen, war nicht erreicht worden. Zu verdanken war das der tapferen Verteidigung dieser Stadt, die angeblich unter der Führung von Königin Philippa durchgeführt wurde. Ob das aber den Tatsachen entspricht, kann nicht mehr exakt gesagt werden. Einige Historiker haben in ihren Darstellungen jener Zeit davon gesprochen.

Wie dem auch sei, Philippa hat, wie es ihrem Naturell entsprach, sicherlich an der Verteidigung Kopenhagens von ihrem befestigten Schloß aus tatkräftig mitgewirkt. Ob das nun an der Seite ihres Mannes geschah oder allein und selbständig, ist nicht mehr feststellbar.

Was letzten Endes zählt, ist die historische Tatsache, daß es König Erichs Feinden nicht gelungen war, Kopenhagen einzunehmen.

Daß die Seeschlachten von 1428, die König Erich trotz mancher Widerstände gewann, ihn dem erstrebten Dominium Maris Baltici näher bringen würden, war nicht nur die Hoffnung des nordischen Monarchen, diese Entwicklung stellte auch eine schwere Enttäuschung für die wendischen Städte dar. Zugleich schwächte der Lauf der Dinge in hohem Grad ihr Prestige in den übrigen Gruppen des Hansebundes.

Preußens und Livlands Städte verloren die Geduld und begannen sich König Erich zu nähern. Im Streit um die Kriegspläne der Führung der wendischen Städte nahmen sie im Frühling 1429 ihre Handelsfahrten durch den Öresund wieder auf.

Diese hatten sie eingestellt, nachdem die Unionsflotte 1427 der Hanse die empfindliche Niederlage im Öresund bereitet hatte, wobei deren Kriegsflotte schwere Verluste erlitt und die Baienflotte ganz und gar Beute der Unionsflotte wurde.

Daß Preußen und Livland jetzt wieder den Öresund passieren konnten, verdankten sie der klugen Politik des Unionskönigs, der auf die Bitte des Hochmeisters eingegangen war, seine Schiffe von dem inzwischen eingeführten Öresundzoll bis auf weiteres zu befreien. Das war auch der Zeitpunkt, von dem an die gegen die Union verhängte Handelsblockade sichtbar gelockert wurde.

Nun könnte man annehmen, daß im Zusammenhang mit der beginnenden Seeherrschaft des Königs und dem damit verbundenen Öresundzoll, der dem Unionskönig gleichsam den Schlüssel zur Ostsee in die Hand gab, auch die Holsteiner sich mit ihm arrangieren würden.

Aber die Wirklichkeit sah anders aus. Die gewaltigen Anstrengungen, die Erichs kriegerische Unternehmungen zu Wasser und zu Lande gekostet hatten, drohten sein wirtschaftliches Potential, das er dringend zur Stabilisierung seines Reiches benötigte, aufzuzehren.

Zwar wollte er tatsächlich den Traum vom Dominium Maris Baltici verwirklichen, indem er – wie die Gerüchte besagten – die deutschen Seestädte auszuschalten versuchte, aber schon der erste Versuch mißlang.

Im Mai 1429 setzte er eine Flotte in Bewegung, die Kurs auf die Hansestadt Stralsund nahm. Aber das Unternehmen mißglückte. Seine in der letzten Zeit so erfolgreichen Seestreitkräfte erlitten schwere Verluste. König Erich soll sich diese Niederlage besonders stark zu Herzen genommen haben und begann wohl schon jetzt über die Möglichkeiten eines Friedens nachzudenken.

In Nykøbing/Falster wird über den Frieden verhandelt

Daran hatte man allerdings schon im Sommer 1428 gedacht. Damals waren es die Hansestädte, die gern Schluß mit dem „ewigen Orlog" gemacht hätten.

Herzog Kasimir von Stettin bot sich König Erich als Vermittler an. Auf Seiten der Gegenpartei trat nun der Herzog Wilhelm von Braunschweig-Lüneburg, ein Bruder der verwitweten Herzogin Elisabeth, auf.

Die Städte scheinen mit seinem Vermittlerangebot einverstanden gewesen zu sein; denn er nahm seine Tätigkeit alsbald auf und veranlaßte die beiden Herzöge von Mecklenburg, König Erich aufzusuchen und ihm Friedensverhandlungen vorzuschlagen. Der König war auch einverstanden, und man einigte sich darauf, am letzten Tag des August in Nykøbing auf Falster zusammenzukommen.

Entstanden war diese Stadt, nachdem am Guldborg Sund Ende des 12. Jahrhunderts eine Burg angelegt worden war. Später wurde das Schloß – die Burg baute man in den Jahrhunderten nach ihrem Entstehen zu einem großartigen Schloß aus – von den Königen als Tagungsort für bedeutende Verhandlungen benutzt.

Bis Ende August schafften es die Parteien allerdings nicht, aber Anfang September waren sie doch alle da. Nun bemühte sich Herzog Wilhelm ein paar Wochen lang redlich, zu einer friedlichen Versöhnung zu kommen. Doch man konnte sich nicht einigen. Und so vertagte man die Zusammenkunft auf den ersten Sonntag nach Pfingsten (Trinitatis) 1429.

Doch die Parteien aus dem deutschen Raum hatten aus wetterbedingten Gründen den Termin nicht einhalten können, und so kam es erst im Juni 1429 wieder zu Verhandlungen.

Die aber gestalteten sich noch schwieriger als die vorangegangenen, zumal König Erich inzwischen den Öresundzoll eingeführt hatte.

Herzog Wilhelm gab sich wiederum alle Mühe, eine Schlichtung zustande zu bringen. Und er bat König Erich fast demütig, den Holsteinern ein männliches Lehen zuzubilligen, was aber sofort von den Räten des Königs als eine „unmögliche Bitte“ abgelehnt wurde. Darauf versuchte Herzog Wilhelm – wie beim letzten Mal – mit anderen Vorschlägen fortzufahren. Aber damit kam er auch nicht weiter.

Den Räten des Königs paßte es gar nicht, daß sich Herzog Wilhelm so eingehend mit den Holsteinern beschäftigte. Sie wollten zuerst mit den Hanseaten ein Ergebnis erzielen. Und sie erreichten es auch, in verschiedene Verhandlungen mit ihnen zu treten, in denen Erich Krummendiek im Namen seines Königs vorschlug, alle Streitigkeiten zwischen dem König und den Hanseaten von Herzog Wilhelm – zusammen mit dem Bischof von Ösel, der auch nach Nykøbing gekommen war – und den beiden Ordensherren entscheiden zu lassen.

Als die Vertreter der Hanse diesen Vorschlag hörten, wurden sie sehr nachdenklich; denn sie meinten, daß ihr Vertreter, Herzog Wilhelm, dann drei preußischen Herren gegenüberstehen würde, die alle König Erich gewogen seien. Und sie faßten dieses Angebot auch als einen Versuch auf, einen Keil zwischen sie und die Holsteiner zu treiben.

Die Hanseaten lehnten Erich Krummendieks Vorschlag also ab, worauf König Erich sehr in Zorn geraten sein soll. Schließlich wollte man die Verhandlungen durch einen obersten Richter zum Abschluß bringen. Und da König Erich wieder einmal den deutsch-römischen König Sigismund vorschlug, was die Gegenpartei wegen dessen Verwandtschaft mit König Erich ablehnte, und weitere Vorschläge von dem Unionskönig nicht akzeptiert wurden, brach man die Friedenskonferenz ergebnislos ab.

Beide Parteien fühlten sich nun bemüßigt, wegen der gescheiterten Bemühungen um einen Frieden Erklärungen abzugeben, in denen jede Partei ihren ehrlichen Willen zum Frieden kundtat und die Schuld den anderen zuwies.

König Erich betonte in einem Manifest, daß er alles getan habe, um zu einem Frieden zu kommen. Und der Bischof von Ösel und die beiden Ordensherren bestätigten ihm seine Bemühungen und auch, daß er einen neuen Verhandlungstag angesetzt habe. Und sie erklärten abschließend: „Falls die Gegner nicht auf diesen wohlgemeinten Vorschlag eingehen wollen, werde er seine Sache Gott im Himmel überlassen.“ [35]

Nach Beendigung der Konferenz trafen die Städte Lübeck, Hamburg und Lüneburg mit Herzog Wilhelm eine Vereinbarung dahingehend, daß er, zusammen mit seinem Bruder, in ihren Dienst treten und für 20 000 lübische Mark mit dreihundert Mann vier Wochen lang ihnen gegen König Erich helfen soll. Mit diesen Truppen kam Herzog Wilhelm den Holsteinern auch zu

Hilfe. Sie drangen nach Norden vor, eroberten Apenrade (Åbenrå) und Brunlund, wodurch König Erichs wichtigster Stückpunkt im Süden, Stadt und Festung Flensburg (Duburg), vom dänischen Festland völlig abgeschnitten wurde. Und daß Flensburg jetzt das nächste Ziel der Holsteiner sein würde, war so gut wie sicher. Vorerst aber verließ Herzog Wilhelm das Herzogtum Schleswig. Das geschah im September des Jahres 1429.

König Erich verhandelt aufs neue mit den Städten – Rostock und Stralsund schlagen sich auf seine Seite

Jetzt trat erst einmal ein natürlicher Waffenstillstand ein – der Winter. Das war jene Jahreszeit, die es meist nicht erlaubte, größere Kriegszüge zu Wasser und zu Lande durchzuführen. Aber es war auch die Zeit, in der man vielleicht mehr als sonst an den Frieden denken konnte.

Hinzu kamen Nachrichten aus Deutschland, die von dem Vordringen der Hussiten bis kurz vor Magdeburg berichteten. Der Druck auf das Reich war so stark, daß sich im Dezember 1429 die Vertreter der Reichsstädte in Wien bei König Sigismund versammelten, um über die Sicherheit des Reichs zu beraten. Von dort ging die Aufforderung an den Norden, endlich die dortigen Kriegshandlungen einzustellen. Und es war nicht einmal Sigismund, der jetzt den Frieden dort oben durchsetzen wollte. Er hatte ja mit seinem Urteil bereits viel geleistet, dem eigentlich der Frieden hätte folgen müssen. Jetzt waren es die drei kurfürstlichen Erzbischöfe, die ihre Sendboten in den Norden schickten, um zwischen Erich und seinen Gegnern zu schlichten.

Nun war am Neujahrstag in Lübeck der große Hansetag zusammengetreten, zu dem Vertreter des großen

Bundes aus allen Teilen ihrer Niederlassungen sich eingefunden hatten. Und dort kam auch die Furcht zum Ausdruck, die die Städte wegen der Hussiten hegten.

In dieser großen Versammlung trat nun einer der Abgesandten des Kölner Kurfürsten und Erzbischofs auf und forderte die Städte und die anwesenden jungen schleswigschen Herzöge unter Hinweis auf die Gefahr, die der ganzen Christenheit drohe, auf, endlich Schluß mit dem Krieg zu machen. Er erklärte, daß sein Herr bereit sei, alles zu tun, um eine neue Friedenskonferenz zustandezubringen.

Und tatsächlich wurden die Verhandlungen Ende Juli 1430 in Nyköbing auf Falster wieder aufgenommen.

In der Zwischenzeit konnte sich König Erich genügend darauf vorbereiten. Aber er war in diesen Monaten von großer Trauer bedrückt. Unerwartet war am 5. Januar des neuen Jahres seine Gattin und treue Helferin, Königin Philippa, bei einem Besuch in Vadstena verstorben. Aber so sehr ihn auch dieser Todesfall bedrückte, er wollte jetzt reinen Tisch schaffen. Er war froh, daß die Holsteiner zu dem anberaumten Termin nicht erschienen waren, sondern nur die Vertreter der Städte, acht an der Zahl, denen acht Räte des Königs gegenüberstanden.

Die Vertreter waren nun gespannt, was ihnen der König zu bieten hatte, und wollten das jetzt hören. Am 8. August unterbreitete Erich ihnen seinen Vorschlag. Er versicherte zunächst, in wie hohem Maß er den Frieden für seine Reiche und zum Nutzen der Städte wünsche, und kam dann zu seinem eigentlichen Anliegen.

Zuerst schlug er einen Verzicht auf gegenseitige Schadenserstattung vor oder – falls das die Städte nicht wünschten – die Entscheidung durch ein Urteil. Dann wünschte er, daß die Angehörigen beider Parteien in Frieden die Länder, Gebiete und Häfen der jeweils anderen Partei aufsuchen könnten; allerdings müsse jeder dabei seine Pflicht erfüllen. Schließlich forderte der König die Städte auf, für den Hohn, mit dem sie ihn überschüttet hätten, Abbitte zu leisten.

Während die ersten Punkte den Städten wohl nicht völlig zuwider waren, hatten sie bei den letzten doch schwere Bedenken. Die Sache mit der Pflichterfüllung, die sie in ihrer Ausdrucksweise für „dunkel" hielten, wobei sie wohl erkannten, daß es dabei an ihren Geldbeutel ging, war für sie kaum annehmbar, zumal jetzt noch der Öresundzoll dazukam. Und der letzte Punkt, der mit der Abbitte, ging einfach gegen ihre Ehre.

Trotzdem brachen sie die Verhandlungen nicht ab, sondern versuchten den König zu veranlassen, die für sie nicht annehmbaren Forderungen zu modifizieren.

In dem Hin und Her der nun beginnenden Verhandlungen wurde plötzlich eine unerwartete Erklärung von dem Vertreter einer der Hansestädte abgegeben.

Der Abgesandte der Hansestadt Rostock erklärte im Namen seines Rats, daß er König Erichs Vorschlägen zustimmen werde.

Das hatte wohl folgenden Grund: Rostock befand sich damals in einer äußerst schlechten Situation. Die Stadt hatte ja einen neuen demokratischen Rat erhalten. Und als die alten Ratsherren abgesetzt worden waren, begannen sie zu intrigieren und fanden Hilfe bei der Herzogswitwe von Mecklenburg und einigen anderen Fürsten. Sie versuchten den neuen, demokratischen Rat der Stadt zu stürzen, indem sie die Vorstadt Warnemünde in Brand setzen ließen und die Einfahrt nach Rostock zu blockieren versuchten.

Gewarnt von Fürst Wilhelm von Werle, setzten sich Rostocks Bürger jedoch kräftig zur Wehr. Aber man wußte natürlich nicht, ob der Widerstand erfolgreich sein würde, da die mit den alten Ratherren im Bunde stehenden Fürstlichkeiten sicherlich noch nicht alles gegen den neuen Rat aufgeboten hatten.

Daher erschien es den Vertretern von Rostock klug, ihr altes Bündnis mit dem Unionskönig wieder aufzunehmen und seine Vorschläge zu akzeptieren, wohlwissend, daß König Erich sie bei einer Zuspitzung der augenblicklichen Situation nicht im Stich lassen würde.

Die Rostocker hatten wohl von vornherein an die Wiederaufnahme freundschaftlicher Beziehungen zu König Erich gedacht, denn sie hatten ihm von zuhause ein Geschenk mitgebracht: einen Panzer, Symbol der Verteidigung, der Abwehr des Feindes. Und jetzt schenkten sie ihm noch viel mehr: ihre Verbundenheit mit ihm. Und König Erich war ein Mann, der es verstand, sich königlich zu bedanken. Spontan erklärte er, daß die Rostocker fortan freie Fahrt in allen seinen Gewässern haben sollten.

Jetzt konnten die in Nyköbing versammelten Vertreter der anderen Städte kaum noch ihre Verhandlungen abbrechen. Und so erwarteten sie zuerst einmal weitere Vorschläge für einen Waffenstillstand von seiten des Königs.

Daß sie sich wie die Rostocker nicht für seinen ersten Vorschlag entscheiden konnten, lag daran, daß ihrer Meinung nach, wegen der Befriedung der See, zuerst einmal Frieden oder Waffenstillstand mit den Holsteinern eintreten müsse. Das sei nötig, weil die Seeräuber, die das Meer beunruhigten, anderenfalls immer Zuflucht in den Häfen der Holsteiner finden könnten. Ein solcher Waffenstillstand oder Frieden müßte auf zehn oder zwölf Jahre geschlossen werden, wenn er effektiv sein sollte. Davon wollte König Erich allerdings nichts wissen. Er könnte, so erklärte er, sich höchstens mit einem Jahr einverstanden erklären.

Am 14. August legte der König dann sein letztes Friedensangebot vor. Das war allerdings nicht wesentlich anders als sein erstes. Aber ein gewisses Entgegenkommen war darin doch enthalten: er würde, so erklärte er, seine Forderung nach einer Abbitte der Städte wegen der Beleidigungen zurücknehmen, wenn diese den Papst, den deutsch-römischen König oder dessen

Lehnsherren dazu bewegen könnten, für sie Fürbitte einzulegen. Wegen eines eventuellen einjährigen Waffenstillstands mit den Holsteinern legten die Vertreter der vier Städte noch eine Bedingung auf den Tisch: sie wünschten, daß er für dieses Jahr die Hamburger freigibt, die ihm während der Seeschlacht im Öresund in die Hände gefallen waren. Das wiederum verweigerte der König, es sei denn, die Hamburger schlössen ein Bündnis mit ihm.

Das wollten die Hanseaten zu Hause beraten und ihm am St. Michaelstag (29. September) über das Ergebnis Bescheid geben. Darauf entließ der König die Vertreter der vier Städte und gab ihnen den freundschaftlichen Rat, sich ein Beispiel an der Stadt Rostock zu nehmen.

Während die Vertreter der vier Städte nun die Heimreise antraten und ohne weitere Begleitung den Guldborg Sund verließen, hatte sich König Erich für die Rostocker etwas Besonderes ausgedacht. Er gab den Befehl, daß die Rostocker ein Ehrengeleit für ihre Rückreise bekommen sollten. Uns so segelten sie, eskortiert von 200 Kriegsschiffen der königlichen Flotte, heim in ihre Stadt.

Das war nicht nur eine außerordentliche Ehre, die den Rostockern widerfuhr, das war auch eine machtvolle Demonstration, die den Feinden des demokratischen Rats das Fürchten lehren konnte.

Als die Vertreter der anderen Städte wieder zu Hause waren, begannen sie die Bedingungen des Unionskönigs zu besprechen. Da man auf keinen Fall wollte, daß die Verhandlungen in Dänemark abgebrochen werden, kam man auf die Idee, den Bürgermeister von Stralsund, Kort Bischof, dorthin zu schicken, dem König Erich gewogen war. Ihm wurde aufgetragen, den König zu einigen Änderungen seiner Bedingungen zu bewegen.

Begleitet von zwei Stralsunder Ratsherren, kam Kort Bischof im Oktober in Dänemark an und traf den

Unionskönig in Lund, wo dieser ihn mit großem Entgegenkommen empfing.

Als die Verhandlungen begannen, erklärte Erich, daß es nicht seine Absicht gewesen sei, etwas von den Städten zu verlangen, worauf diese absolut nicht eingehen könnten, und daß man über die beiden wichtigsten Forderungen doch sehr wohl verhandeln könne.

Kort Bischof hatte klugerweise die Sache mit den Holsteinern, die er auftragsgemäß mit dem Resultat eines längeren Waffenstillstands zu Ende bringen sollte, nicht erwähnt.

Und so verhandelten sie über die beiden anderen Hauptanliegen der Städte. Die Sache mit der Abbitte hatte der König ja schon mit einem Kompromiß erledigt. Aber der „dunkle" Punkt mit der Pflichterfüllung mußte geklärt werden.

Darauf angesprochen, erklärte König Erich, daß er gerne auf die Änderungen eingehen werde, die die Städte wünschten, so daß in Zukunft wieder so gute Verhältnisse zwischen seinen Reichen und den Städten herrschen könnten, wie sie einmal früher bestanden hatten.

Als Kort Bischof diese freundliche und entgegenkommende Haltung des Königs erfuhr, die sicherlich auch damit zusammenhing, daß die Holsteiner keine Erwähnung fanden, nutzte der Stralsunder Bürgermeister die Situation aus und erklärte spontan, daß Stralsund dem Beispiel Rostocks folgen werde und auf die Friedensbedingungen des Königs eingehe. So werde seine Stadt voll und ganz, falls sich die anderen Städte diesem Entschluß nicht fügen wollten, auf Seiten des Königs stehen und den Seeverkehr nach Wismar und Lübeck zum Stehen bringen.

Jetzt standen dem Unionskönig nur noch die Städte Lübeck, Wismar und Lüneburg gegenüber. Und natürlich auch Hamburg, die Stadt, die an den Friedensverhandlungen nicht teilgenommen hatte.

Diesen Ausgang hatten die anderen Städte nicht erwartet. Aber da sich Rostock und Stralsund auf König Erichs Seite geschlagen hatten, blieb ihnen weiter nichts übrig, als die Verhandlungen fortzusetzen.

Und so trafen die Vertreter aller drei Städte Anfang November in Schonen ein, wo – wie es aussieht – Skanör der Tagungsort sein sollte. Doch dort waren keine Vertreter des Königs. Als das König Erich erfuhr, schickte er vier seiner Räte dorthin, die die Hanseaten baten, nach Helsingborg zu kommen, da der Reichsrat dorthin leichter als nach Skanör kommen könne.

Das paßte den Vertretern der drei Städte gar nicht; denn die Winterzeit war inzwischen angebrochen, die das Reisen beschwerlich machte. Und sie meinten, daß, wenn man schon nicht in Skanör tagen könnte, man doch wenigstens in Landskrona damit anfangen sollte.

Darauf schienen die Dänen einzugehen. Und sie schickten den Hanseaten Wagen für die Reise. Aber schon in Lund blieben sie liegen und mußten dort drei Nächte bleiben. Und als sie schließlich Landskrona erreicht hatten, mußten sie sich doch auf eine Weiterreise nach Helsingborg einstellen, wohin ihnen der König kostbaren Wein, dazu einen Ochsen, vier Schafe und zwei Dutzend Hühner zur Verpflegung hatte bringen lassen, was auf eine längere Verhandlungszeit deutete, die dann schließlich am 1. Dezember 1430 begann.

Die Räte des Königs, von denen Benedikt Pogwisch das Wort führte – Erich Krummendiek war nicht anwesend –, waren der Meinung, daß es nur um die beiden oben erwähnten Probleme ging, die Abbitte und die Pflichten.

Aber da machten die Vertreter der Städte des Königs Räte darauf aufmerksam, daß Bürgermeister Kort Bischof auch den Auftrag hatte, über einen Waffenstillstand mit den Holsteinern zu verhandeln. Doch für die Räte des Königs war es am wichtigsten, mit den drei Städten zu einem Abschluß zu kommen.

Und das gelang ihnen auch. Erich Krummendiek, der unterdessen in Helsingborg eingetroffen war, konnte nach langwierigen Verhandlungen den Vertretern der Städte das Ultimatum des Königs mit auf den Heimweg geben. Danach würde König Erich, falls die Städte sofort Frieden mit ihm schlössen, den Holsteinern einen Waffenstillstand bis Pfingsten 1433 zubilligen. Allerdings müßten die Städte dann dafür garantieren, daß die Holsteiner dem Unionskönig und seinen Ländern keinen Schaden zufügten, und sich ferner verpflichten, nach Beendigung des Waffenstillstands dem König ohne Umschweife gegen die Holsteiner zu helfen.

Das war für die Vertreter der Städte eine harte Nuß, die zu knacken nicht gerade im Bereich ihrer Möglichkeiten lag.

Und so dankte ihr Sprecher diplomatisch für das „gnädige Angebot des Königs" und versprach, die Antwort der Städte der nordischen Majestät zu Mariä Lichtmeß – in Dänemark vierzig Tage nach Christi Geburt – in Schloß Ålholm auf Lolland vorzulegen.

König Erich war vermutlich mit diesem Verhandlungsergebnis im Dezember 1230 ganz zufrieden. Und da sich Rostock und Stralsund bereits auf seine Seite gestellt hatten, hielt er es für durchaus möglich, daß die anderen Städte dem Rostocker Beispiel folgen würden.

Flensburg fällt durch Verrat in die Hände der Holsteiner, der ewige Krieg neigt sich seinem Ende zu, und König Erich verliert das Herzogtum Schleswig endgültig

Die künftige Entwicklung der politischen Lage sah jedoch für König Erich anders aus. Noch im selben Monat, in dem Erich mit seinem Verhandlungsergebnis in Helsingborg so zufrieden war, erlitten die Truppen des Königs eine empfindliche Schlappe. Erich Krummendiek hatte versucht, die Holsteiner von Alsen zu vertreiben, jener im südlichen Teil von Jütland an deren Ostküste gelegenen Insel, die vom Festland durch den schmalen, 19 km langen Alsensund getrennt ist. Dieser Sund hat an seiner engsten Stelle nur eine Breite von 260 m und bietet dort einen hervorragenden Übergang für eine Invasion. Wie auch das Land westlich davon gehörte diese Insel zum Herzogtum Schleswig. Die Insel, die sich durch große Naturschönheiten auszeichnet und über ein Areal von rund 312 qkm verfügt, hatte immer eine überwiegend dänische Bevölkerung, die jetzt unter der Besatzung der Holsteiner leben mußte. Für diese war Alsen ein wichtiger Stützpunkt für den endgültigen Schlag der Schauenburger gegen den Unionskönig.

Und der sollte nicht mehr lange auf sich warten lassen. Wo dieser geführt werden würde, war eigentlich bekannt. Die Eroberungen von Apenrade (Åbenrå) und Brunlund deuteten auch darauf hin. Erichs stärkster und strategisch wichtigster Stützpunkt in dieser Auseinandersetzung war zweifellos Flensburg. Wer Stadt und Burg in seinen endgültigen Besitz bringen konnte, war bald Herr über das ganze Herzogtum Schleswig.

Jetzt, zur Winterzeit, war allerdings die Gefahr eines Angriffs auf Stadt und Burg noch nicht akut. Aber der Frühling stand vor der Tür.

Da Stadt und Burg unwahrscheinlich stark befestigt waren, war es Herzog Adolf von vornherein klar, daß sie durch konventionelle Kriegsführung, das heißt Belagerung, in absehbarer Zeit nicht eingenommen werden konnten. Das ließ sich nur durch einen außergewöhnlichen Plan bewerkstelligen. Und den hatte Herzog Adolf bereits.

Es gab in Flensburg nämlich einen Mann namens Curd up der Lucht, der Differenzen mit König Erich gehabt hatte und sich daraufhin auf die Seite der Holsteiner stellte. Der wollte sich natürlich an König Erich rächen und versprach sich von den Holsteinern große Vorteile.

Dieser Mann hatte Herzog Adolf einen Plan unterbreitet, dem der Schauenburger zustimmte. Denn mit Hilfe von Curd up der Lucht erschien es möglich, Flensburg durch einen Handstreich einzunehmen.

Und so kam es auch. Am Palmsonntag, dem 25 März 1431, als die Flensburger dem Gottesdienst in den Kirchen beiwohnten, sorgten einige Bürger der dort lebenden holsteinischen Minderheit dafür, daß ein Versorgungswagen, für den das Friesische Tor geöffnet wurde, sich darin festfuhr. Kaum war das geschehen, als Curd up der Lucht, der mit einigen seiner Leute im Hinterhalt gelegen hatte, die Schließung des Tors verhinderte und Herzog Adolf das Zeichen zur Erstürmung der Stadt gab.

Der Holsteiner, der mit seinen Kriegern nicht weit von der Stadt Stellung bezogen hatte – vermutlich in einer Senke am Pferdewasser, die schwer einzusehen war –, stürmte darauf mit seinen Leuten, es waren nur wenige hundert, durch das geöffnete Tor auf den Südermarkt.

Dort ließ Herzog Adolf sein Banner aufpflanzen, und darauf wurden zehn Knappen zu Rittern geschlagen. Eine Handlung, die wohl vorerst merkwürdig erscheinen muß, da ja ein endgültiger Sieg noch nicht errungen war, die aber verständlich erscheint, wenn man annimmt, daß Herzog Adolf durch eine solche Handlung die jungen Holsteiner zu einem verpflichtenden Mut anspornen wollte.

Natürlich war der Sturm in die Stadt nicht geräuschlos vor sich gegangen. Der Lärm der in die Stadt eindringenden Holsteiner drang auch durch die dicken Mauern der Kirchen und ihre Fenster. Und so eilten die beim feierlichen Gottesdienst versammelten Flensburger hinaus. Soweit es den Männern möglich war, griffen sie zu ihren in der Vorhalle [36)] der Kirche abgestellten Waffen, und es kam zu schweren und verlustreichen Straßenkämpfen. Sie wehrten sich tapfer, diese Männer, die ja 1412 dem dänischen Königshaus die Treue geschworen hatten, unterlagen aber schließlich.

Verschiedene Bürger hatten Zuflucht hinter der Ringmauer des Franziskanerklosters gesucht, was ihnen aber nicht viel nützte. Denn bald mußten sie sich einer lübischen Abteilung ergeben. Die Landtruppen der Holsteiner wurden nämlich bei diesem für die Schauenburger wohl wichtigsten Unternehmen in der Endphase dieses Krieges von den Hanseaten unterstützt.

Auch ein altes Steinhaus, das vor den Befestigungsanlagen der Duburg lag – es kann die alte Turmburg gewesen sein, oberhalb der Marienkirche gelegen und vermutlich der Sitz des Stadtvogtes –, wurde verteidigt. Aber das alles nutzte nichts mehr. Die holsteinisch-hanseatischen Truppen bekamen die Stadt in ihren Besitz, und die Flensburger huldigten noch am selben Abend Herzog Adolf.

Der Mann, der dem Schauenburger das Tor geöffnet hatte, hoffte nun wohl auf eine angemessene Belohnung. Vermutlich hatte er auch im Tumult der Straßenkämpfe den Flensburger Bürgermeister Hinrich Achtrup erschlagen, in der Hoffnung, daß Herzog Adolf ihm das Bürgermeisteramt für seine „treuen Dienste“ übergeben würde. Aber daraus wurde nichts.

Neuer Bürgermeister wurde vermutlich schon damals Magnus Hayesen, ein Anhänger des Herzogs, dessen Name auf friesische Herkunft deutet.

Curd up der Lucht aber wollte nun von Herzog Adolf nichts mehr wissen und starb später eines gewaltsamen Todes.

Herzog Adolf war jetzt in den Besitz der Stadt Flensburg gekommen. Obwohl das eine bedeutende Eroberung war, bracht sie ihm doch nicht die strategischen Voraussetzungen für einen endgültigen Sieg, der den langwierigen Kampf um das Herzogtum Schleswig (Sønderiylland) hätte beenden können.

Der Schlüssel dafür mußte zu den Toren der Duburg passen. Und den hatte der Herzog noch nicht. Denn ein Curd up der Lucht befand sich nicht unter der Besatzung der Burg, die wohl eine der stärksten Befestigungsanlagen des Nordens war. Obwohl Herzog Adolf ein großes Aufgebot an Belagerungswerkzeugen aller Art in Bewegung setzte, dazu Truppen aus Hamburg und Lübeck, konnte die „feste Burg" nicht eingenommen werden.

Zwar gelang es seinen Truppen, das Steinhaus unterhalb der Burg mit Steinkugeln, die aus Bombarden abgefeuert wurden, so zu zerschießen, daß sich die Besatzung auf die Duburg zurückziehen mußte. Aber die hielt noch immer den stärker werdenden Angriffen der Belagerer stand.

Die Truppen des Herzogs mußten sich also auf eine längere Belagerungszeit vorbereiten. Und so bauten 800 Friesen westlich der Duburg umfangreiche Schanzen, um dadurch die herzoglichen Truppen zu sichern und der Besatzung der Duburg die vom Lande her kommende Versorgung abzuschneiden. Denn das war Herzog Adolf bald klar geworden: Durch Erstürmen konnte die Burg nicht eingenommen werden. Man mußte sie aushungern. Da die Versorgung der Duburg vom Lande her so gut wie unmöglich geworden war, mußte sie von See her erfolgen. Dabei hatte Erich Krummendiek wieder einmal Glück. Es gelang ihm, am 9. Mai mit einer Flotte von etwa 18 Versorgungsschiffen nach Flensburg zu kommen und die rund 500 Mann starke Besatzung der Burg unter den Augen der Belagerer und dem Jubel der Besatzung mit Lebensmitteln und anderen notwendigen Dingen zu versorgen.

Als das den Hanseaten zu Ohren kam, wurden sie sich ihrer Fehler bewußt. Sie mußten ihr Versäumnis so schnell wie möglich wiedergutmachen und die Duburg von See aus blockieren. In relativ kurzer Zeit rüsteten sie eine Flotte aus, die sich vor die hart umkämpfte Burg legte. Aber man tat noch mehr, indem man den Hafen durch eine Balkensperre absicherte.

Jetzt begann die Lage für die Burgbesatzung ernst zu werden, die unter dem Kommando des Ritters Morten Jensen Gyrsting und des Börglumer Bischofs Gert Gyldenstjerne stand. Beide hatten schon 1427 Flensburg erfolgreich verteidigt.

König Erich hatte bereits die prekäre Situation seiner stärksten und strategisch wichtigsten Festung erkannt und versuchte sie zu entsetzen. Aber sein Versuch mißlang. Die Holsteiner kämpften energisch gegen die bei Hadersleben (Haderslev) versammelten dänischen Truppen, und es kam zu mehreren kleineren Zusammenstößen, bis sich die Dänen schließlich zurückziehen mußten.

Wieder war es Erich Krummendiek, der versuchte, der Duburg Hilfe zu bringen. Von der Seeseite her wagte er einen Durchbruch. Aber der mißglückte. Und schließlich zwangen ihn widrige Winde, seiner Flotte den Befehl zum Rückzug zu geben. Und so wurde die Not in der Burg immer größer.

Vielleicht war es noch möglich, den Kampf um die Duburg auf eine bessere Art zu beenden als durch eine bedingungslose Kapitulation.

Bereits im Dezember 1430 hatte der deutsch-römische König nämlich den preußischen Hochmeister aufgefordert, einen Vermittlungsversuch zu unternehmen. Und am 1. April 1431 hatte er den Schauenburgern ein Schreiben mit der Aufforderung, einem Waffenstillstand zuzustimmen, zugestellt. Und der Hochmeister hatte daraufhin eine größere Abordnung unter Führung des Komturs Walter Kirskorf zu König Erich gesandt, der sie im Juli 1431 mit großer Herzlichkeit in Kopenhagen empfing. Dort zeigte sich der Unionskönig äußerst bereitwillig, einem Waffenstillstand auf mehrere Jahre zuzustimmen, falls ein Friedensabkommen noch nicht zustande käme.

Die Abordnung des Hochmeisters war mit dieser Haltung des Königs sehr zufrieden und schiffte sich hoffnungsvoll nach Lübeck ein. Aber dort wurde die Sache kompliziert. Man vereinbarte schließlich, eine Konferenz einzuberufen, bestehend aus höchsten Vertretern der Städte und den Holsteinern. Aber die Herzöge kamen nicht. Nachdem sie eine dringende Bitte erhalten hatten, doch zu erscheinen, gaben sie zur Antwort, daß es ihnen nicht möglich sei, ihre Truppen vor Flensburg zu verlassen. Sie wußten nämlich nur zu genau, daß der Fall der Duburg nur eine Frage der Zeit war. War dieser bedeutendste Stützpunkt des Unionskönigs erst einmal in ihren Händen, hätten sie für den Ausgang von Verhandlungen eine völlig andere Position.

Es war die alte und bewährte Methode, die die Holsteiner und ihre verbündeten Hanseaten wieder zu praktizieren begannen: Sie wollten Zeit gewinnen. Und diesmal, das wußten sie, führte diese Methode zum Sieg – eventuell zum endgültigen Sieg.

Noch einmal flammte bei der eingeschlossenen Besatzung Hoffnung auf: Eine dänische Flotte, bestehend aus 40 Schiffen, hatte Kurs auf die Förde genommen. Aber sie vermochte nicht tiefer einzudringen, vermutlich wegen der Balkensperre.

Die Not auf der Burg wurde immer größer. Die Lebensmittel waren aufgezehrt, und man war froh, daß noch ein paar Pferde oder Hunde übriggeblieben waren, deren Fleisch den Hungertod noch etwas hinausschieben konnte. Da blieb den beiden Burgkommandanten schließlich nichts weiter übrig, als den Holsteinern die Kapitulation anzubieten. Aber die durfte nicht bedingungslos sein. Das verstieße gegen ihre Ehre. Die Holsteiner gingen darauf ein und gewährten den tapferen Verteidigern freien Abzug. So kam am 7. September 1431 die Duburg in den Besitz der Holsteiner.

Viel Kriegsmaterial fanden sie vor. Aber auch haufenweise Pferde- und Hundefelle. Einige Zeit später fiel auch die Burg Niehuus (Nyhus) in die Hände der Holsteiner, und schließlich wurde Erich Krummendieks Stammsitz, das Gut Rundhof in Angeln, erstürmt und dem Erdboden gleichgemacht.

Die Eroberung von Flensburg und der Duburg war gleichbedeutend mit dem Ende des langjährigen Krieges und dem endgültigen Verlust des Herzogtums Schleswig, für dessen Rückgewinnung Erich so eifrig und ausdauernd gekämpft hatte.

Alles, was in der darauf folgenden Zeit bis zum Abschluß eines Waffenstillstands und Friedensabkommens geschah, barg nicht die Möglichkeit einer Revision in sich.

Natürlich versuchte König Erich bei den künftigen Verhandlungen, das Beste für sein Reich herauszuholen, indem er seine Räte beauftragte, der Gegenpartei verschiedene Vorschläge zu unterbreiten. Aber das brachte ihn auch nicht in eine bessere Lage.

Durch Vermittlung des deutsch-römischen Königs und des preußischen Hochmeisters begannen 1432 Friedensverhandlungen in Horsens. Die Briefe, die den dort beschlossenen Waffenstillstand dokumentieren, sind vom 22. August 1432 datiert. Und der Waffenstillstand sollte für fünf Jahre gelten.

Aber schon einige Jahre früher, am 15. Juli 1435, kommt es zum Friedensvertrag, der in Vordingborg geschlossen wird und folgende Bestimmungen enthält: Den Hansestädten wird der freie Verkehr auf der Grundlage der alten Privilegien zugebilligt, sie werden jedoch nicht vom Öresundzoll dispensiert, und das Bündnis von 1423 wird annulliert. Dem Schauenburger Adolf VIII. wird der Besitz des Herzogtums Schleswig mit Ausnahme der Insel Ærø und Haderslebens (Haderslev) bestätigt, für seine Erben allerdings nur auf zwei Jahre. Irgend etwas über Belehnungen oder weitgehende Erbschaften enthält der Vertrag allerdings nicht.

Obwohl einiges noch schlimmer hätte ausfallen können, war dieser Friedensvertrag dennoch ein harter Schlag für den Unionskönig. In manchen Teilen der historischen Literatur wird Erichs Kampf um Schleswig als Beweis für seine Unfähigkeit dargestellt. So heißt es beispielsweise in der „Geschichte Schleswig-Holsteins" von Alexander Scharff und Manfred Jessen-Klingenberg: „In Starrsinn und Maßlosigkeit richtet er schließlich sich selbst, sein Reich und die Union zugrunde, da er alle gegnerischen Kräfte heraufbeschwört." [37)]

Und in einer Flensburger Geschichte heißt es: „Es war hauptsächlich der ungeschickten Politik König Erichs zuzuschreiben, daß die Schauenburger sich wieder im Besitz des ganzen Herzogtums Schleswig sahen." [38)] Und es gibt auch noch eine Reihe weiterer negativer Beurteilungen des Unionskönigs zu diesem Abschnitt seiner Regierungszeit.

Aber die hier angeführten und angedeuteten Behauptungen zeugen von einer recht oberflächlichen Beurteilung der historischen Fakten, die bei exakten Untersuchungen ein ganz anderes Bild ergeben.

Tatsache ist, daß der Unionskönig alles zu unternehmen versuchte, um das Herzogtum Schleswig (Sønderjylland) wieder mit dem Dänischen Reich zu vereinigen. Dazu fühlte er sich durch die von ihm erkannten

Rechtsverhältnisse und deren Bestätigung durch das Kaiserurteil verpflichtet. Zudem war das betreffende Gebiet – von der Eider bis hinauf zur Königsau (Kongeå) – dänisch bevölkert, wovon nur einige Städte im südlichen Teil eine Ausnahme machten, in die im Lauf der Zeiten Deutsche eingewandert waren.

Daß Behauptungen wie die oben angeführten wissenschaftlich-historisch nicht haltbar sind, hat unter anderen auch der dänische Historiker Kristian Erslev klargestellt, der wie wohl kein anderer das Leben und Wirken des Unionskönigs Erich durchforscht hat und dabei auch Ergebisse erzielte, die in wesentlichen Punkten von der modernen Forschung kaum widerlegt werden können.

In seinem 1901 erschienenen Werk „Erik af Pommern" schreibt er über das Verhältnis des Unionskönigs zu dem Schleswig-Problem unter anderem folgendes: „Sicherlich sind wir zu sehr geneigt, das zu überschätzen, was es bedeutete, wenn König Erich die Kriegsmacht von drei Reichen ins Feld gegen die Holsteiner führen konnte. Wenn wir aber erfahren, daß er für das große Heer, mit dem er 1426 das Kaiserurteil durchsetzen wollte, nur 300 Mann aus Schweden bekam, zeigt das, mit welchen geringen Truppenstärken Erich rechnen mußte." Und weiter heißt es : „Auf der Gegenseite standen die Schauenburger nie allein. Sie bekamen für alle ihre Kämpfe großen Beistand von ihren Nachbarländern in Norddeutschland." Und dann weist Erslev auf die große Bedeutung hin, die die Hansestädte für die Schauenburger hatten, und nennt als Beispiel für deren wirtschaftliches Potential: „Diese konnten dem Herzog von Lüneburg 20 000 lübische Mark bloß für den Dienst von einem Monat mit 300 Kriegern zahlen. Eine große Summe in jener Zeit, in der der dänische König aus einer seiner Haupteinnahmequellen, dem Zoll in Schonen, kaum mehr als 5 000 Mark im Jahr einnahm!"[39)]

Und der schwedische Historiker Gottfrid Carlsson kommt, wie eingangs zitiert, bei seinen grundlegenden Forschungen zu dem Ergebnis, daß in König Erichs Wirken Größe und Konsequenz erkennbar sind. [40]

Daß er schließlich den großen Kampf um das Herzogtum Schleswig verlor, ist nicht ein Ergebnis seiner angeblichen Unfähigkeit. Das Kapital hatte ihn besiegt.

König Erich und seine Städte

Trotz der langen Kriegsjahre hatte König Erich niemals vergessen, für das Wohl seiner Städte zu sorgen. Nachdem durch die kluge und erfolgreiche Politik seiner Adoptivmutter Margrete, dem beendeten Kampf gegen die Mecklenburger und Vitalienbrüder, wieder Ruhe im Reich eingetreten war, konnte die Wirtschaft langsam einen sichtbaren Aufschwung nehmen.

Da nun zur See die Gefahren abgenommen hatten, begann der Außenhandel langsam wieder zu florieren. Der aber lag nicht in den Händen der Dänen. Es waren Ausländer, vor allem Deutsche, die die Waren aus anderen Ländern nach Dänemark brachten und von dort dänische Produkte exportierten.

Mittelpunkte für diesen Handel waren – wie in früheren Zeiten – die großen Märkte, die zur Herbstzeit in Skanör und Falsterbo in Schonen abgehalten wurden. Dorthin kam die ausländische Ware, und von dort wurde der im Mittelalter begehrte Hering, den die Fischer in reichlichem Maß im Öresund fingen, exportiert. Vermutlich wurden auch einige andere Produkte mit ins Ausland genommen, aber der Hering war der Hauptexportartikel. Den Außenhandel hatten also die deutschen Kaufleute fest in der Hand, mit denen die dänischen nicht konkurrieren konnten.

Innerhalb des Dänischen Reiches lagen die Verhältnisse allerdings anders. Dort war durch die kluge Politik des Königs den „Kaufstädten“[41] der Handel in die Hände gelegt worden. Und der begann gute Fortschritte zu machen.

Während sich Königin Margrete darauf beschränkt hatte, den Kaufstädten, die seit dem 13. Jahrhundert bestanden, ihre alten Rechte zu bestätigen, begann König Erich damit, ihnen neue, zeitgemäße Privilegien zu geben. Er begnügte sich nicht damit, einzelnen Städten gewisse Rechte zu verleihen, wie es seine Vorgänger getan hatten, sondern war der erste dänische Monarch, der Gemeinschaftsregeln für alle Kaufstädte verordnete. Auf jeden Fall für diejenigen eines ganzen Landesteils.

Diese neuen, vom König ausgearbeiteten Regeln und Privilegien enthielten Bestimmungen, die den Handel auf dem Lande verboten. Der sollte auf den Märkten der Kaufstädte stattfinden und auf den „seit Arilds Zeiten“ bekannten Märkten. Auch versuchte Erich, die Kaufstädte vor den illegalen Häfen zu schützen, von denen aus die Bauern ihren Handel zum Schaden der Kaufstädte betrieben. Durch den ungesetzlichen Handel, der von diesen sogenannten Bauernhäfen ausging, verlor der König den ihm zustehenden „rechten Zoll“.

Der König war auch sehr darauf bedacht, den Kaufleuten seiner Kaufstädte den Hauptanteil des Handels, der auf ihren Märkten stattfand, zukommen zu lassen. Seit jener Zeit durften die Kaufstädte neben ihren Wochenmärkten einmal im Jahr einen großen Markt abhalten, der nach dem entsprechenden deutschen Wort „Jarmarked“ genannt wurde. Dazu bedurfte es allerdings einer besonderen Genehmigung des Königs, die er aber mehreren Städten erteilte. Daß sich damals das deutsche Wort „Jahrmarkt“ in nordischer Form in Dänemark einbürgerte, lag auch daran, daß sich in jener Zeit eine Reihe deutscher Kaufleute in den dänischen Kaufstädten niederließ. Das bewertet der dänische Historiker Kristian Erslev „als ein Zeichen dafür, daß es sich lohnen konnte, dänischer Bürger zu sein.“ Und er weist auch darauf hin, daß diese Deutschen Handelskenntnisse und Kapital mitbrachten, das den Einheimischen oft fehlte. [42]

In jenen Jahren soll auch der Bestand an Rindern erheblich zugenommen haben, so daß ihr Fleisch für lange Zeit eine Hauptrolle im Handel spielte. Wie groß die Zahl der Rinder damals gewesen sein mag, könnte aus den Kriegsberichten hervorgehen, in denen es heißt, daß bei Einfällen der Holsteiner in dänisches Gebiet diese Unmengen an Vieh als Beute zurückbrachten. In einer Sage wird erzählt, daß die Hanseaten bei ihrem Kriegsunternehmen gegen Kopenhagen im Jahr 1428 beabsichtigt hätten, dänisches Ochsenfleisch nach Hause zu schaffen. Deshalb waren ihre Schiffe mit vielen leeren Tonnen und großen Mengen Salz beladen gewesen. Einige Historiker sind der Meinung, daß die leeren Tonnen und das viele Salz für Heringe bestimmt waren. Doch bei einer solchen Bewertung wird etwas übersehen: das war wegen der Jahreszeit nicht möglich.

Wie es König Erichs Charakter entsprach, versuchte er auch in Handel und Wirtschaft Recht und Ordnung durchzusetzen, zum Vorteil für sein Reich und seine Bürger. Daß davon nicht alle seine Untertanen profitieren konnten – er hatte ja ein besonderes und positives Verhältnis zu den Bürgern –, lag auf der Hand. Denn der langwierige Krieg mit den Holsteinern versagte es ihm, manches seiner Projekte durchzuführen.

Im Gegensatz zu den Kaufleuten der Städte hatten die Handwerker, die nach ihrer Tätigkeit in Gilden zusammengeschlossen waren, weniger Vorteile. Sie mußten sich streng auf ihr Handwerk beschränken und durften auch nicht zu Ratsherren oder Bürgermeistern gewählt werden. Das waren Ämter, die den Bürgern und Kaufleuten vorbehalten waren.

König Erich begünstigte aber nicht nur die Städte, die in seinem Dänischen Reich lagen. Stockholm erfreute sich ebenso seiner Förderung wie die finnischen

Seestädte. Vor allem Viborg, die im Südosten Finnlands an der Viborger Bucht gelegene Stadt, spielte in seinen Plänen eine große Rolle. Sie wollte er zum Stapelplatz für den Rußland-Handel ausbauen.

Zu Hause in Dänemark aber widmete er dem Öresund sein großes Interesse. Schon lange hatte er die große Bedeutung dieser Wasserstraße zwischen Seeland und Schonen erkannt, deren strategische Sicherung er durch Burg und Schloß Krogen im Norden und durch das stark befestigte Schloß in Kopenhagen, seine Residenz, im Süden zu erreichen versuchte. Aber auch den Ausbau der Krogen gegenüberliegenden Burg in Helsingborg, die später den Namen Kärnan bekam, veranlaßte er. Und schließlich war er auch der Initiator des Schlosses in Malmö, das zu bauen er aber nicht mehr während seiner Regierungszeit schaffte. Es wurde erst unter König Christian III. (reg.1534-1559) vollendet und bekam den Namen Malmöhus.

König Erich gründete auch eine ganz neue Stadt an der Öresundküste von Schonen: die Stadt Landskrona. Es war die Ortschaft Södra Säby, die er 1411 für die neue Stadt bestimmte. Dort stiftete er auch ein deutsches Karmeliterkloster. 1413 verlieh der König der Stadt mit dem Namen auch die Kaufstadtprivilegien. Sogleich bezog er sie voll und ganz in seine See- und Handelspolitik ein. Eine Besonderheit in diesem Zusammenhang war, daß Erich dafür sorgte, daß englische und niederländische Handelsschiffe Landskrona anlaufen konnten, die mit den Hanseaten konkurrieren sollten. Damals trug eine Straße der Stadt den Namen „Holländerstraße“.

Eine besondere Gunst erwies König Erich der Stadt Malmö. Er verlieh den Bürgermeistern und Ratsherren das Recht, goldene und vergoldete Amtsketten zu tragen – „Ihnen und Unserer Stadt zu besonderer Ehre und Würdigkeit.“ Und ausdrücklich wurde in dem entsprechenden Brief betont, daß das auf Empfehlung des

Reichsrats geschehe. Der Brief trägt die Beglaubigung: „Auf besonderen Befehl des Herrn Königs, in Anwesenheit der Reichsräte."

Erich veranlaßte auch, daß bereits 1419 mit dem Bau einer Ringmauer um Malmö begonnen wurde, bei der alle Bürger, „Laien und Gelehrte", mithelfen sollten. Daraus entstand schließlich eine ansehnliche Stadtmauer, die eine Höhe von ungefähr 6 m hatte und „drei Steine" dick war. Das geschah in jener Zeit, als Erich ein festes und repräsentatives Schloß plante und dafür große Grundstücke in der Nähe des Strandes kaufte.

Für Erich war der „Kranz blühender Handelsstädte" um den Öresund ein überaus wichtiges Anliegen. Und schon mit der Übernahme von Kopenhagen begann für die Stadt, die mit neuen Rechten versehen wurde, eine bessere Zukunft.

Von allen Städten aber, die König Erich mit neuen Privilegien auszeichnete, wuchs ihm Helsingør besonders ans Herz. Vor seiner Zeit fristete die Stadt ein kärgliches Dasein südlich ihres späteren Platzes und konnte kaum als Kaufstadt bezeichnet werden. Das wurde jedoch anders, als die alte Flynderborg der neuen Burg Krogen weichen mußte, die Erich auf einer Landzunge bauen ließ. Im Schutz dieser Burg wuchs dann auch das neue Helsingør auf, das König Erich so viel zu verdanken hat, daß er auch als Gründer dieser Stadt bezeichnet werden kann. Alle, die von dem alten ins neue Helsingør zogen und Holzhäuser bauten, bekamen für fünf Jahre Steuerfreiheit. Wenn sie Steinhäuser bauten, wurden sie sogar für zehn Jahre von den Steuern befreit!

Aber nicht nur das. Der König hatte sich persönlich des Stadtplans angenommen, der geprägt ist von einer geradlinigen, korrekten Straßenführung, auf die er während seiner ganzen Regierungszeit so großen Wert legte. Und nun wuchsen dort neue Häuser empor, die mit der Zeit den Wohlstand ihrer Besitzer zeigten. In der Verwaltung der Stadt war der Repräsentant des Königs der Lehnsherr auf Krogen. In dieser Burg, die auch das Schloß des Königs bei seiner Anwesenheit in Helsingør war, hatten er und Philippa ihre Gemächer. Und des Königs „Camera", die wohl auch manchmal des Königs Kapelle genannt wird, ist ein Raum, der noch ganz und gar von der alten Burg Krogen bewahrt blieb und zu den Resten gehört, die heutzutage im Schloß Kronborg zu sehen sind. Dort sind sogar noch die Holzsäulen, die die Decke tragen, vorhanden. Es sind Kiefernbalken, die vermutlich aus der pommerschen Heimat des Königs stammen.

Krogen war von einer quadratischen Ringmauer umgeben, die 150 Jahre später den Grundriß für das neue, unter König Frederik II. (reg. 1559-1588) errichtete Schloß Kronborg bildete. Auf der Innenseite der Ringmauer wurden verschiedene Bauten aufgeführt, so die Treppentürme zum Wächtergang mit der Brustwehr. Das Tor in der Ringmauer befand sich dort, wo heute das Tor zum Schloß Kronborg ist. Vor dem Krogentor befand sich an der Außenseite noch ein besonderer Torturm, der der Burg weiteren Schutz bieten sollte.

Links vom Tor lag auf der Innenseite der Mauer „des Königs Haus". Das war für den König, seine Gemahlin Philippa und deren nächstes Gefolge bestimmt. Der König selbst verfügte darin nur über zwei Gemächer: eines zum Arbeiten, ein anderes zum Schlafen.

So bescheiden diese Gemächer auch gewesen sein mögen, so königlich war der Palas mit seinem Festsaal eingerichtet. Der hatte sechs hohe Sterngewölbe und sechs fast fünf Meter hohe, spitzbogige Fenster. Das Ganze war ein prächtiger gotischer Saal, in dem der König eine repräsentative Empfangsstätte für hohe und höchste Gäste aus seinen drei Reichen und dem Ausland hatte.

Neben den Bürgern kam in diesem neuen Helsingør auch der Klerus auf seine Kosten. Wie bereits erwähnt, war König Erich ein Mann mit tiefgehenden Beziehungen zum Glauben und dessen Institutionen. Eine Pfarrkirche hatte Helsingør seit alter Zeit: die St. Olai-Kirche. Sie war dem hl. Olaf, dem Schutzpatron der Seefahrer, geweiht, jenem König der Norweger, der von ca. 995 bis 1030 lebte und König von 1015 bis 1028 war. Er hatte König Hákon Jarls Söhne gestürzt und das Werk König Olafs I. Tryggvason, die Verbreitung des Christentums, wieder aufgenommen. Während seiner Regierungszeit bekämpfte er die Aufsässigkeit des Großadels, wurde von Knud I., dem Großen, vertrieben und fiel in der Schlacht von Stiklestad bei dem Versuch, seinen Thron wiederzugewinnen. Nach seinem Tod soll er Wunder gewirkt haben und wurde später Norwegens Nationalheiliger. [43]

Diese dem hl. Olaf geweihte Kirche genügte König Erich für seine neue Stadt allerdings nicht. Und er begann Land für drei Klöster zu bestimmen. Sie sollten der Mutter Gottes, dem hl. Nikolaus und der hl. Anna geweiht werden. Schon 1420 wird das St. Annen-Kloster von den Franziskanern oder Graubrüdern gebaut; 1425 kamen die Dominikaner nach Helsingør, auch Schwarze Brüder genannt, und bauten das St. Nikolai-Kloster. Das bedeutendste Kloster, das im Gegensatz zu den beiden anderen dicht neben der Pfarrkirche liegt, wurde 1430 vom Karmeliter-Orden, den Weißen Brüdern, gegründet. Es entstand – wie die anderen – auf Initiative von König Erich. Der heute noch erhaltene Bau weist eine Größe und Schönheit auf, die es sonst bei einem Klosterbau im ganzen Norden nicht gibt. Kaum kann man daher annehmen, daß dieser mit Mitteln aus Erichs Kasse errichtet wurde, geschweige denn mit solchen des Ordens, der ja ein Bettelorden war. Das Geld für diesen prächtigsten Klosterbau des Nordens stammte von einem Mann, der nach Erichs Zeit eine Rolle im Unionsreich spielte und 1482 Lehnsherr auf Krogen wurde: Povl Laxmand. Er war der reichste

Mann im ganzen Norden. Ihm dürfte es nicht schwergefallen sein, dieses monumentale Bauwerk zu finanzieren.

König Erichs warmes Interesse für Klöster begann damals, als er durch seine Adoptivmutter, die Königin Margrete, enge Beziehungen zum Birgittinenorden bekam, die auch Philippa in hohem Maß teilte. Diesem Orden, der ja seinen Stammsitz im schwedischen Vadstena hatte und noch hat, wollte schon Königin Margrete eine Niederlassung in Dänemark geben. Ihr früher Tod verhinderte diesen Plan. Aber ihr Adoptivsohn führte ihn aus. 1418 bat König Erich den Papst, die neue Stiftung zu bestätigen, die den Namen Maribo erhielt. Dort ließ er auch eine neue Stadt bauen, der er Privilegien verlieh. Das Kloster ging im 17. Jahrhundert zu Grunde. Heutzutage kann der Besucher der Stadt, die auf der Insel Lolland liegt, neben der dortigen Domkirche nur noch Ruinen sehen, die Fundamentreste darstellen, welche in den 30er Jahren freigelegt wurden. Die Domkirche entstand zur Zeit des Klosterbaus und diente den Mönchen und Nonnen als Kirche.

Daß König Erichs Förderung der Städte durch besondere Privilegien nicht zeitgebunden war, sondern weit vorausschauend dem Wohl seiner Reiche dienen sollte, hat der schwedische Historiker Carlsson in einem prägnanten Satz zusammengefaßt: „In diesen und anderen Beziehungen wurde seine Gesetzgebung für die Zukunft der Städte des ganzen Nordens von grundlegender Bedeutung.“ [44)]

Ein Bergmann erhebt sich gegen den Unionskönig

Die langwierige Auseinandersetzung mit den Holsteinern war zu einem endgültigen Abschluß gekommen, und König Erich hätte sich nun seinen vielen Plänen widmen können, an deren Verwirklichung ihn die fast ununterbrochene Kriegsführung gehindert hatte. Aber dazu kam es nicht. Neue Probleme tauchten auf. Und die kamen aus Schweden.

Dort war man schon geraume Zeit mit seiner Politik nicht zufrieden. Es waren vor allem die Steuern, die schwer auf der Bevölkerung lasteten und auch eine Folge des Krieges waren. Sie wurden von des Königs Vögten eingetrieben. Es ist verständlich, daß sich der Zorn des Volkes vor allem gegen diese Belastung richtete. Zudem waren die meisten dieser Vertreter des Königs nicht einmal Schweden, sondern Ausländer. Dänen und Deutsche, ja sogar ein Italiener beherrschten das schwedische Volk direkt von ihren Schlössern und Burgen aus. Das durchsetzte den Zorn der Bevölkerung zusätzlich mit einem starken Nationalgefühl, das jeden Augenblick zur Lunte für einen Flächenbrand großen Ausmaßes werden konnte. Auch die Großen des Landes murrten immer mehr; denn die ertragreichen Ämter der Vögte hätten, wie sie wohl nicht ganz zu Unrecht dachten, ihnen zugestanden.

Die erste Äußerung der schwedischen Opposition ging weder vom Volk noch von der Aristokratie des Landes aus. Es war der Klerus, der den Anfang machte, und zwar in Uppsala.

König Erich hatte sich schon immer vorbehalten, bei der Ernennung von Bischöfen mitzubestimmen. Das war übrigens alte dänische Tradition. Aber in Schweden lagen die Dinge anders.

1419 war die Wahl im Erzbistum Uppsala noch relativ unproblematisch verlaufen. Da waren vom Domkapitel drei Kandidaten vorgeschlagen worden, unter denen König Erich die Wahl treffen konnte. Sie fiel auf den Schweden Jöns Hákonsson. Daß sich Erich für ihn entschied, lag an der engen Bekanntschaft mit diesem Kleriker, der Erichs Beichtvater gewesen war.

Jetzt, im Jahr 1432, war der Erzbischof gestorben, und das Domkapitel hatte als seinen Nachfolger bereits den Dompropst Olof Laurensson vorgesehen, den König Erich aber nicht haben wollte. Aus diesen Unstimmigkeiten entwickelte sich ein langwieriger Prozeß, der schließlich zu König Erichs Ungunsten ausfiel. Das hing mit der langsam beginnenden Volkserhebung zusammen, die ihren Anfang in Dalarne nahm, jener schwedischen Landschaft, deren Name ebenso wie der von Uppland eingeschrieben ist in die Geschichte der Entwicklung Schwedens hin zum Nationalstaat und dessen Gründung durch Gustav Wasa.

In Dalarne, berühmt durch seine Bergwerke, in denen Kupfer und Eisen gefördert wurde, war die Ausbeutung der Bevölkerung durch den Vogt Jösse Eriksson besonders schlimm. Die Karlschronik (schwed. Karlskrönikan) schildert in starken Worten, wie dieser Vogt durch rücksichtslose Steuereintreibungen und grausame Strafmethoden „die armen in Dalarne wohnenden Bauern plagte“ und deren Frauen zu unmenschlichen Arbeiten zwang, ja sie zu Tode peinigte.

Wie so oft in solchen durch nationale Gefühle erzeugten Formulierungen ist wohl auch hier manches übertrieben dargestellt. Daß aber der Dalarne-Vogt sich durch besondere Härte und möglicherweise auch durch Grausamkeit von fast allen anderen Vertretern des Königs abhob, ist kaum zu bezweifeln. Doch das allein war kaum der Grund für eine Volkserhebung, wie sie bald in Dalarne ausbrechen sollte. Wohl keine Provinz hatte so schwer unter dem Krieg gelitten wie Schwedens Bergwerkszentrum. Dort hatte sich während des 14. Jahrhunderts der Bergbau zu einer so großen Industrie entwickelt, daß seine Erzeugnisse, Eisen und Kupfer, im Jahr 1368 ca. 37 Prozent des gesamten Exports von Stockholm nach Lübeck ausmachten.

Den großen Durchbruch erfuhr der Bergbau unter König Magnus Eriksson (reg. in Schweden 1319-64, in Norwegen 1319-55). Dieser benötigte für seine Kriegsmacht neue Einkünfte und begann nach deutschem Muster alles zu besteuern, was sich tiefer in der Erde befand, als ein Pflug eindringen konnte. Und daraus ergab sich, daß die Bergwerksbesitzer Steuern für ihre Produkte zahlen mußten.

Durch die von den Hanseaten gegen König Erich verhängte Handelsblockade kam der Bergbaubetrieb zum Stillstand, und große Not verbreitete sich unter den Bergleuten. Aber auch in den Dörfern der Bauern, die in den Bergen als Saisonarbeiter tätig waren, brach eine schlimme Zeit an. Das alles bewirkte schließlich eine Interessengemeinschaft zwischen Bauern und Bergleuten, die nun fest entschlossen waren, die Herrschaft des Königs in Kopenhagen abzuschütteln.

Doch zuerst wollte man noch einen gewaltlosen Versuch unternehmen und beauftragte den Bergwerksbesitzer Engelbrecht Engelbrechtson, sich zum König zu begeben, um ihm die Nöte der Landschaft vorzutragen und die Ablösung seines Vogts Jösse Eriksson [45], der auf Västerås residierte, zu verlangen.

Engelbrecht Engelbrechtson[46] war deutscher Herkunft. Seine Vorfahren wohnten allerdings schon seit Generationen in Schweden. Engelbrechts Urgroßvater, Engelbrekt i Norberg, besaß, wie es 1367 durch das Landsthing in Västerås nachgewiesen ist, eine Eisengrube und zugleich einen Hof in Västerås. Auch die nächsten Generationen waren alle mit dem Bergbau verbunden.

Wann Engelbrecht Engelbrechtson geboren wurde, ist nicht genau bekannt, möglicherweise um 1390 . Der schwedische Historiker Ericus Olai (gest. 1486), Professor in Uppsala um 1477, berichtet, daß er „auf einem Großmannshof“ geboren sei, was zweifellos stimmt. Ericus Olai schildert ihn als „klein von Wuchs, aber groß in der Seele, klug und tapfer“. Zu Beginn seiner politischen Tätigkeit muß er zwischen 35 und 40 Jahre alt gewesen sein.

Dieser Mann aus Norberg, der schon längere Zeit großes Ansehen in seinem Land genoß, war nun Führer der Dalekarlier geworden. Er versuchte in Kopenhagen, dem König die Schandtaten seines Vogts Jösse Eriksson vorzutragen und dessen Ablösung zu erreichen.

Aber König Erich wollte seinem treuen Vogt nichts Böses antun und verwies Engelbrecht an den schwedischen Reichsrat. Einige Räte begannen auch mit einer Untersuchung, fanden heraus, daß Engelbrecht mit seinen Anschuldigungen recht hatte, und berichteten das dem König. Aber sie warteten vergebens auf die Entfernung des beschuldigten Vogts aus seinem Amt.

Ericus Olai zufolge soll Engelbrecht daraufhin eine neue Reise zum König unternommen haben, um ihn nochmals auf die von den schwedischen Reichsräten überprüften Vorwürfe aufmerksam zu machen. Aber der König soll ihn streng zurechtgewiesen und ihm bedeutet haben, sich niemals wieder sehen zu lassen.

Falls dem wirklich so war und hinter Olais Ausführungen nicht allzuviel schwedischer Nationalismus steckt, ist es nur zu verständlich, daß Engelbrecht nicht nur seine Mission für gescheitert ansehen mußte, sondern sich auch tief in seiner Ehre gekränkt fühlte. Und das war für einen Dalekarlier besonders schwer, der zudem noch von Adel war.

Nachdem die Bergleute und Bauern Engelbrechts Bericht gehört hatten, waren sie fest entschlossen, die Sache in die eigene Hand zu nehmen. Sie wählten Engelbrecht zu ihrem Vogt und Befehlshaber, schlossen sich zusammen und zogen nach Västerås, um der Herrschaft von Jösse Eriksson ein Ende zu bereiten. Das geschah im Herbst 1432. Doch der verhaßte Vogt hatte Glück. In Västerås trafen die empörten Bauern und Bergleute ein paar schwedische Reichsräte, die ihnen versprachen, die Sache in Ordnung zu bringen. Und zwar so, daß der verhaßte Vogt abgesetzt und ihnen ein besserer Mann geschickt würde.

Doch daraus wurde wieder einmal nichts. Und so begannen Engelbrechts Bauern und Bergleute, wieder nach ihren Waffen zu greifen. Sie eroberten zuerst Borganäs in der Stora Tuna-Gemeinde und zogen dann weiter nach Västerås, wo sie das Schloß zu belagern begannen in der Absicht, es bei geglückter Eroberung abzubrennen.

Doch dazu kam es nicht. Wieder versuchten die schwedischen Reichsräte zu vermitteln. Doch Engelbrecht wollte sich nicht mehr länger mit Versprechungen abfinden. Er setzte es durch, daß die Reichsräte den Vogt aus seinem Amt entfernten – was übrigens nicht ihr Recht war – und dem Herrn auf Gripsholm, Hans von Everstein, das Schloß übertrugen. Der wiederum setzte Melchior Görtz, einen in Schweden eingewanderten deutschen Adeligen, als Hausvogt auf Västerås ein.

Engelbrechts Truppen zogen nun ab. Doch die neu entstandene Situation war ein Provisorium, das nur gesetzlich untermauert werden konnte, wenn König Erich seine Zustimmung gab. Diese jedoch versagte er.

Im Sommer 1433 fand in Kopenhagen ein allnordischer Herrentag statt, zu dem sich auch Jösse Eriksson einfand und verschiedene schwedische Reichsräte. Während Jösse Eriksson beim König seine Klagen vorbrachte, waren die schwedischen Reichsräte bemüht, Erich nach Västerås einzuladen, damit er sich an Ort und Stelle von den schweren Vorwürfen gegen den Vogt überzeugen, ihn verurteilen und den dortigen Status quo legalisieren könnte.

Doch es kam weder zu einem Schweden-Besuch des Königs noch zu einem Urteil. Erich ließ alles auf sich

Moderne schwedische Medaille mit dem Bildnis von Engelbrecht Engelbrechtson (Avers) und einer Strophe des „Freiheitsgesanges" von Thomas Strängnäs (Revers), Medailleur: Ernst Nordin (geb. 1934).

beruhen. Vermutlich hatte er verschiedene andere Probleme, die seine ganze Aufmerksamkeit erforderten.

Es war nämlich die Zeit, in der, wie er hoffte, die Uppsala-Frage zu seinen Gunsten entschieden werden konnte. Denn in Rom hatte sein Vetter Sigismund Papst Eugen IV. (reg. 1431-1439) stark bedrängt, anstelle des von ihm schon geweihten und bestätigten Erzbischofs Olof Laurensson dem Kandidaten des Unionskönigs das höchste schwedische Kirchenamt zu geben.

Sigismund hielt sich zu jener Zeit in Italien auf, wo er bereits 1431 in Mailand zum König von Italien gekrönt worden war. Nach anderthalbjährigem Aufenthalt in Italien wurde ihm schließlich am 21. Mai 1433 in Rom vom Papst die Kaiserkrone aufs Haupt gesetzt. Alten Berichten zufolge soll das die schäbigste aller römischen Krönungsfeiern gewesen sein.

Die Frage, ob die Kurie Olof Laurensson die bereits erlassene Bestätigung im Amt wieder entzieht und des Königs Kandidaten Arend Klemitssen das hohe Amt überträgt, blieb längere Zeit offen. Der Papst war wankelmütig, das Kardinalskollegium zum größten Teil gegen eine Aufhebung der Bestätigung, und mehrere europäische Fürsten traten für König Erichs Kandidaten ein. Die Besetzung des höchsten kirchlichen Amts in Schweden war zu einem europäischen Anliegen geworden.

Da nahm Erichs Kandidat, bestimmt mit Billigung des Königs, die Sache in die eigene Hand und besetzte plötzlich mit Hilfe seines bewaffneten Gefolges den Erzbischofshof. Das geschah im Oktober 1433. Die zunächst völlig undurchsichtige Situation klärte sich später auf natürliche Weise: Arend Klemittsen starb im April 1434, was das Domkapitel als ein Gottesurteil ansah, König Erich hingegen sofort veranlaßte, einen neuen Kandidaten, den norwegischen Kanzleiklerikus Torlav Olavsson, nach Uppsala zu schicken, um dort die Verwaltung des Erzbistums zu übernehmen. Herr Torlav kam im Mai 1434 dort an und begann seine Arbeit trotz heftigen Protests des Domkapitels, der aber nichts bewirkte.

Der erneut ausgebrochene Volksaufstand brachte schließlich Olof Laurensson, der sich die letzte Zeit in Süddeutschland aufgehalten hatte, um dem Konzil von Basel nahe zu sein, auf den so lange umkämpften Stuhl des Erzbischofs von Uppsala, und zwar endgültig.

Der aktuelle Grund des erneuten Aufstandes war wohl die Verbitterung, die Engelbrecht und sein Volk ergriffen hatte, als sie merkten, daß der sich in Kopenhagen aufhaltende Vogt nicht bestraft wurde, und sich Gerüchte im Volk verbreiteten, daß König Erich einen noch schlimmeren Vogt nach Dalarne schicken würde.

Es war die Zeit um den Sankt Hans-Tag, den 24. Juni 1434, als der Aufstand losbrach. Da erstürmte Engelbrecht mit seinen Männern die Vogtburg Borganäs in Dalarne und brannte sie bis auf den Grund ab. Die Bauerntruppen fielen darauf in Västmanland ein, erstürmten Köpinghus, brachen in die Kernsiedlung des Bergwerkbezirks ein und konnten ihre Truppen verstärken. Neue Leute schlossen sich ihnen jetzt überall an: Ritter, Bergleute und Bauern. Västerås wird eingenommen. Doch Jösse Eriksson ist nicht da. Als er zwei Jahre später wieder in Dalarne erscheint, wird er von den Bauern ergriffen, zum Tode verurteilt und geköpft.

Knapp einen Monat nach Ausbruch des Aufstandes steht Engelbrecht mit einem gewaltigen Heer vor Stockholm, wo des Königs Vertreter, sein Vogt und Lehnsherr Hans Kröpelin, den Oberbefehl führt. Ihm ist klar, daß das Bauernheer die überaus stark befestigte und auf einer Insel liegende Stadt Stockholm nicht so leicht einnehmen kann. Aber er wußte auch, daß er von der Stadt aus keine Chance hat, die Belagerer zurückzuschlagen.

Dieselben Erkenntnisse hatte auch Engelbrecht. Also schloß man einen Waffenstillstand bis zum Sankt Martins-Tag (11. November). Engelbrecht zog weiter nach Süden, wo er jedoch auf stärkere Burgen stieß und größere Schwierigkeiten hatte.

Zur Zeit der Belagerung von Stockholm hielt sich gerade ein Kaufmann aus Danzig in der Stadt auf, der einen Brief nach Hause schickte, in dem er von dem Aufstand berichtet. Er schreibt, daß die Dalekarlier einen König in Schweden haben wollten und beabsichtigten, den Unionskönig aus allen seinen drei Reichen zu vertreiben. Sie wollten selbst ihre eigenen Herren sein, keine Steuern zahlen und dieselben Rechte wie in alten Zeiten haben. Und er berichtet weiter, daß der Aufstand furchtbar sei und verglich ihn mit den Hussiten vor Danzig.

Inzwischen hatte König Erich die Nachricht von dem großen Aufstand in Vordingborg erhalten, wo er gerade mit Vertretern der Hanse verhandelte, weswegen er vorläufig nicht nach Stockholm kommen konnte. Er verließ sich aber auf den schwedischen Reichsrat, dem er es zutraute, Ruhe und Ordnung zu schaffen.

Doch die Lage war ernster, als sich König Erich vorstellen konnte. Er schickte einen Brief an die Räte, daß sie nach Vadstena kommen und dort die Sache in Ordnung bringen sollten. Das geschah so um den 1. August 1434. Zwei schwedische Bischöfe, die sich zu der Zeit beim König in Kopenhagen aufhielten, schrieben an ihre Mitbrüder im Rat, daß sie leider nicht kommen könnten, da der König eine große Konferenz der Räte in Kopenhagen abhalte.

Aber die beiden Kleriker begaben sich doch nach Vadstena, wo Mitte August ungefähr zwanzig schwedische Reichsräte versammelt waren. Auch Engelbrecht hatte sich dort eingefunden und überzeugte die Räte, daß es zum Wohl Schwedens sei, wenn sie sich ihm anschlössen.

So geschah es. Sie kündigten dem König Treue und Gehorsam und machten gemeinsame Sache mit Engelbrecht und seinen Bauerntruppen. Doch freiwillig waren die Räte nicht zu diesem Entschluß gekommen. Im Grunde sympathisierten sie kaum mit den Aufrührern. Aber die hatten die Macht. Und Engelbrecht hatte sie offenbar mit Gewalt gezwungen, sich ihm anzuschließen, was sie auch in dem Brief an den König, in dem sie ihr Treueverhältnis aufkündigen, erklären.

Von Vadstena war Engelbrecht weitergezogen, um andere Burgen der Vögte zu erobern, und er fühlte sich jetzt stark genug, sein Heer in drei Formationen aufzuteilen. Er selbst führte die Hauptmacht nach Axevalla, wo die dortige Burg, eine der wichtigsten in Schweden, von dem dänischen Ritter Anders Nilsson verteidigt wurde. Er konnte die Burg auch einschließen und bekam noch Verstärkung von den Leuten aus Västergötland. Von überall erhielt er nun Nachrichten über neue Volkserhebungen.

Aus dem Lager vor Axevalla berichtet Engelbrecht dem Bischof Thomas von Strängnäs von seinem Kampf und den Fortschritten, die er seit Vadstena gemacht hat, und daß Schweden jetzt fast ganz frei von ausländischen Vögten sei und er keine Gefahr mehr von Dänemark fürchte. Und er fährt fort, daß sein Bote aus Kopenhagen gekommen sei und ihm berichtet habe, daß König Erich nun bald nach Schweden aufbrechen und sofort gegen ihn ziehen wolle, „mit Gottes und Sankt Eriks Hilfe“.

Der Bischof, an den er das schrieb, ist jener Thomas von Strängnäs (gest. 1443) [47], der die „Frihetsvisan“ gedichtet hat, in der folgende Strophe steht:

O, edler Schwede steh nun fest,
Und bess're, was sich bessern läßt.
Und laß dich nicht abwenden!
Ja, wag den Hals und wag die Hand,
Befrei dein eignes Vaterland,
Gott wird wohl Trost dir senden!

Am berühmtesten aber wurde aus dieser Dichtung der sogenannte Freiheitsgesang, der eine der Strophen darstellt, in der die Freiheit als das höchste Gut der Menschheit gepriesen wird und die mit den Zeilen schließt:

Willst du dir selber bleiben gut,
Lieb Freiheit mehr als gold'nes Gut;
Denn Freiheit folgt der Ehre.

König Erich hatte Ende August das Schreiben der schwedischen Reichsräte erhalten, das er von den in Kopenhagen anwesenden norwegischen Reichsräten beantworten ließ. Diese drückten über den Brief der schwedischen Räte ihre Verwunderung aus und versicherten, daß der König gnädig und ehrlich sei. Und wenn in Schweden unrechte Dinge geschehen seien, dann hätte er das nicht erfahren, weil er mit so vielen anderen Dingen beschäftigt gewesen sei. Die Antwort der schwedischen Reichsräte führt alle Klagen des Volkes an, auch ihre eigenen, die in dem Satz gipfeln: „König Erich hat das Reich in Sklaverei gefesselt“, und das sei durch seine Belehnungen an Herzog Bogislaw geschehen und andere, „die den Greifen führen“, wodurch den Reichen die freien Verhältnisse genommen worden seien.

Der Unionskönig brach wirklich nach Schweden auf, aber nicht mit einem starken Heer, wie Engelbrecht befürchtet hatte, sondern mit einer Flotte. Mitte September 1434 stach sie in See und nahm Kurs auf Stockholm. Unterwegs brach ein Sturm los. Ein großes Schiff der Flotte, die „Kraken“, ging mit 160 Mann an Bord bei Bornholm unter. Als der König in den Kalmarer Sund kam, erlitt sein eigenes Schiff, die „Rosenkranz“, Schiffbruch, und der König konnte sich nur mit Müh und Not in einem kleinen Boot an Land retten.

Die Kunde von der Ankunft des Unionskönigs in Schweden verbreitete sich blitzschnell. Der Bischof von Linköping und zwei andere Reichsräte schrieben sofort an den Hochmeister des Deutschen Ordens und baten um Hilfe. Doch ehe dieser den Hilferuf vernommen hatte, war der König schon in Stockholm

Aber auch Engelbrecht ließ nicht lange auf sich warten und begann die Stadt wieder zu belagern. Der Waffenstillstand, den Hans Kröpelin mit Engelbrecht geschlossen hatte, galt noch bis zum Sankt Martins-Tag. Als die Zeit abgelaufen war, befürchtete man in Stockholm das Schlimmste, denn die Belagerer waren jetzt in so gewaltigen Massen vor den Mauern der Stadt zusammengezogen worden, daß für die Eingeschlossenen kaum noch Hoffnung bestand.

Aber es kam anders. Der König mußte auf jeden Fall eine Verlängerung des Waffenstillstands durchsetzen, weil es höchste Zeit war, die Verhandlungen mit den Hanseaten und den Holsteinern zu einem Ende zu bringen, damit der Zweifrontenkrieg abgeschlossen werden konnte. Auch der schwedische Reichsrat hatte kein Interesse, wieder die Waffen sprechen zu lassen. So vereinbarte man, daß man zu Mariä Geburtstag (8. September) sich wieder in Stockholm treffen wollte, wo nach schwedischem Gesetz alle Streitfragen gelöst werden könnten, und zwar durch je vier Reichsräte Dänemarks, Schwedens und Norwegens. Daß Norwegens Reichsräte auf des Königs Seite stehen würden, war nicht zu bezweifeln. Und von den schwedischen Reichsräten, die für diese Zusammenkunft bestimmt waren, hatte auch nur einer dem König die Treue aufgesagt. So konnte Erich unter Zurücklassung einer starken Besatzung Stockholm wieder verlassen, um mit den Holsteinern und Hanseaten die Verhandlungen von neuem aufzunehmen.

Für das schwedische Volk war dieser Vergleich eine schwere Enttäuschung. Es hatte sich gegen den König erhoben, wollte ihn loswerden, in der Hoffnung auf die Wiederkehr der „guten alten Zeiten". Aber würden sie jemals wiederkommen?

Das waren Fragen, die das Volk bedrückten, doch immer noch hoffte es auf einen Retter aus der Not, auf Engelbrecht Engelbrechtson.

Es dauerte auch gar nicht lange, bis er wieder von sich hören ließ. Kurz nach Weihnachten 1434 war Bewegung in die politische Szene gekommen. Man hatte sich in Arboja im Västmanlands Lehen versammelt und bald darauf, im Januar 1435, eine Versammlung der schwedischen Stände eröffnet, die man später Schwedens ersten Reichstag genannt hat.

Man setzte sich nun einfach über den in Stockholm geschlossenen Vergleich hinweg und wählte Engelbrecht zum Reichsverweser. Nun hatte das Volk zwar keinen König bekommen, aber es war doch ein Schwede, der an die Spitze des Reiches trat und zudem noch aus seiner Mitte kam. Doch damit nicht genug. Man wählte auch schwedische Vögte für jede Landschaft. Und das waren Bischöfe und Männer des Hochadels. Zum März berief man nach Vadstena den Reichsrat ein, der dort unter dem Vorsitz des Erzbischofs Olof Laurensson im Sinne der Beschlüsse von Arboja weiterarbeiten sollte.

Doch vorher war dem Stockholmer Vogt und Befehlshaber Hans Kröpelin noch etwas anderes gelungen. Er hatte sich gleich nach der Arboja-Versammlung nach Sigtuna begeben, wohin er Engelbrecht und den Reichsrat eingeladen hatte. Hans Kröpelin erschien dort in Begleitung eines preußischen Komturs, den der Hochmeister auf König Erichs Bitte hin als Schlichter in den Norden geschickt hatte.

Beide konnten Engelbrecht und den Reichsrat dazu bewegen, mit dem König in Verhandlungen zu treten. Sofort reisten Kröpelin und der Komtur mit diesem Bescheid nach Dänemark, wo der König das Angebot akzeptierte. Und man beschloß, daß sich Anfang Mai bevollmächtigte Räte in Halmstad treffen sollten, um dort die Bedingungen für einen Vergleich auszuarbeiten.

Am Sankt Olufs-Tag (29. Juli) sollte König Erich wieder nach Stockholm kommen. Dann sollte er, nach gesprochenem Urteil, unverzüglich alle Landschaften und Schlösser übergeben, und alle sollten ihn dann für Schwedens rechtmäßigen König halten. Noch manches andere wurde in Halmstad ausgearbeitet. Aber an der Verbindung der drei Reiche wollte man festhalten.

Im August ist König Erich wieder in Stockholm. Und dort wird er genötigt, alle Bedingungen anzuerkennen und der Wahl von Karl Knutsson zum Marschall des Reiches (schwed. riksmarsk) zuzustimmen. Als Erich dem neugewählten Reichsmarschall das Amt übergab, soll er spöttisch gesagt haben: „Paß auf, daß du deine Füße nicht länger ausstreckst, als die Bettdecke reicht!"

Das alles waren bittere Pillen, die man König Erich in Stockholm verabreichte. Aber es hätte noch schlimmer kommen können.

Das Jahr 1435 brachte auch das Ende des ewigen Krieges mit den Holsteinern. Am 15. Juli 1435 wird in Vordingborg Frieden geschlossen. Für die Städte treten die alten Privilegien wieder in Kraft. Ihnen wird freier

Verkehr zugesagt und dem Schauenburger Adolf VIII. die Herrschaft über das Herzogtum Schleswig bestätigt, allerdings ohne die Insel Ærø und Hadersleben (Haderslev).

Doch dieses Friedensabkommen konnte kaum den Verlust Schleswigs für das Königreich Dänemark „auf ewige Zeit“ bedeuten; denn Herzog Adolf bekommt für seine Erben nur eine Frist von zwei Jahren. Und von Belehnung und wirklicher Erbschaft ist in dem Vertrag überhaupt nicht die Rede. Das sind Fakten, die deutlich dagegen sprechen, daß Erich den Anspruch Dänemarks auf sein altes Gebiet für alle Zeiten aufgegeben hat. Daß dem nicht so ist, wird völkerrechtlich auch dadurch untermauert, daß das Kaiserurteil durch den Friedensvertrag nicht annulliert wurde. Ebenfalls schaffte es die Gegenpartei nicht, den 1429 von König Erich eingeführten Öresundzoll außer Kraft zu setzen.

In Schweden war zu Beginn des Jahres 1436 wieder Bewegung in die politischen Geschehnisse gekommen, in deren Mittelpunkt Engelbrecht Engelbrechtson stand. Er trug wesentlich zur Einberufung eines neuen Ständetages in Arboga bei. Das geschah am Tag der Heiligen Drei Könige des Jahres 1436. Von dort wurde König Erich ein Brief nach Dänemark geschickt, in welchem man ihm zum zweiten Mal Gefolgschaft und Treue aufsagt. Darauf begaben sich die dort Versammelten in voller Rüstung nach Stockholm mit dem Entschluß, Stadt und Schloß zu erobern. Der Karlschronik zufolge geschah das auf Engelbrechts Initiative hin, der auch, zusammen mit Karl Knutsson, den Kriegszug dorthin anführte. Es glückte ihnen tatsächlich, die Stadt am 15. Januar zu erobern, während das stark befestigte Schloß dem Ansturm standhielt und nun belagert wurde.

Währenddessen wollte Engelbrecht die festen Burgen südlich von Stockholm einnehmen, kam aber nicht weiter als bis Nyköping, da er wegen der neuen Wahl eines Reichsverwesers, die wegen der Beschlüsse in Arboga nötig geworden war, nach Stockholm zurückgerufen wurde.

Die Wahl, die Mitte Februar stattfand, wurde von einem aristokratischen Drei-Männer-Ausschuß durchgeführt, bestehend aus Bischöfen, Rittern und Junkern. Sie wurde für Engelbrecht zur großen Enttäuschung. Die überwältigende Mehrzahl sprach sich nämlich für Karl Knutsson aus, während nur drei der Wahlmänner für den alten Inhaber des hohen Amtes stimmten.

Doch kaum hatte Engelbrecht das Wahlergebnis vernommen, als er auch schon die Wahlmänner zu einer Revision zwang, welcher sie – vermutlich wegen der Volksmacht, die hinter ihm stand – zustimmten. Und so wurde entschieden, daß beide Kandidaten, Karl und Engelbrecht, das hohe Amt der Führung des Reiches ausüben sollten, wodurch Engelbrechts Stellung im Volk noch bedeutend stärker wurde.

Nach der Wahlversammlung begab sich Engelbrecht wieder nach Nyköping, wo die Belagerung schon vorbereitet worden war und er noch weitere Maßnahmen durchführte. Darauf schloß er mit seinen Truppen Stäkeborg und Kalmar ein, setzte seinen Feldzug weiter nach Blekinge fort und eroberte Ronneby, fiel sogar in Schonen ein, wo er Erfolge hatte, bekam nach kurzem Kampf Halland zurück, das König Erich durch den Oktobervergleich in Stockholm wiederbekommen hatte, und zeigte sich schließlich vor Älvsborgs und Axevallas Mauern.

Das war eine unerhörte militärische Leistung, die er in etwas mehr als zwei Monaten bewältigte. Und alles das wurde von einem Mann durchgeführt, der keinerlei militärische Ausbildung besaß und trotzdem fähig war, strategische Pläne zu entwerfen und durchzuführen, wie sie in der modernen Welt nur von hochrangigen Generalstabsoffizieren praktiziert werden.

Mit der Axt erschlagen, von Pfeilen durchbohrt – der grausame Tod des schwedischen Volksführers

Die großen Strapazen der Kriegszüge waren an Engelbrecht nicht spurlos vorbeigegangen. Sie waren zweifellos die Ursache für sein schweres Leiden, das jetzt ausgebrochen war und bei dem es sich vermutlich um Rheuma handelte. Er bedurfte nun dringend der Erholung. Müde und von starken Schmerzen geplagt, verließ er seine Truppen und begab sich, der Karlschronik zufolge, nach seinem Schloß Örebrohus, das ihm auf Lebzeiten und mit König Erichs Genehmigung überlassen worden war. Dort wollte er endlich Ruhe finden. Aber daraus wurde nichts. Kaum dort angekommen, erhielt der kranke Mann vom Reichsrat einen Brief, in dem er gebeten wurde, zu einer Besprechung nach Stockholm zu kommen. Gewissenhaft wie er war, ließ er sich so schnell wie möglich in ein Boot tragen, das ihn mit ein paar Begleitern über den Hjälmaren bringen sollte, einen See zwischen Södermanland, Nörke und Västmanland.

Da er zu frieren begann – es war die Krankheit und die abendliche Kühle -, gab er seinen Begleitern Anweisung, ihn auf eine kleine Insel zu bringen. Dort wollte er sich vor einer Weiterfahrt an einem Feuer aufwärmen. Kurze Zeit später hörte er Ruderschläge. Ein Boot näherte sich dem Ufer. Engelbrecht raffte sich auf und ging dem fremden Gast, mühsam auf Krücken gestützt, entgegen. Da stürzte der Fremde auf ihn zu und schrie: „Kann ich denn niemals in Schweden Frieden vor dir finden?!“ Und dabei schlug er mit einer Axt kräftig auf ihn ein, so daß er sterbend zusammenbrach. Und während er mühsam keuchend noch ein paar Worte hervorzubringen versuchte, schossen ihm die Begleiter des Mörders noch eine Menge Pfeile in den Leib. Und dann verschwanden sie alle so schnell, wie sie gekommen waren. Der Mann, der diese furchtbare Tat beging, war der Junker Magnus Bengtsson, ein Sohn von Bengt Stensson, Herr auf Göksholm, nicht weit vom Tatort gelegen.

Das Motiv für diesen Mord, der unerhörtes Aufsehen weit über Schwedens Grenzen hinaus erregte, zumindest in den ausgedehnten Gebieten der Hanse, scheint persönlicher Haß gewesen zu sein. Magnus hatte sogar einmal unter Engelbrecht als junger Krieger gedient, sich später aber mit ihm überworfen. Auch der Vater, Bengt Stensson, scheint involviert gewesen zu sein; denn um die Jahreswende 1435/36 war zwischen diesem auf der einen Seite und Engelbrecht sowie dem schwedischen Reichsrat Erik Puke auf der anderen Seite ein ernsthafter Konflikt ausgebrochen.

Jedenfalls fühlten sich Vater und Sohn auf Göksholm nicht mehr sicher und flohen in den Machtbereich des Unionskönigs. Dessen späterer Nachfolger, Christopher von Bayern, schlug den Engelbrecht-Mörder 1441 während seiner Krönungsfeier in Uppsala sogar zum Ritter.

Merkwürdiger- oder bezeichnenderweise hatten Karl Knutsson und der Hochadel nach der Mordtat an Engelbrecht scheinbar kein Interesse an einer Verfolgung des Mörders.

Im schwedischen Volk aber, das schwer erschüttert die Tat vernommen hatte, entstand ein wahrer Engelbrecht-Kult, obwohl man manches hier und da kritisierte. Kirche und Adel etwa beklagten, daß Engelbrecht Abgaben des Volkes hatte aufheben oder reduzieren lassen.

Aber das Volk sah das alles anders. Und nicht lange nach Engelbrechts Tod entstand bei den Menschen eine Art Heiligenverehrung; denn an seinem Grab in Örebro sollen sogar Wunder geschehen sein. Auch der Freiheitssang des Bischofs Thomas von 1439 trug zweifellos zu diesen kultischen Verehrungen bei, zumal davon berichtet wird, daß „viele Pilger“ an der letzten Ruhestätte des Toten Heilung suchten und fanden.

Der schwedische Kunsthistoriker B. Waldén (1901-1963) vermutet sogar, daß um 1440 eine besondere Kapelle bei der Stadtkirche von Örebro für Engelbrechts Heiligenverehrung errichtet wurde. Und es ist tatsächlich bewiesen, daß Örebro bis zum Ende der katholischen Zeit Wallfahrtsort war. Noch bis zur Mitte des 16. Jahrhunderts sollen die Bauern der dortigen Gegend stets von dem „heiligen Sankt Engelbrecht“ gesprochen haben.

In der Aufklärungszeit des 18. Jahrhunderts sah man allerdings weitaus nüchterner auf die Gestalt des legendären Bauernführers. Das wurde erst anders, als die Zeit der Romantik und des Nationalliberalismus anbrach. Da erreichte der „Engelbrecht-Enthusiasmus“ einen Höhepunkt mit dem großartigen Gedicht von Olof Wallin (1779-1839), seines Zeichens Erzbischof und Dichter. Wallin vergleicht den „freien und mutigen Engelbrecht“ mit Schwedens großen Königen, dem „ersten Gustaf“ und „dem anderen Großen“. Gemeint sind Gustav Wasa und Gustav II. Adolf.

Daß Engelbrecht im 19. Jahrhundert eine große Popularität genoß, die bis ins 20. Jahrhundert reichte, liegt nicht zuletzt an dem Roman „Engelbrekt Engelbrektsson“, den Carl Georg Starbäck (1828-1885) herausgab (1868-69) und der nicht nur viele Auflagen erlebte, sondern auch lange Zeit eine beliebte Jugendlektüre war.

Auch muß in diesem Zusammenhang auf eine Kirche verwiesen werden, die zu Beginn des 20. Jahrhunderts in Stockholm erbaut wurde und Engelbrechts Namen bekam. Das war vorher noch nie geschehen; denn Schwedens Kirchen bekamen nur Namen von Königen des Landes oder Persönlichkeiten, die sich in Kirche und Glauben hervorgetan hatten. Auch der Staat ließ es nicht an Ehrungen fehlen. So beging beispielsweise der schwedische Reichstag 1935 anläßlich des 500. Todesjahrs des Volkshelden eine große Feier.

In einer biographischen Darstellung von Leben und Wirken des großen Volksführers schreibt der schwedische Historiker Gottfrid Carlsson abschließend folgendes: „Engelbrechts Lebensbahn glich einem Meteor. Und als politische Persönlichkeit hat er in Europas Mittelaltergeschichte nur wenige Entsprechungen. Die nächsten Parallelen sind Schottlands Freiheitsheld William Wallace (von den Engländern 1305 hingerichtet) und die in seiner Zeit lebende Jeanne d'Arc. An ersteren erinnert er besonders durch seine soziale Ausgangshaltung, an die andere durch die Heiligenglorie. An beide durch den Platz, den er sich für alle Zeit im Nationalbewußtsein seines Volkes erobert hat. Siegreich, aber zuletzt tragisch, gestaltete sich das Lebensschicksal für sie alle.“ [48)]

Es steht außer Zweifel, daß die spätere Verherrlichung dieses Mannes hier und da übertriebene Formen angenommen hat. Aber das Wort des schwedischen Historikers, daß sich Engelbrecht im Nationalbewußtsein seines Volkes einen Platz erobert hat, ist unbestritten.

Im Blick auf König Erichs Schicksal war Engelbrecht der auslösende Faktor für das Ende seines nordischen Monarchentums. Ob es auch ohne Engelbrecht dazu gekommen wäre, muß dahingestellt bleiben. Denn die durchaus oppositionelle Haltung von Volk und Adel in Schweden hätte vielleicht nach dem Ende der Auseinandersetzungen mit den Holsteinern und Hanseaten durch kluge Diplomatie – wozu der König durchaus fähig war – in gemäßigte Bahnen gelenkt werden können. Und Erich hätte, nach gewissen Zugeständnissen, eventuell weiter König der Union bleiben können. Doch das war durch den Aufstand der Dalekarlier und ihren genialen Führer ein für alle Male unmöglich gemacht worden.

König Erich muss in Kalmar den schwedischen Grossen die Selbstverwaltung ihres Reiches zugestehen und begibt sich nach Gotland

Nach dem Mord an Engelbrecht versucht der schwedische Reichsrat wieder Kontakt mit dem Unionskönig Erich zu bekommen. Er begibt sich nach Kalmar, wo er unter dem Druck seiner Räte die schwedische Selbstverwaltung den Großen des Reiches überträgt. Nach diesem Staatsakt findet auf dem Markplatz der Stadt ein öffentliches Versöhnungsfest statt.

Daß es so kam, war vorauszusehen. Und daß Erichs Räte ihn so stark bedrängten, seine schwedischen Rechte an Schweden abzutreten, muß als eine Vernunftshandlung angesehen werden und kam zweifellos aus der Kenntnis der Konditionen des 1397 abgeschlossenen Kalmarer Vertrages. Königin Margrete hatte damals durchgesetzt, daß ihr Adoptivsohn Erich in Kalmar zum König über alle drei Reiche gekrönt wurde. In Hinblick auf die Bedingungen, unter denen die Verbindung der drei Reiche vollzogen werden sollte, kam es jedoch zu keinem klaren Entschluß. Die Großen hatten alles, was die neue Gemeinschaft betraf, auf das Notwendigste beschränkt und dabei betont, daß jedes Reich bei seinem eigenen, alten Recht bleiben sollte.

Königin Margrete hat damals diese Bedingungen scheinbar gebilligt und dann verhindert, daß der Unionsbrief in jener feierlichen und exakten Form abgefaßt wurde, wie es vorgesehen war. Und dann hatte sie in praxi völlig andere Methoden angewandt, nämlich die drei Reiche so regiert, als wären sie ein einheitliches Staatsgebilde.

Als der König nun erklärte, daß er die Reiche der Union so regiert habe, wie er sie von Königin Margrete übernommen hätte, machten Schweden und Dänen gemeinsame Sache, indem sie auf das aufmerksam machten, was schriftlich bezüglich der Regierungsmodalitäten festgesetzt und von der Königin persönlich verabschiedet worden war.

Wie tief das König Erich getroffen haben muß, drückt der dänische Historiker Kristian Erslev wie folgt aus:

„König Erich mußte verzweifeln, als er sah, wie die dänischen Räte den Schweden die Bruderhand reichten … Aber daß man gegen ihn, der immer ein strenger Kämpfer für Recht und Ordnung gewesen war, nun das Gesetz selbst ins Feld führen konnte, ja, daß seine große Adoptivmutter gleichsam aus dem Grabe aufstand, um ihm zu sagen, daß alles, wonach er sich bisher gerichtet hat, falsch war, das mußte Erich alles Selbstvertrauen rauben. Von diesem Augenblick an ist er wie ein Schiffer, der die Orientierung verloren hat und nun ohne Kompaß auf den wechselnden Strömungen und Winden hin und her geworfen wird.“ [49]

König Erich war ein geschlagener Mann. Er mußte sich jetzt seinen eigenen Räten beugen. Und da war sein erster Gedanke, so schnell wie möglich dieses Land zu verlassen, das ihm eine so schwere Niederlage beschert hat. Auch Dänemark wollte er jetzt nicht wiedersehen. Zwar sollte er bald in Söderköping erscheinen, wohin ihn die Reichsräte auf Ende September gebeten hatten, um dort die in Kalmar beschlossenen und vom König akzeptierten neuen Bedingungen in rechtliche Form zu bringen, aber das konnte er wohl später machen. Jetzt wollte er erst einmal nach Gotland, um dort auszuspannen und im Kreis alter Freunde ein paar ruhige Tage zu verleben. Er ging also wieder an Bord seines Schiffes, das ihn auch bald, in Begleitung einer Flotte, dorthin brachte, wo er von seinem alten Freund Trud Hase, der als Schloßherr auf Visborg saß, aufs herzlichste empfangen wurde.

Doch als der Termin für Söderköping nähergerückt war, gab er dem Kommandanten seiner Flotte den Befehl, die Schiffe seeklar zu machen, und begab sich dann an Bord seines Flaggschiffes, worauf die Flotte Kurs auf Söderköping nahm. Kaum waren die Schiffe auf See, als sie von mächtigen Herbststürmen arg bedrängt wurden, die der Flotte schwere Schäden zufügten. Für König Erich gab es jetzt nur eins: er mußte zurück nach Gotland, wenn er nicht auf dem Meer umkommen wollte. Sein Schiffsführer schaffte es, ihn sicher nach Gotland zurückzubringen. Das hatte zur Folge, daß er auf dem Herrentag in Söderköping nicht erschien.

Die dort versammelten Räte, die die Abwesenheit des Königs zuerst mißtrauisch feststellten, weil sie glaubten, er wolle nicht mehr zu dem stehen, was er in Kalmar akzeptiert hatte, waren aber schließlich davon überzeugt, daß er in den Stürmen umgekommen sei.

Trotzdem wurde der Herrentag eröffnet, und die anwesenden Schweden sprachen ein Treuegelöbnis für den Unionskönig und taten so, als würde der König zur Zeit nicht zu finden sein. Nun wählte man Krister Nilsson und Karl Knutsson zu neuen Reichverwesern, die gemeinsam das Land regieren sollten, worauf man beschloß, die Ämter der Vögte neu zu besetzen.

Die amtierenden Vögte waren auch nach Söderköping einberufen worden, weigerten sich aber, ihre Ämter zu übergeben, weil sie, wie sie erklärten, das nur auf Befehl des Königs machen könnten. Da drohte ihnen Karl Knutsson mit sofortiger Festnahme. Und so fügten sich die Vögte von Stäkeholm, Axevalla, Åbo und Västerås. Stäkeborg wurde Krister Nilsson und Karl Knutsson gemeinsam zur Verfügung gestellt.

Auf diesem Herrentag wurde mehr und mehr deutlich, daß sich Schweden auf dem Weg zu einem selbständigen Reich befand. Besonders auffallend war, daß Hans Kröpelin, König Erichs getreuer Lehnsherr und Vogt von Stockholm, auf Åbohus Schloßkommandant wurde. Er war zur schwedischen Seite übergetreten und galt nun für einen treuen Anhänger der nationalen schwedischen Bewegung. Der Kampf um die Macht in Schweden, der durch den Volksaufstand des Dalekarliers Engelbrecht Engelbrechtson schon viele Opfer gefordert hatte, hatte auch noch eine Kehrseite: den internen Kampf um die totale Macht des Karl Knutsson. Ihm fiel unter anderen Erik Puke, Engelbrechts treuer Mitstreiter, der den Volksaufstand gegen den Unionskönig in Norrland geleitet hatte und Engelbrecht tatkräftig unterstützte, als der Adel Karl Knutsson an die Spitze des Volksheers stellen wollte, zum Opfer. Und auch nach dem Herrentag in Söderköping wandte sich Erik Puke gegen Karl Knutsson, weil er sich bei der Vergabe von Schloßlehen übergangen fühlte. Aber das schien Karl Knutsson ganz recht zu sein; denn nun konnte er sich als neugewählter Reichsverweser offen gegen ihn stellen. Er ließ ihn festnehmen und – obwohl er ihm freies Geleit versprochen hatte – hinrichten. Das geschah 1437. Damit war ein Mann ausgeschaltet, der Karl Knutsson bei seinem Streben nach noch mehr Macht eventuell hätte gefährlich werden können. Das gleiche Schicksal widerfuhr auch dem tapferen Ritter Broder Svensson, der sich sehr verdient um sein Vaterland gemacht hatte.

Daß Karl Knutsson noch mehr wollte als das Amt des Reichsverwesers, zeichnete sich insofern ab, als er Ende März 1437 auf einem Herrentag in Strängnäs den ihm in Söderköping zugesprochenen Anteil am Schloß Nyköpinghus abtrat. Er hatte jetzt nämlich Stockholms Schloß bekommen, Schwedens vornehmste Residenz und Sitz von Königen. Dies war, wie Gottfrid Carlsson schreibt, „das Siegel für Karl Knutssons faktische Hegemonie im Reich.“ [50)]

Als dies alles geschah, befand sich der Unionskönig auf Gotland. Dort, auf seinem Schloß über dem Meer, fühlte er sich wohl und sicher. Mit aller Energie hatte er dieses prächtige und stark befestigte Schloß schon als junger Mann ausbauen lassen. Und sein Elan war damals schon so groß, daß man fast glauben könnte, er hätte in jenen Tagen vom Schicksal einen Fingerzeig bekommen, daß dieser Bau in seinem späteren Leben einmal von großer existentieller Bedeutung für ihn sein würde.

Dort hatte Erich eine relativ günstige Ausgangsstellung für künftige Unternehmungen. Visborg war mit seinem Hafen und der vor diesen Schloß und in seinem Schutz liegenden See die günstigste Flottenbasis der Ostsee. Zudem saßen auf den strategisch so wichtigen Schlössern von Helsingør und Helsingborg Männer, die dem König treu ergeben waren. Und auch zum Deutschen Orden und seine Hochmeister waren zu dieser Zeit seine Beziehungen gut.

Alles das läßt darauf schließen, und die Chronisten berichten es auch, daß König Erich während seiner Gotland-Zeit sein Reich noch nicht aufgegeben hatte. Hinzu kam noch, daß ihm immer wieder der Traum von einem Dominium Maris Baltici vorschwebte. Und das hatte er auch symbolisch zum Ausdruck gebracht, als er einmal seinem treuen Freund Trud Hase einen besonders schönen Silberlöffel schenkte, der die lateinische Inschrift trug: „In Gothlandia et mari spes mea“ (Meine Hoffnung ist auf Gotland und das Meer gerichtet).

Schloß Visborg auf Gotland (nach einer alten Darstellung)

König Erichs Jahre auf Gotland und seine Rückkehr in die alte pommersche Heimat

König Erich hatte die Hoffnung auf eine Änderung der politischen Situation noch keineswegs aufgegeben. Aber zuerst dachte er daran, einem Nachfolger den Weg zu ebnen. Und den konnte er zwar vorschlagen, aber nicht eigenmächtig einsetzen – und schon gar nicht in der augenblicklichen Lage. Das konnte nur der Reichsrat machen, aber dazu mußte er persönlich wieder zurück nach Dänemark.

Schon lange stand für ihn fest, daß ihm einmal sein Vetter Bogislaw als Herr der Nordischen Unfon folgen würde. Und damit hatte er seine Pläne der Schaffung eines Dominium Maris Baltici verbunden; denn was könnte für ein solches Herrschaftsgebiet wohl günstiger sein, als die Einbindung seines Herzogtums auf der anderen Seite der Ostsee und vielleicht auch von einem noch größeren Teil Pommerns. Dort saßen ja überall seine Freunde und Verwandten, die Fürsten aus dem Greifengeschlecht. Und er hatte ja auch noch Polen als südlichen Anrainer der Baltischen See gewinnen wollen, falls die polnische Königstochter Hedwig seinen Vetter Bogislaw zur Gemahlin bekommen hätte. Aber das hatte sich ja alles zerschlagen. Prinzessin Hedwig war früh gestorben, und der alte polnische König hatte sich zum vierten Mal verheiratet und einen männlichen Nachkommen gezeugt mit seiner jungen Frau.

Das alles ging König Erich durch den Sinn, als er sich für Kopenhagen reisefertig machte.

Und er mußte auch daran denken, daß sein Vetter dennoch eine Prinzessin aus der Familie des polnischen Königs geheiratet hatte: dessen Nichte Maria von Masowien.

Die Überfahrt nach Dänemark scheint reibungslos vor sich gegangen zu sein. Vom Reichsrat befürchtete er eigentlich keine Widersprüche, denn die Herren wußten schon seit langem, wen der König als seinen Nachfolger vorgesehen hatte.

Aber die politische Situation hatte sich unterdessen grundlegend geändert. Der Reichsrat wollte von Bogislaw als späterem Erben und jetzigem Mitregenten nichts wissen.

Da versuchte Erich das Nein des Reichsrates durch einen Coup zu durchkreuzen. Er belehnte eigenmächtig – also ohne die erforderliche Zustimmung des Reichsrates – seinen Vetter Bogislaw und noch weitere Verwandte und Freunde aus Pommern mit dänischen Schlössern in der Hoffnung, der Reichsrat würde jetzt, wo so viele Pommern gleichsam über Nacht auf dänischem Boden saßen, nichts mehr gegen eine Erbfolge und Mitregentschaft des pommerschen Herzogs Bogislaw IX. haben.

Der Reichsrat blieb aber bei seinem Nein. Da räumte der König seine Schatzkammer aus, ließ alle Kostbarkeiten auf seine Schiffe verladen und gab Befehl, zurück nach Gotland zu segeln. Dort wurde er sicherlich von seiner Lebensgefährtin Cäcilia, die er ja nach Gotland mitgenommen hatte, herzlich begrüßt. Und es dauerte wohl nicht sehr lange, bis ihr der König seine goldenen Kostbarkeiten zeigte.

Das sollte Erichs letzte Reise nach Dänemark sein, wohin er nie mehr zurückkehrte. Es dauerte auch gar nicht allzu lange, bis sein Vetter und die anderen Pommern das Land verließen und in ihre pommersche Heimat zurückkehrten.

Auf Gotland, das der König ja als seinen persönlichen Besitz ansah, richtete er sich in seinem prächtigen Schloß häuslich ein und ließ seine Seeleute Kaperfahrten auf der See durchführen, die seinen Wohlstand durchaus vermehrten.

In Dänemark waren nach der Abreise des Königs unter den Bauern Unruhen ausgebrochen. Aber man hoffte, daß sich das bald wieder legen würde. Im Sommer 1438 kamen in Kalmar Vertreter des dänischen und schwedischen Reichsrats zusammen. Sie beschlossen, daß die Union bestehen bleiben sollte, hatten aber noch keine rechte Vorstellung, wer ihr künftighin als König vorstehen müßte. Also einigten sie sich dahingehend, daß man später über einen gemeinsamen Kandidaten verhandeln würde. Die nordischen Reiche hatten ja keinen Herrscher mehr. König Erich hatte sich auf seine Insel zurückgezogen und übte keine Regierungsmacht mehr aus. Schweden hatte sich bereits von ihm losgesagt, aber in Dänemark war er formal immer noch König. Und so war es auch in Norwegen. Aber wie lange noch? In Dänemark und auch in Schweden versuchten die Bauern immer wieder, die augenblickliche Situation für Aufstände auszunutzen mit dem Ziel, ihre wirtschaftliche Lage zu verbessern.

Der dänische Reichsrat war nun zu dem Entschluß gekommen, König Erichs Neffen, dem Sohn seiner Schwester Katharina, Christopher von Bayern, die dänische Krone anzutragen, da er, wie sie meinten, „dänisches Blut in den Adern habe." Und man teilt Christopher dieses Angebot mit und berichtet in der Begründung, daß „wir täglich wegen der Bauern in Gefahr um unser Leben sind." Auch in Stockholm tat sich etwas. Dort trat im Oktober 1438 der Reichstag zusammen und wählte – auch mit Hilfe des Volkes – Karl Knutsson zum schwedischen Reichsvorsteher. Und da fragte man sich in Dänemark, ob das eventuell heißt, daß der nächste Schritt ein schwedischer Vorschlag ist, Karl Knutsson zum Unionskönig zu wählen. Also beschleunigt man die Sache mit Christopher und lädt ihn mit Zustimmung des dortigen Bürgermeisters nach Lübeck ein. Vertreter des dänischen Reichsrats reisen in die Hansestadt und nehmen Verhandlungen mit dem ebenfalls dort eingetroffenen Christopher auf. Das geschah Anfang 1439. Aber der Reichsrat legte Wert darauf, daß

Erich von Pommern. Gobelin von Hans Knieper (gest. 1587) im Nationalmuseum in Kopenhagen. Der Gobelin stellt den König dar, wie er um seine verlorene Krone trauert.

bei einer eventuellen Wahl auch der Herzog von Schleswig, Adolf VIII., zustimmt. Als dieser dazu keine verbindliche positive Antwort gibt, erkauft sie der dänische Reichsrat mit dem, was Adolf schließlich nach längerem Hin und Her verlangte: der Abtretung der

Insel Ærø und der Stadt Hadersleben (Haderslev) mit dem umliegenden Land sowie der Umwandlung der ihm bisher zugestandenen befristeten Erbfolge in ein rechtlich fundiertes Lehen für alle Zeit. Der Reichsrat beugte sich dieser Nötigung und stimmte zu.

Alles das, worum König Erich so hart gekämpft hatte, wird nun vom Reichsrat „verkauft". Den Hansestädten wird Befreiung vom Öresundzoll versprochen, und nun kann Christopher zum dänischen Reichsvorsteher gewählt werden. Das teilt man dann im Juni 1439 dem König auf Gotland mit, ebenso den Beschluß seiner Absetzung als König von Dänemark.

Im April des darauf folgenden Jahres huldigt man Christopher auf dem Landsthing zu Viborg als König Christopher III. von Dänemark. Macht aber hat er kaum. Die bleibt beim Reichsrat mit seinem tüchtigen Vorsitzenden, dem Erzbischof von Lund, Hans Laxmand. Dieser ist es auch, der Karl Knutsson bewegt, als Reichsvorsteher von Schweden zurückzutreten, wofür er ihm ganz Finnland als Gegenleistung anbietet. Und schließlich liefert Peder Oxe, Erichs treuer Kommandant der Burgen von Helsingør und Helsingborg, diese an den dänischen Reichsrat aus.

Nachdem Karl Knutsson auf den Vorschlag von Hans Laxmand eingegangen war, ist der Weg für einen neuen Unionskönig frei, und Christopher wird 1441 auf Mora, dem geschichtsträchtigen Platz mit den alten Steinsetzungen, zum König von Schweden ausgerufen und in Uppsala gekrönt. Im Frühling desselben Jahres hatten sich auch die nordjütischen Bauern unter Führung des Adelsmannes Henrik Tagesen Reventlow zum offenen Aufstand erhoben, worauf König Christopher sofort eingreift, mit seinen Reitertruppen am 8. Juni 1441 die Wagenburg der Bauern bei St. Jürgenbjerg im Hanherred sprengt und damit den Aufstand beendet. Henrik Tagesen fällt den Truppen des Königs in die Hände und wird in Ålborg hingerichtet.

Christopher, dessen schnelle Niederkämpfung der Aufrührer großen Eindruck in Dänemark macht, wird nun am Neujahrstag des Jahres 1443 in der Domkirche von Ribe von Erzbischof Laxmand zum König von Dänemark gekrönt.

In Norwegen war man bis jetzt König Erich treu geblieben. Aber die politische Lage drängte nach einer pragmatischen Lösung des Unionsproblems. Und so entschloß man sich 1442, Christopher in Lødøse zum norwegischen König zu wählen. Damit hatte die Union nun wieder ein Oberhaupt.

Für den nun 29jährigen König Christopher, der noch unverheiratet war, wurde es Zeit – auch im Hinblick auf die Erbfolge – eine Ehe einzugehen. Es wurde die 15jährige Dorothea von Brandenburg ausgewählt, der er am 26. Oktober 1445 im Schloß von Kopenhagen das Eheversprechen gab.

Zu der Zeit hatte König Erich – den Titel ließ er sich nicht nehmen – bereits eine Reihe von Jahren auf Gotland zugebracht. Aber es sah so aus, als würde sein dortiger Aufenthalt bald beendet sein. Denn um zu Schwedens König gekrönt zu werden, was Karl Knutsson jetzt nach der Veränderung in der Union beabsichtigte, hatte er versprechen müssen, Gotland an Schweden zurückzugeben. Das war aber nicht so einfach, denn Erich betrachtete die Insel immer noch als sein persönliches Eigentum. Er hatte die Insel ja einst dem Deutschen Orden zusammen mit Margarete abgekauft. Also mußte sich Christopher zu seinem Onkel, den er als Achtzehnjähriger bei einem Besuch in Dänemark persönlich kennengelernt hatte, nach Gotland begeben. Aber bei den Verhandlungen kam nichts heraus. Erich bestand auf seinem Recht und lehnte alle Vorschläge, die sich auf Entschädigungen bezogen, entschieden ab.

Erich sah seinen Neffen nie wieder. Am 6. Januar 1448 stirbt dieser plötzlich in Helsingborg an einem bösartigen Abszeß. Da Christopher nach seiner kurzen Ehe –

sie währte nur rund 14 Monate – keinen Erben hinterlassen hatte, mußte man sich erneut mit der Nachfolgefrage beschäftigen. König Erich gab die Hoffnung auf eine Rückkehr nach Dänemark nicht auf. Zu sehr fühlte er sich mit diesem Land verbunden. Und er war sich auch bewußt, daß er stets für das Wohl des Landes gekämpft hatte und immer nur sein Bestes wollte. Daß er sich nach Gotland zurückgezogen hatte, war ausgelöst worden durch manchen Hohn und Spott, der ihm in Dänemark widerfuhr. Und daß der Reichsrat ihn abgesetzt und zudem noch mit Klagen überhäuft hatte, lag vor allem daran, daß Aristokratie und Kirche, deren Sprachrohr der Reichsrat ja war, mehr Macht haben wollten.

Nein, auf eine Rückkehr in sein altes Königreich konnte er nicht mehr hoffen; auch nicht auf weiteres Verbleiben auf Gotland. Denn dort rückte nun Knut Knutsson, der nach Christophers Tod endlich sein Ziel erreicht hatte und 1448 um die Mittsommerzeit zu Schwedens König gewählt worden war, mit einem mächtigen Heer an, um die Insel endgültig zu Schweden zurückzubringen.

Der schwedische König konnte auch die Insel besetzen, Schloß Visborg aber nicht einnehmen. Das war zu stark befestigt.

Da bat sich Erich einen Waffenstillstand von einigen Monaten aus, den ihm der schwedische König bewilligte. Erich aber hatte bereits nach Kopenhagen eine geheime Nachricht geschickt, in der er erklärte, daß er das Schloß Visborg jetzt an Dänemark übergeben würde, wenn rechtzeitig Entsatz käme, da die Schweden die ganze Insel besetzt hielten.

Und die Dänen kamen mit einer starken Flotte, die unter dem Kommando von Oluf Akselsen Thott stand. Nun übergab der König Oluf Akselsen das Schloß, das darauf sofort von einem Teil der an Bord der Flotte befindlichen Truppen besetzt wurde. Da aber die Schweden immer noch auf der Insel waren, schickte der neugewählte dänische König Christian von Oldenburg (geb. 1426) Verstärkung nach Gotland, worauf die Schweden verschwanden.

Der junge Oldenburger, der vor seiner Wahl noch Verhandlungen mit dem dänischen Reichsrat hatte führen müssen, hatte auch dessen Wunsch entsprochen, Christophers 18jährige Witwe Dorothea zu heiraten. Die Hochzeit fand gleichzeitig mit der Krönung am 28. Oktober 1449 im Schloß von Kopenhagen statt, und pünktlich im darauf folgenden Jahr wurde der Sohn Olaf geboren, der allerdings bereits als Kind verstarb. Von den in den folgenden Jahren geborenen vier Kindern wurde der 1471 geborene Frederik später Christians Nachfolger auf dem dänischen Thron (1523).

Nachdem Erich Oluf Akselsen Thott das Schloß Visborg übergeben hatte, blieb dieser die weiteren Jahre als Lehnsherr des Königs dort, während sich Erich mit seinen Schätzen und seiner Cäcilia sowie mehreren Begleitern einschiffte und Kurs auf die pommersche Küste nehmen ließ. Als Erich seine Insel für immer verließ, soll er, wie es in einer Sage heißt, einen heimlichen Gang benutzt haben, um zusammen mit Cäcilia an Bord seines Schiffes zu kommen.

In Rügenwalde angekommen, bezieht er mit seiner Lebensgefährtin das dortige Schloß und residiert als Herzog von Pommern-Stolp. Doch dieses Schloß wird keineswegs sein Alters- und Ruhesitz. Mit aller Energie nimmt er sich der vernachlässigten Verhältnisse seines Stammlandes an und schafft hier und da Ordnung. [51)] Er nutzt auch seine vielen Verbindungen zu benachbarten Ländern und denen seines alten Unionsreiches und empfängt Gesandtschaften aus Dänemark und Schweden. Auch seine Gesandten waren fast ständig unterwegs, so daß er immer über alles, was in der Ferne geschah, unterrichtet war. Ja, der Siebzigjährige entwarf auf seinem Schloß in Rügenwalde sogar Pläne für eine Rückeroberung seiner Reiche und versuchte schon

1450 die Hilfe des Deutschen Ordens gegen Schweden und Lübeck zu gewinnen. Und er vergaß auch nie, seine Vorhaben durch wertvolle Stücke seiner Schatzkammer zu unterstützen. Seine Hofhaltung war auch in Rügenwalde immer noch die eines Königs. Und deshalb mußte sein Schloß auch noch weiter ausgebaut und der Wall mit Geschützen und Donnerbüchsen versehen werden.

Auch hier in Rügenwalde war ihm sein Interesse für Klöster nicht abhanden gekommen. 1394 hatte die Witwe von Herzog Bogislaw in der dortigen Gegend das Kartäuser-Kloster Marienkron gestiftet, das nach mehrfachem Umzug in die Nähe von Rügenwalde kam und von Erich oft besucht wurde. Ja, seine Liebe für diese Stätte war so groß, daß er in den späteren Jahren keine der Horen versäumt haben soll. Auch tat er dem Kloster und seinen Mönchen viel Gutes, stiftete ihnen für ihre fromme Stätte manche Kostbarkeiten, die vermutlich aus seiner Kopenhagener Schatzkammer stammten. Die goldene Monstranz, von der auch die Sage berichtet, soll er für seine Schloßkapelle vorgesehen haben. Das Kloster Marienkron war sicherlich seine beliebteste Aufenthaltsstätte, wenn er außerhalb der Mauern seines Schlosses Ruhe und Besinnung suchte.

Durch dieses Kloster wurde der Nachwelt auch bekannt, daß Erich sein Verhältnis zu seiner Lebensgefährtin Cäcilia in den 50er Jahren legalisiert hat; denn in den Aufzeichnungen des Klosters Marienkron wurde sie zunächst mit ihrem bloßen Namen genannt, später wird sie als „uxor regis“, schließlich als „domina Caecilia regina“ bezeichnet. [52)]

Sie überlebte ihren Mann, der im Sommer 1459 mit 76 oder 77 Jahren starb. Sein Sarg soll, der Sage zufolge, aus Silber gewesen sein, wobei der Tote als Grabbeigage eine goldene Taube erhielt, die wohl aus seiner Kopenhagener Schatzkammer stammte. Der Sarg wurde im Kloster Buckow beigesetzt, kam aber später,

Schloß Rügenwalde

zusammen mit den Särgen der Fürstinnen Hedwig und Elisabeth, in die Fürstengruft der Marienkirche. Das geschah vermutlich 1654. Diese Fürstengruft befand sich ursprünglich unter dem Hohen Chor. Das feuchte Gewölbe brach schließlich zusammen, so daß des Königs Sarg zertrümmert wurde und seine Gebeine in einen neuen hölzernen Sarg umgebettet werden mußten. Dabei fand man auch die goldene Taube, die man nach Berlin schickte, vermutlich an den Königshof. Das geschah im Jahr 1724. 1749 stürzte das Gewölbe erneut ein, und wieder mußten die sterblichen Überreste in einen neuen Sarg umgebettet werden. Dasselbe geschah auch 1811. Und da sammelten die Rügenwalder Bürger soviel Geld, daß sie für die sterblichen Überreste ihres alten Herzogs einen neuen Sarg anschaffen konnten, der aber auch wieder von eindringendem Grundwasser angegriffen wurde.

Endlich wurde auf Anregung Kaiser Friedrichs 1888 eine neue Fürstengruft geschaffen, und dorthin kam schließlich ein kunstvoll geschaffener Sarkophag aus französischem Kalkstein, in den man die letzten Überreste des Königs legte – ein paar überaus lange Knochen.

Die Deckplatte des Sarkophags zeigt oben die drei Wappen von Dänemark, Schweden und Norwegen, darunter die pommersche Herzogskrone und das pommersche Wappen. Die Umschrift, so wie sie heute noch gut zu lesen ist, wurde in lateinischer Sprache verfaßt und hat folgenden Wortlaut:

„Ericus dei gratia regnor Daniae Norvegiae Sveciae Slavorum Gothorumque rex et dux Pomeraniae obiit Ruguvaldi Anno Domini MCCCCLIX. Munificentia regis restituit A.D. 1888.“ [53)]

Die Gruft mit diesem Sarkophag und den kostbaren Särgen der beiden Fürstinnen Hedwig und Elisabeth befindet sich noch heute hinter dem Altar der Marienkirche zu Rügenwalde, jener geschichtsträchtigen alten deutschen Stadt, die heute zu Polen gehört und den Namen Darlowo trägt.

Die Bewertung dieses Königs, der nicht nur im politischen Geschehen starkes Engagement zeigte, sondern auch der Wissenschaft [54)] gegenüber aufgeschlossen war, ist in der Geschichte manchen Schwankungen unterworfen gewesen, die oft ins Negative abglitten. Dabei wurde beispielsweise oft seine in Dänemark durchgeführte Politik übersehen, die unter anderem das Städtewesen und den Handel betraf und mehr als 400 Jahre Richtschnur für dertige Maßnahmen wurde, bis hin zum Gewerbefreiheitsgesetz von 1857.

Gottfrid Carlsson verweist in diesem Zusammenhang auf ein Beispiel aus der neueren historischen Literatur, und zwar auf Ernst Daenells Werk „Die Blütezeit der deutschen Hanse“. Darin schreibt Daenell über Erichs Fall folgendes: „Ein unköniglicher, ein moralisch und geistig geringwertiger Mann trat vom politischen Schauplatz ab.“ Dem hält Carlsson folgendes entgegen: „Diese Charakteristik – ein Echo der schwedischen und lübi-

Sarkophag Erichs von Pommern in der Rügenwalder Marienkirche

schen Propaganda des 15. Jahrhunderts – ist unrichtig. König Erich war kein unbedeutender und wertloser Mensch. Er wußte, was er wollte, eine klare und durchdachte Auffassung – mag sein, daß sie in manchen Stücken, mit den Augen der Nachwelt betrachtet, das Gepräge des Übermuts trägt – war für sein ganzes Wirken richtunggebend. Seine politischen Pläne zeigten eine imponierende Folgerichtigkeit, und man könnte wohl sagen: Großzügigkeit." [55)]

Diese „Großzügigkeit" ist auch zu beobachten bei Erichs Verhalten gegenüber den internen Zuständen in Schweden, deren Festigung er unterließ. Hätte er die Ämter der das Land verwaltenden Vögte mehrheitlich mit Schweden besetzt, wäre wohl manches anders gekommen. Ob ihm allerdings eine solche Umstrukturierung der Verwaltung noch rechtzeitig hätte gelingen können, ist im Hinblick auf die ihm aufgezwungenen dauernden Auseinandersetzungen mit den Holsteinern und Hanseaten höchst zweifelhaft.

So mußten auch seine Bemühungen um die Schaffung eines Ostseeimperiums (Dominium Maris Baltici) scheitern, und damit blieb das Entstehen einer Ordnungsmacht für diesen strategisch und ökonomisch so bedeutenden Raum im Norden Europas vorerst eine Vision.

Trotz dieses Scheiterns aber ist König Erich, dieser einstmals mächtigste Fürst aus der „langen Reihe der Glieder des Greifengeschlechts", zweifellos eine der markantesten Gestalten des europäischen Spätmittelalters.

Anmerkungen zum Vorwort

1) Goswin v. d. Ropp: König Erich, der Pommer und die Skandinavische Union. Habilitationsschrift der Universität Leipzig. Leipzig 1875, S. 1.

2) Karl Rosenow: König Erich, der Pommer. In: Manfred Vollack: Der Kreis Schlawe. Bd. 1. Husum 1989, S. 562.

3) Gottfrid Carlsson: Erik av Pommern. In: Svenskt Biografiskt Lexikon. Bd. XIV. Stockholm 1953, S. 273. (Übersetzt v. Verf.)

4) Die Angaben zur Namensform erfolgen gemäß der Korrespondenz mit dem Dänischen Reichsarchiv (Rigsarkivet) vom 15. März 1996, bearbeitet von Archivar Nils G. Bartholdy.

Anmerkungen zum Text

1) König Waldemar IV. Atterdag. Sein Beiname ist abgeleitet vom Dänischen: „Det bliver *atter dag*!" (Es wird wieder Tag!).

2) In einer alten dän. Volksballade (folkevise) spielen Waldemar und Tove, die Geliebte des Königs, der von 1157-1182 regierte, eine gewisse Rolle. Von Gurre wird in dieser Ballade nicht gesprochen. Die alte Burg wird breiteren Kreisen erst durch die berühmten Gurre-Lieder des dän. Dichters Jens Peter Jacobsen (1847-85) und ihre Vertonung durch Arnold Schönberg (1874-1951) bekannt. Die Burg hatte einen schweren Mittelturm, der vermutlich aus dem 12. Jahrhundert stammte, während unter Waldemar Atterdag eine Ringmauer mit viereckigen Ecktürmen entstand. Heute sind nur noch Ruinen in der grünen, romantischen Landschaft Nordseelands zu sehen. Siehe auch: Heinz Barüske: Die Nordischen Literaturen I. Berlin 1974, S. 95-96.

3) Grönland, die größte Insel der Erde, gehörte, wie im Text erwähnt, der Nordischen Union an. Der Anspruch auf dieses riesige arktische Gebiet durch die Norweger stammte aus der Zeit des aus Norwegen stammenden Wikingers Erik des Roten. Er entdeckte 982 Grönland, und bereits 985 beginnt die isländische Kolonisierung im Süden des Landes. Im Jahr 1000 werden die dortigen Normannen, wie man diese ersten nordischen Siedler auch nennt, Christen und dem Erzbistum Bremen unterstellt. 1103 kommt die grönländische Kirche

unter das Erzbistum Lund, und 1124 wird der Norweger Arnald Bischof von Grönland. Nachdem Grönland sich zuerst unter der norwegischen Krone befindet, kommt es später zu Dänemark und erhält am 1. Mai 1979 die Selbstverwaltung. Allerdings gehört es weiter zu Dänemark, wie auch die Färöer. Diese beiden intern autonomen Gemeinwesen bilden zusammen mit Dänemark die sogenannte *Rigsenhed* (Reichseinheit). Vgl. dazu auch Heinz Barüske: Grönland. Kultur und Landschaft am Polarkreis. Köln 1990, S. 26 ff.

4) Handfeste: Urkunde, Vertrag (dän. håndfæstning).

5) Zu Birgitta von Vadstena siehe auch: Heinz Barüske: Die Nordischen Literaturen I, a.a.O., S. 103 ff.

6) Zitiert nach Danmarks Historie. Under redaktion af John Danstrup og Hal Koch, I-XVI. København 1962-1966. Bd. IV, S. 372.

7) Die hier erwähnte Briefpassage ist die Fortsetzung des unter Anm. 6 genannten Briefes. Hier zitiert nach Vivian Etting: Margrete den Første. København 1986, S. 15.

8) Siehe Anm. 7.

9) Die Liste über die Schandtaten der Hanseaten in Bergen ist nach Auskunft des Reichsarchivs in Kopenhagen verlorengegangen. Hinweise, daß sich eventuell Kopien im Archiv der Stadt Wismar befinden (Recessus hanse Theutonice de anno 1363-1414), erwiesen sich als negativ. Sie gingen vermutlich durch Kriegseinwirkungen verloren. Wiedergaben der betreffenden Liste befinden sich im Diplomatorium Danicum, 3. række, 8. bind (1980) unter den Nummern 464, 465, 466 und 467.

10) Vgl. dazu auch: Heinz Barüske: Die Wikinger und ihre Erben. Berlin 1981, S. 243 ff.

11) Die Übersetzung dieser Strophen der schwedischen Reimchronik erfolgte durch den Verfasser.

12) Alle in der Zeit Königin Margretes und König Erichs genannten Schlösser, auch die früherer Zeiten, waren Burgen, besaßen aber in ihren wichtigsten Innenräumen Schloßcharakter.

13) Zitiert nach: L. Daae: Erik af Pommerns, Danmarks, Sveriges og Norges Konges Giftermaal med Philippa, Prindsesse af England. In: (Norsk) Historisk Tidsskrift. Anden Rekke, Bd.2 , 1880, S. 367 ff.
Auch die folgenden, nicht direkt zitierten Wiedergaben zum Eheleben und zur Sexualität König Erichs wurden dieser Abhandlung entnommen.
Auf die Behauptungen über König Erichs Brutalität gegenüber Philippa geht auch Kristian Erslev (1852 - 1930), seinerzeit Professor an der Kopenhagener Universität und Reichsarchivar, in seinem 1901 erschienenen Werk „Erik af Pommern og hans Kamp om Sønderjylland og Kalmarunionens Opløsning" ein. Er führt dabei das Werk von F. H. Jahn: Danmarks politisk-militære Historie under Unionskongerne ..., Kjøbenhavn 1835, an und schreibt dazu: „Die meisten Nachrichten über Philippa sind von Jahn, S. 479. Jahn hat auch die Beschuldigungen gegen Erich zurückgewiesen, die früher allgemein geglaubt wurden, nämlich, daß er in seinem Zorn über den unglücklichen Ausgang der Seeschlacht vor Stralsund seine schwangere Frau mit Fußtritten bearbeitete. Das ist ein unhaltbares deutsches Gerücht, das von Krantz (Vandalia XI, 18) aufgenommen wurde und von ihm im 16. Jahrhundert zu dän. u. schwed. Historikern kam." (Erslev, S. 463, Anm 59).

14) Die Inschrift auf dem Grabstein lautet in deutscher Übersetzung: „Hier ist Philippa beigesetzt, ehemals Gemahlin Erichs, des mächtigsten Königs von Schweden, Gotland, Dänemark und Norwegen, Herzogs von Pommern, und Tochter Heinrichs IV., Königs von England, Frankreich und Spanien, deren Leben beendigt ward Anno Christi 1430, am 5. Tag des Januar."

15) Das heutige Ostseebad Rerik, wo man in letzter Zeit archäologische Ausgrabungen begonnen hat.

16) Sigismund (1368-1437) von Luxemburg war ein Sohn aus der vierten Ehe Kaiser Karls IV. mit Elisabeth von Pommern. Diese pommersche Fürstin (gest. 1393) war eine Schwester des pommerschen Herzogs Wartislaw VII., des Vaters von Erich von Pommern. Damit war Sigismund ein leiblicher Vetter des Unionskönigs. Am 8. November wurde er in Aachen zum deutschen König gewählt, hatte aber die Funktion des Kaisers des Heiligen Römischen Reichs deutscher Nation (Sacrum Imperium Romanum Nationis Germanicae), der offiziellen Bezeichnung des Deutschen Reichs seit der Kaiserkrönung

Ottos I. (2. Febr. 962). Die Krönung zum Kaiser fand allerdings erst am 21. Mai 1433 in Rom durch Papst Eugen IV. statt. In einem Teil der historischen Literatur wird Sigismund bereits vor der Krönung als Kaiser bezeichnet, was er ja *de facto* auch war.

17) Dieses Urteil wird im folgenden Text „Kaiserurteil" genannt, da Sigismund es ja in seiner Funktion als deutsch-römischer Kaiser gesprochen hat. Diese Bezeichnung wird dann besonders für Sigismunds Urteil vom 28. Juni 1424 gebraucht.

18) Kopenhagens Universität wurde erst 1479 unter Christian I. mit scholastischem und kanonischen Recht als Hauptfach gestiftet, geriet in der Reformationszeit in Auflösung und wurde 1537 von Christian III. wiedergegründet.

19) Leibgedinge: das auf Lebenszeit Ausbedungene. Urkundliche Festlegung von Besitz und Eigentum, die – wie hier – ein Ehemann seiner Frau überträgt, für dessen Lebzeiten wie auch als Wittum.

20) Chronicon Holtzatiae, hier zitiert nach „Danmarks Historie", a. a. O., S. 502 ff.

21) Zitiert nach „Danmarks Historie", a. a. O., S. 503.

22) Vgl. dazu auch: Heinz Barüske: König Christian stand am hohen Mast. Siege und Niederlagen im Kampf um das Dominium Maris Baltici. In: Mare Balticum 1994. Lübeck 1994, S. 115 f.

23) Zitiert nach dem Vorwort in: J. M. Lappenberg (Hrsg.): Chronicon Holzatiae auctore Presbytero Bremensi ... Kiel 1862.

24) Thomas Kantzow: Chronik von Pommern in hochdeutscher Mundart. Hrsg. v. Georg Gaebel. Berlin 1897, S. 182. Nach eigenhändigem Randnachtrag.

25) J. A. Wilcke: Chronik det Stadt Neu-Stettin. Neustettin 1862, S. 8.

26) Gottfrid Carlsson in : Sveriges Historia till våra Dagar. 3. bind, 1. del (1941), S. 169.

27) Der Name des „Bucintoro“ soll aus einem alten Wort für *Boot* (Bucio) abgeleitet sein – Bucio in t'oro.

28) Bernhard von Breydenbach: Die Reise ins Heilige Land. Wiesbaden 1977 (Dt. Ausgabe des in lat. Sprache verfaßten Reiseberichts des Mainzer Bischofs aus dem 15. Jahrh.), S. 16.

29) Gottfrid Carlsson in: Sveriges Historia, a. a. O., S. 180.

30) Bernhard von Breydenbach, a. a. O., S. 17.

31) Bernhard von Breydenbach, a. a. O., S. 20-21.

32) Kristian Erslev: Erik af Pommern, hans Kamp om Sønderjylland og Kalmarunionens Opløsning. København 1901, S. 108.

33) Kenneth Jonsson, Ulf Nordlind, Jan Wiséhn (Hrsg)): Myntningen i Sverige, 995-1995. Numismatiska Meddelanden XL. Svenska Numismatiska Föreningen Stockholm 1995, S. 111.

34) Erslev, a. a. O., S. 173-174.

35) Erslev, a. a. o., S. 244.

36) In Dänemark heißt heute noch die Vorhalle einer Kirche *våbenhus* (Waffenhaus).

37) Alexander Scharff: Geschichte Schleswig-Holsteins. Neuausgabe von Manfred Jessen-Klingenberg. Würzburg 1984, 1991. S. 35.

38) Flensburg, Geschichte einer Grenzstadt. Hrsg. v. d. Gesellschaft für Flensburger Stadtgeschichte. Flensburg 1966. 2. Aufl 1983. Beitrag v. Friedrich Schütt, S. 51.

39) Erslev, a. a. O., S. 274-275.

40) Gottfrid Carlsson in: Svenskt Biografiskt Lexikon. Bd. XIV. Stockholm 1953, S. 273.

41) Kaufstädte – dän. købstad, pl. købstæder. Diese Bezeichnung bestand in Dänemark bis 1970.

42) Erslev, a. a. O., S. 146 f.

43) Vgl. dazu: Heinz Barüske: Norwegen. Stuttgart 1986. S. 225 f.

44) G. Carlsson in: Sveriges Historia, a. a. O., S. 205.

45) Jösse Eriksson war Däne und hieß eigentlich Jens Eriksen. Er hatte seinen dänischen Namen in die schwed. Namensform verändert, vermutlich weil er schwedisch verheiratet war und im Lande bleiben wollte.

46) Die hier und im folgenden Text gebrauchte Namensform Engelbrecht Engelbrechtson ist deutsch. Sie wird so in Übereinstimmung mit Erslevs Schreibweise wiedergegeben, der diese Form wegen der deutschen Abstammung des schwed. Volkshelden für korrekter hält als die in der nord. Literatur allgemein gebrauchte und wie folgt geschriebene Form: Engelbrekt Engelbrektsson.

47) Der schwed. Bischof Tomas (dies die ursprüngl. Schreibweise) von Strängnäs studierte in Paris und Leipzig und spielte eine gewisse Rolle in der schwed. Politik der 30er Jahre des 15. Jahrhunderts. Die ihm zugeschriebenen Dichtungen *Frihetsvisan* (der Freiheitsgesang) und *Trohetsvisan* (Glaubensgesang) wurden 1439 bzw. vermutlich 1437 geschrieben. *Frihetsvisan* behandelt in einem Abschnitt Engelbrechts Kampf für die Freiheit gegen König Erichs Vögte. Diese Passagen sind durch ihr intensives Nationalgefühl fast zu einer Art schwedischer Nationaldichtung geworden. Tomas wird in der schwedischen Literaturgeschichte als der erste bekannte Profanlyriker bezeichnet. Er war übrigens nicht von vornherein ein Gegner von König Erich, sondern stand längere Zeit treu an seiner Seite und wurde sogar 1432 von ihm als Kandidat für den Stuhl des Erzbischofs von Uppsala nominiert, woraus aber nichts wurde. Geboren wurde er vermutlich um 1380, zum Bischof ernannt 1429, und 1443 starb er. Sein bürgerlicher Name war Tomas Simonsson. Die hier von ihm zitierten Zeilen wurden vom Verfasser übertragen.

48) Gottfrid Carlsson in: Svenskt Biografiskt Lexikon. Bd XIII. Stockholm 1950, S. 588.

49) Kristian Erslev, a. a. O., S. 377.

50) G. Carlsson in: Sveriges Historia, a. a. O., S. 389.

51) Besonders am Herzen lag Erich die Abschaffung des Raubunwesens. Noch 1457 erließ er eine Verordnung, durch die Richter und Vögte eingesetzt wurden, vor denen jeder seine Klage wegen Raub, Mord, Brand u.ä. vorbringen konnte.

53) Die Inschrift auf der Deckplatte des Sarkophags lautet in deutscher Übertragung: „Erich von Gottes Gnaden Herrscher über Dänemark, Norwegen, Schweden und über die Slawen und Gothen, König und Herzog von Pommern, gestorben in Rügenwalde Anno Domini 1459. Durch die Großzügigkeit des Königs (wurde diese Grabstätte) fertiggestellt A. D. 1888." Gemeint ist der preußische König und deutsche Kaiser Friedrich III., der sich sehr für die Erneuerung der Fürstengruft eingesetzt hat. Die goldene Taube, die bei einer der Sargöffnungen entdeckt und nach Berlin geschickt wurde, soll von den Franzosen als Beute mitgenommen worden sein.

54) Der geschichtskundige König ist beispielsweise Verfasser der Schrift „De origine gentis Danorum" (Über den Ursprung des Volks der Dänen), in Lindenbergs „Scriptores rerum septentrionalium" und in Gruters „Chronicon chronicorum". Ferner kann verwiesen werden auf eine Grönlandkarte, mit deren Anfertigung König Erich den dän. Kartographen Claudius Clavus (Claus Clanssön Svart) beauftragt hatte. Siehe dazu: Heinz Barüske: Die Nordischen Literaturen. Berlin 1974, S. 85. Erichs starkes Interesse für die Wissenschaften geht auch aus seinen Bemühungen, eine Universität zu gründen, hervor, was leider nicht glückte, und aus seinem engagierten Verhältnis zur Rechtswissenschaft.

55) G. Carlsson in: Baltische Studien Bd. XL. 1938, S. 17. Die von C. zitierte Passage von D. befindet sich in: Die Blütezeit der deutschen Hanse. Zwei Bde. Berlin 1906, Bd. I, S. 302.

550 Der gotische Verfasser Jordanes nennt in seinem historischen Werk „Über den Ursprung der Goten und ihre Taten“ ein Volk der Danen, das seine ursprüngliche Heimat in Schonen haben und alle nordischen Stämme an Wuchs übertreffen soll.

600 Harald Hildetand, der erste dänische König, der aus dem Nebel der Sage (Saxo Grammaticus) in die Geschichte eintritt, fällt um 600 in der Schlacht bei Bråvalla.

800-1100 In diesem Zeitraum bilden sich die nordischen Staaten und finden gleichzeitig die Wikingerzüge der Dänen, Norweger und Schweden statt (793 bis etwa 1050).

940 Von den Harald Hildetand nachfolgenden dänischen Königen waren Gorm den Gamle (gest. 940) und Thyra Danebod die Eltern von Harald Blåtand, der vermutlich der erste dänische König war, der seine Herrschaft von Jütland über ganz Dänemark ausweitete. Er starb 986.

1169 Der erste bedeutende Herrscher des Königreichs Dänemark war Waldemar I. (der Große). Er eroberte Arkona, um die ständigen Angriffe der Wenden auf Dänemark auszuschalten. In Arkona läßt er das wendische Heiligtum des Svantevit zerstören. Ganz Rügen wird christlich und dem Bistum Roskilde unterstellt. Streit mit den pommerschen und mecklenburgischen Vasallen Heinrichs des Löwen, die am Kriegszug gegen die Wenden auf Rügen teilnahmen, wegen der Kriegsbeute. Vergleich zwischen Waldemar und Heinrich dem Löwen, der die Hälfte des Tempelschatzes von Arkona erhält.

1171 Waldemars neunjähriger Sohn Knud und Heinrichs Tochter Gertrud werden verlobt.

1184 König Knud lehnt nach dem Tod seines Vaters den Lehnseid auf Barbarossa ab. Neuer Feldzug gegen die Wenden. Knud nimmt in seinen Titel die Bezeichnung „Herr der Wenden“ auf, die die dän. Könige bis 1972 beibehalten haben.

1202 Nach dem Tod seines Bruders Knud, der kinderlos gestorben ist, wird Waldemar II. (der Sieger) König von Dänemark. Unter seiner Herrschaft erobern die Dänen Estland (1219), wo der Sage zufolge der Dannebrog – Dänemarks spätere Flagge – vom Himmel gefallen sein soll. 1219 gilt auch als Gründungsjahr des Dannebrog-Ordens, Dänemarks ältestem Staatsorden. 1227 erlitt Waldemar eine schwere Niederlage im Kampf gegen die norddeutschen Fürsten, womit die dänische Großmachtzeit beendet war.

1248 Waldemars II. jüngster Sohn aus zweiter Ehe, Christopher, heiratet Margrete Sambiria, Tochter des Herzogs Sambor, der einer Nebenlinie des pommerschen Herzogshauses entstammt. Nach dem frühen Tod ihres Mannes – seit 1252 als Christopher der I. König – 1259 führt sie mit erstaunlicher Energie die Regierung des Landes für ihren minderjährigen Sohn Erik.

1259 Dieser tritt unter dem Namen Erik V. Klipping die Regierung an und wird 1286 ermordet.

1286 Eriks V. erster Sohn wird unter den Namen Erik VI. Menved dänischer König. Er führte lange Eroberungskriege gegen norddeutsche Städte und Fürsten. Bei seinem Tod 1319 war Dänemark fast völlig in Auflösung.

1319/20-1326
1330-1332 Da Erik VI. Menved keine Nachkommen hinterließ, wurde der Sohn von Erik V. Klipping, Christopher II., König von Dänemark. Vermählt war er mit Euphemia, einer Tochter des pommerschen Herzogs Bogislaw IV. 1326 wurde er aus Dänemark verjagt, und auf dem jütische Landsthing wird am 7. Juni Graf Gerhards Mündel Waldemar zum König von Dänemark ausgerufen. Die betreffende Handfeste erhält den Zusatz, daß das Herzogtum Schleswig und das Königreich Dänemark niemals unter *einem* Herrscher vereint werden dürfen (Constitutio Valdemariana). Darauf läßt sich Graf Gerhard „wegen seiner großen Verdienste“ mit Schleswig belehnen. Als Herzog Wartislaw IV. stirbt, zieht Graf Gerhard mit einem Ritterheer nach Rügen und bringt die Insel wieder unter die dänische Krone.

1340 Am 11. Februar zwingt Graf Gerhard den jungen Herzog Waldemar von Schleswig, das jütische Pfand des Grafen zu übernehmen und sein Herzogtum an ihn zu verpfänden. Darauf bricht der Graf in Jütland ein, wo er eine schnelle Bezahlung des Silberschatzes erzwingen will. Die Hauptmacht seines Heeres wird nach Randers verlegt, wo Graf Gerhard am 1. April von dem jungen Adelsmann Niels Ebbesen getötet wird. Danach löst sich das holst. Heer auf, und Gerhards Söhne Heinrich und Claus eilen nach Spandau, wo sich Junker Waldemar aufhält. Am 22. April wird folgendes Abkommen zwischen ihnen geschlossen: Waldemar wird dän. König, soll Graf Gerhards Schwester heiraten, bekommt 24 000 Mark in Silber als Mitgift, darf als Gegenleistung aber nicht Gerhards Mörder schützen. Aus der Heirat wird nichts. Nach Absprache mit Herzog Waldemar von Schleswig heiratet Junker Waldemar Pfingsten dessen Schwester Helvig in Sönderborg, worauf er auf dem jütischen Landsthing als Waldemar IV. (Atterdag) zum dän. König ausgerufen wird und mit Helvig Aufenthalt auf Seeland nimmt. Überall in Jütland erhebt sich das Volk gegen die holsteinischen Unterdrücker. Ihre Burgen werden erstürmt und niedergebrannt. Am 2. November fällt Niels Ebbesen in einer großen Schlacht bei Skanderborg.

1340-1375 Regierungszeit Waldemars IV. Atterdag. Es wurde „wieder Tag“ (atter dag) in Dänemark. Waldemar gelingt es, das Land zu säubern. 1346 verkauft er Estland an den Deutschen Orden, und 1348 sind alle Pfänder eingelöst. Er baut neue Burgen, darunter Vordingborg und Helsingborg, erobert Schonen zurück (1360), bringt sich in den Besitz von Gotland, seine Flotte vernichtet vor Helsingborg eine mächtige Flotte der Hanse mit ca. 3000 Mann, deren Admiral Johann Wittenburg kann mit dem Rest nach Lübeck entkommen und wird dort vor dem Rathaus geköpft (1362). Eine kluge Hauspolitik hat das Ergebnis, daß Waldemars jüngste Tochter Margrete (geb. 1353) zehnjährig den norwegischen König Hákon in Kopenhagen heiratet (1363). Nun wird die Machtbalance im Norden gestört: Die schwed. Großen setzen König Magnus ab und berufen den Sohn des mecklenburgischen Herzogs Albrecht, der auch den Namen Albrecht trägt, zum schwed. König (1364). Interne Kämpfe, aber Albrecht bleibt König. In Dänemark wendet sich das Blatt. Die hanseatische Flotte läuft in den Öresund ein, König Albrecht bricht in Schonen ein, die Mecklenburger gehen auf Lolland an Land, die holsteinischen Grafen dringen in Jütland ein, Kopenhagen kapituliert und wird geplündert, gleiches Schicksal erleidet eine Reihe weiterer dän. Städte. Auch Norwegen wird angegriffen. Eine Flotte der niederländischen Hansestädte sucht die norw. Atlantikküste heim (1368). Auch 1369 geht der Krieg weiter, aber am 24. Mai 1370 wird in Stralsund Frieden zwischen 37 Hansestädten und Dänemark geschlossen, den König Waldemar am 27. Oktober 1371 besiegelt, worauf er, der seit 1363 im Ausland war, um sich Bundesgenossen zu sichern, nach Dänemark zurückkehrt. Darauf bekämpft er die holst. Grafen, nimmt Flensburg im Sturm ein (1373), läßt sich von Herzog Heinrich von Schleswig das Recht übertragen, Gottorf und das südliche Schleswig, beides noch in Händen der Holsteiner, einzulösen (1374). Jetzt stirbt Herzog Heinrich. Aber seine Gemahlin Kunigunde unterstützt weiter Waldemar. Die holst. Grafen sind jetzt bis südlich der Eider zurückgedrängt, und Waldemar will nun den Rest des Landes mit Macht zurückgewinnen. Aber da wird der König krank und stirbt ca. 55jährig am 24. Oktober 1375 auf Schloß Gurre in Nordseeland.

1376 Nach Waldemars Tod übernimmt der Reichsrat die Macht. Am 3. Mai wählt der Reichsrat den fünfjährigen Sohn Margretes, Oluf, zum König von Dänemark. Damit wird König Albrechts Versuch, auch dän. König zu werden, zunichte. Seinen Anspruch auf den dän. Thron begründet er mit seinen verwandtschaftlichen Beziehungen zu König Waldemar. Er war der Sohn von Waldemars ältester Tochter Ingeborg aus der Ehe mit Heinrich von Mecklenburg.

1380 König Hákon stirbt. Oluf erbt den norwegischen Thron. Gleichzeitig kommen die Färöer, Island und Grönland unter die dänische Krone. Die Verbindung mit Norwegen bleibt bis 1814 bestehen, die mit Island bis 1944.

1387 Nach kurzer Krankheit stirbt Oluf am 3. August plötzlich in Helsingborg. Wieder droht eine mecklenburgische Thronfolge. Doch bereits eine Woche nach Olufs Tod wird Margrete auf dem Landsthing von Schonen gehuldigt – als „Dänemarks Frau und Hausherrin und des Reichs bevollmächtigter Vormund".

1388 Am 2. Februar ernennt der norwegische Reichsrat in Oslo Margrete zur regierenden Königin von Norwegen. Gleichzeitig wird ihr Adoptivsohn, ein Sohn des pommerschen Herzogs Wartislaw VII. und seiner Gemahlin Maria von Mecklenburg, die eine Nichte von Margrete ist, zum norwegischen Thronfolger gewählt, der nun den Namen Erik erhält. Im März ist Margrete in Schweden auf Schloß Dalaborg bei Vänern, wo sie vom schwed. Reichsrat zur Regentin von Schweden gewählt wird. Albrecht verläßt Schweden und will in Deutschland ein Heer aufstellen, um Schweden zurückzuerobern.

1389 König Albrecht geht mit einem starken Heer in Schweden an Land und hat jetzt den Titel „Dänemarks und Norwegens König" angenommen. Sein Heer wird durch dänisch-norwegische Truppen unter dem Kommando des mecklenburgischen Adelsmannes Heinrich Parow bei dem Dorf Åsle auf der Ebene von Falköping vernichtend geschlagen. Heinrich Parow fällt in der Schlacht, König Albrecht, sein Sohn und viele deutsche Ritter geraten in Gefangenschaft. Königin Margrete beherrscht jetzt ganz Schweden mit Ausnahme von Stockholm.

1391 Margretes Heer hat Stockholm eingeschlossen. In Rostock und Wismar wird die Bruderschaft der Vitalienbrüder gegründet, die das eingeschlossene Stockholm mit Lebensmitteln versorgen soll. Außerdem werden alle mecklenburgischen Häfen für Schiffe geöffnet, die Kaperkrieg gegen Dänemark führen wollen. Das bringt ein gewaltiges Anwachsen des Piratenunwesens auf der Ostsee mit sich. Die Vitalienbrüder plündern sowohl nordische als auch hanseatische Schiffe. Ihr Kampfruf: „Gottes Freunde, aller Welt Feinde!"

1393 Die Vitalienbrüder plündern Bergen. Ihr Unwesen ist so stark angewachsen, daß fast aller Handel lahmgelegt ist. Die Hansestädte fahren nicht mehr zum Schonen-Markt, wodurch der Heringspreis gewaltig ansteigt.

1394 Die Vitalienbrüder durchbrechen die Blockade vor Stockholm und bringen Lebensmittel in die Stadt.

1395 Die Hansestädte versuchen zwischen König Albrecht und Margrete zu vermitteln. Im Juni kommt es zu einem Übereinkommen auf Schloß Lindholm. König Albrecht soll gegen eine Summe von 60 000 Mark in Silber freigelassen werden. Die Hanseaten bürgen für die große Summe und bekommen dafür Stockholm überlassen. Hat Albrecht im Lauf von drei Jahren diese Summe nicht bezahlt oder ist er in diesem Zeitraum nicht ins Gefängnis zurückgekehrt, sollen die Hansestädte Stockholm an Königin Margrete ausliefern.

1396 Erich von Pommern – so wird er jetzt genannt – wird als König in Dänemark und Schweden gehuldigt. In Dänemark als Erich VII., in Schweden als Erich XIII.

1397 Am 17. Juni wird Erich von Pommern vom dänischen und schwedischen Erzbischof als König über die drei nordischen Reiche gekrönt. In dem entsprechenden Dokument der „Kalmarer Union" heißt es, daß die drei Reiche „auf ewige Zeit" vom selben König regiert werden und in Krieg und Frieden zusammenstehen sollen. Aber jedes Land soll seine eigenen Gesetze behalten und von einheimischen Männern administriert werden.

1398 Exkönig Albrecht hat das Lösegeld nicht bezahlt. Im Herbst liefern die Hansestädte Stockholm an Königin Margrete aus. Damit sind die drei Reiche endgültig vereint. Allerdings ohne Gotland. Die Insel ist vom Deutschen Orden besetzt worden, um dem Seeräuberunwesen ein Ende zu bereiten. Der Deutsche Orden behält die Insel als Pfand für eine Geldsumme, die, wie der Orden erklärt, Exkönig Albrecht ihm schuldet.

1401 Der dänische Kanonikus Peder Lykke verhandelt in England über eine eventuelle Ehe zwischen Erich von Pommern und der Tochter des englischen Königs Heinrichs IV., Philippa.

1406 König Erich feiert in Lund seine Hochzeit mit Philippa.

1408 Margrete kauft dem Deutschen Orden Gotland ab.

1410 Im Sommer erobert König Erich Ærø und Alsen. Bei dem Versuch, Schwabstedt zurückzuerobern, erleidet ein jütisches Adelsheer eine schwere Niederlage. Beim Dorf

Eggebek wird es von den Holsteinern unter Graf Adolf von Schauenburg geschlagen, wobei der dän. Heerführer Mogens Munk fällt.

1411 Margrete erringt einen diplomatischen Sieg. Auf Koldinghus wird ein 5jähriger Waffenstillstand mit den Holsteinern abgeschlossen. Die Dänen behalten Flensburg.

1412 Die Holsteiner brechen den Waffenstillstand. Erich Krummendiek nimmt Flensburg ein, das wieder in die Hände der Holsteiner gefallen war. Die Brüder der Herzogswitwe, die Herzöge Bernhard und Heinrich von Braunschweig, kommen mit einem großen Reiterheer den Holsteinern zu Hilfe. Der von den Dänen befestigte Marienberg hält Stand, und in der Flensburger Förde liegt eine große dän. Flotte. Die Kriegsparteien bitten Herzog Ulrich von Mecklenburg um einen Schiedsspruch in dem Konflikt. Der fällt zugunsten der Dänen aus, und am 24. Oktober halten Königin Margrete und König Erich Einzug in die Stadt Flensburg, deren Bürger der dänischen Krone Treue geloben. Gleichzeitig bricht in Flensburg die Pest aus. Auf der höchsten Zinne ihrer Macht stirbt die große Königin des Nordens an Bord ihres Schiffes im Flensburger Hafen. Erich ist jetzt Alleinherrscher über die drei Reiche der Union.

1413 König Erich ruft den Danehof nach Nyborg ein, wo er Anklage gegen die unmündigen Grafen Heinrich und Adolf erhebt. Sie hätten ihr Lehnsrecht auf Schleswig verwirkt, da ihre Vormünder die Waffen gegen die dänische Krone erhoben hätten. Unter dem Vorsitz des Kanzlers, Bischof Peder Jensen Lodehat, spricht Dänemarks höchstes Gericht das Urteil und erklärt, daß das Herzogtum Schleswig als verwirktes Lehen wegen *feloni* (Aufruhr) an die dän. Krone zuückfällt. Damit hat König Erich offiziell die sog. Eiderpolitik (alter Anspruch Dänemarks auf das Land bis zum Fluß Eider) erklärt. Erich läßt in Schleswig starke Burgen aufführen, unter anderen nördl. von Flensburg die Marienharg (Duburg). Seine Unionspolitik leitet er mit der Absetzung einiger der verhaßten dänischen Vögte in Schweden ein. Bischof Peder Jensen Lodehat läßt Margretes Leichnam von Sorø in die Domkirche von Roskilde überführen. Die Ortschaft Södra Säby in Schonen bekommt Privilegien als Kaufstadt Landskrona.

1415 Der deutsch-römische König Sigismund bestätigt das Urteil des Danehofs über die holst. Grafen.

1416 Der Waffenstillstand von Kolding läuft aus. Dänemark beginnt den Krieg. Die Hansestädte verhalten sich neutral. Die Dänen erobern Fehmarn und belagern die Stadt Schleswig, was sie aber aufgeben müssen. Die Holsteiner erstürmen Schloß und Burg Tondern und mehrere andere Burgen in Schleswig. Im Herbst erobern sie wieder Fehmarn.

1417 Die Stadt Schleswig wird wieder von den Dänen erobert. Gottorf wird belagert, aber die Hamburger entsetzen die Burg. Die Hansestädte werden durch die fortwährende Piraterie auf der Ostsee schwer geschädigt und schaffen den Konflikt durch ein Schiedsurteil vorläufig aus dem Wege. Als Garantie für die Aufrechterhaltung des Friedens liefern die Dänen den Hansestädten Schleswig aus und die Holsteiner Tondern. Aufgrund eines Urteils auf dem seeländischen Landsthing muß der Roskildebischof Kopenhagen an König Erich ausliefern. Damit wird Kopenhagen für alle Zeit Hauptstadt des Dänischen Reichs und Sitz der Regierung.

1418 Peder Lykke wird Erzbischof in Lund.

1419 König Erich bekommt vom Papst die Genehmigung, in Kopenhagen eine Universität zu gründen. Da dort aber nicht Theologie gelehrt werden darf, wird aus der Gründung nichts.

1420 König Erich erobert wieder Fehmarn und läßt die Insel plündern, was nicht ohne Grausamkeiten verläuft.

1421 Der Erich treu ergebene Bischof von Schleswig, Hans Skondelev, stirbt. Ein Deutscher wird sein Nachfolger. Der Lehnsmann Claus Limbek auf der Burg Törning bei Hadersleben schließt sich den Holsteinern an. Schleswig und Tondern kommen wieder in die Hände der Holsteiner.

1422 Die kgl. Kanzlei stellt eine Verordnung aus, die den Kaufstädten Monopol für allen Handel und Handwerk gibt. Gleichzeitig erfahren die Rechte der ausländischen Kaufleute starke Einschränkungen. Der Detailhandel darf nur von den Bürgern mit festem Wohnsitz in den Städten ausgeübt werden. König Erichs starke, national orientierte Handelspolitik und die ständige Verringerung des Metallwertes der dänischen Münzen belasten das dänisch-hanseatische Verhältnis schwer. Die Hansestädte verbieten deshalb jeden Handel mit den nordischen Reichen. Ein Gesandter von König Sigismund, Herzog Rumpold von Schlesien, soll diesem die Hilfe der norddeutschen Fürsten gegen den Aufstand der Hussiten in Böhmen sichern. In Lübeck gelingt es dem Gesandten, die Stimmung zu Dänemarks Vorteil zu wenden.

1423 Es glückt Herzog Rumpold, im dänisch-holsteinischen Konflikt zu vermitteln. Beide Parteien erkennen ihn als Schiedsrichter an. Der Herzog stirbt jedoch, kurz nachdem er eine Verwandte von König Erich geheiratet hat. Jetzt will Sigismund selbst im Streit vermitteln, was jedoch die Holsteiner nicht anerkennen. Sie wollen einen Schiedsspruch des deutsch-römischen Königs nur im Verein mit den dt. Kurfürsten akzeptieren. Eine hanseatische Delegation kommt nach Kopenhagen und will ihre alten Handelsprivilegien bestätigt haben, was König Erich strickt ablehnt, weil das gegen die Interessen seines Reichs verstößt. Erich droht den Hanseaten mit der Einführung eines Öresundzolls. In der Domkirche von Roskilde läßt König Erich einen prachtvollen Sarkophag für seine Großtante und Adoptivmutter, Königin Margrete, aufstellen.Der Sarkophag wurde von einem unbekannten Künstler hergestellt, möglicherweise von dem Franzosen Pierre de Thury. König Erich reist ins Ausland, geht in Pommern an Land und hält Mitte September den „Großen Tag von Neustettin" ab, eine Versammlung der pommerschen Herzöge und Vertreter des Deutschen Ordens für ein Bündnis. Von Neustettin reist er weiter nach Schlesien.

1424 Erich trifft in Polens Hauptstadt ein. Er will dort den poln. König Wladyslaw II. Jagiello aufsuchen, um den Vorschlag einer Heirat seines Vetters Bogislaw IX. mit dessen Tochter Hedwig zu unterbreiten, woraus aber nichts wird. Dann begibt sich Erich zu seinem Vetter, König Sigismund, nach Ofen (Ungarn), wo er sich eine Zeitlang aufhält und ihn veranlaßt, in der holsteinischen Sache ein Urteil abzugeben. Am 28. Juni fällt das sogenannte Kaiserurteil: Das Herzogtum Schleswig gehört der dänischen Krone. Die Holsteiner appellieren beim Papst, der die Apellation abweist. Nach dem Urteil reist König Erich nach Venedig, und von dort unternimmt er eine Pilgerreise ins Heilige Land. Während seiner Abwesenheit leitet Philippa die Regierungsgeschäfte zusammen mit dem Reichsrat. Sie schließt mit den Hansestädten ein Münzabkommen, wonach u.a. Margretes Münzen auf ihren wirklichen Wert devalviert werden.

1425 König Erich kehrt von seiner großen Auslandsreise zurück.

1426 Von neuem bricht Krieg mit den Holsteinern aus. Die Hansestädte haben sich mit den Holsteinern verbündet. Die Städte Hamburg, Lübeck, Rostock, Wismar, Lüneburg und Stralsund erklären Dänemark den Krieg. Ein dän. Versuch, die Stadt Schleswig zu erobern, schlägt fehl.

1427 Im April plündert eine hanseatische Flotte die Küsten des Öresunds. Im Mai segelt sie nach Flensburg, das von den Holsteinern belagert, aber tapfer von dem jütischen Ritter Morten Jensen Gyrsting verteidigt wird. Am 29. Mai fällt dort Graf Heinrich, sein Bruder Graf Adolf folgt ihm nach. Unter dem Kommando von Bürgermeister Tidemann Steen dringt eine lübische Flotte wieder in den Öresund ein, wird aber vor Kopenhagen von einer dänisch-schwedischen Flotte definitiv geschlagen.

1428 Wieder operiert eine Flotte der Hanse im Öresund. Sie greift am 5. April Kopenhagen an, das aber erfolgreich unter Leitung von Philippa – König Erich war vermutlich nicht dort – verteidigt wird. Es kommt zum ersten Artillerie-Duell im Norden. Die Schlacht endet mit einer erneuten Niederlage der Hanseaten. Flensburgs Verbindungen nach Norden sind abgeschnitten, da die Holsteiner Apenrade und Brunlund erobert haben.

1429 König Erich führt den Öresundzoll ein. Im holsteinischen Krieg sind die Dänen die Herren zur See. Eine dän. Flotte beschießt Stralsund. Ein englisches Gesetz schreibt den englischen Kaufleuten, die mit Island handeln wollen, vor, um Erlaubnis beim dänischen König zu ersuchen.

1430 Kriegsmüdigkeit der Hansestädte bewirkt, daß Rostock und Stralsund mit Dänemark Frieden schließen. Erich Krummendiek unternimmt einen vergeblichen Versuch, die Holsteiner von der Insel Alsen zu vertreiben. Während eines Aufenthalts in Schweden stirbt Königin Philippa plötzlich im Kloster von Vadstena.

1431 Flensburg fällt durch Verrat in die Hände der Holsteiner. Erst nach halbjähriger Belagerung, nachdem der ganze Proviant verbraucht ist und alle Versuche Erich Krummendieks fehlgeschlagen sind, die Duburg zu entsetzen, kapituliert die tapfere Besatzung und erhält freien Abzug. Mit Ausnahme von Hadersleben und Ærø ist jetzt das ganze Herzogtum Schleswig in den Händen der Holsteiner.

1432 Auf Veranlassung des deutsch-römischen Königs treffen sich dänische und holsteinische Unterhändler in Horsens, um einen Friedensvertrag auszuhandeln. Damit ist Erichs schleswigsche Politik erfolglos beendet. Die Holsteiner behalten ihre Eroberungen, die Hansestädte bekommen ihre Privilegien bestätigt, werden aber nicht vom Öresundzoll befreit. Für fünf Jahre wird ein Waffenstillstand abgeschlossen. König Erich gerät mit dem Domkapitel von Uppsala wegen der Besetzung des schwedischen Erzbischofsstuhl in Streit.

1433 Der schwedische Bergwerksbesitzer Engelbrechtson kommt nach Kopenhagen, um Klage über den dänischen Vogt Jösse Eriksson in Västerås zu führen. König Erich verweist ihn an den schwedischen Reichsrat, will den in Schweden verhaßten Vogt aber nicht absetzen. Überall in Schweden macht sich Ärger über die dänischen Vögte breit. König Sigismund wird in Rom endlich zum Kaiser gekrönt.

1434 In Dalarne bricht ein Aufstand aus. Engelbrecht Engelbrechtson übernimmt die Führung. In Vadstena zwingt er den schwed. Reichsrat, sich dem Aufstand anzuschließen. Sein Volksheer erobert das dänische Halland und bleibt erst vor den Grenzen von Schonen stehen. Der schwedische Reichsrat sympathesiert durchaus nicht mit dem Volksaufstand und schließt mit König Erich einen Vergleich. Aber auf der Ständeversammlung in Arboga – Schwedens erstem Reichstag – läßt sich Engelbrecht Engelbrechtson zu Schwedens Reichsverweser wählen.

1435 In Halmstad erarbeiten dän. und schwed. Reichsräte ein Programm für die interne Gleichberechtigung der beiden Reiche innerhalb der Union. Im August erkennt König Erich, wenn auch widerwillig, die Halmstad-Absprachen an, tritt aber sehr höhnisch gegen den schwed. Adel auf, besonders aber gegen den neuen Reichsmarschall Karl Knutsson. Als Erich Stockholm wieder verläßt, wohin er sich wegen der Halmstad-Absprachen begeben hatte, bricht der Aufruhr wieder los. Karl Knutsson und Engelbrecht begeben sich nach Stockholm, das sie erobern. Karl Knutsson bleibt in Stockholm, während Engelbrecht mit seinem Bauernheer nach Süden zieht und Blekinge erobert. Endlich wird der Friede mit den Hanseaten und Holsteinern besiegelt.

1436 Engelbrecht belagert die Burg Axevalla. Im April wird er vom Reichsrat nach Stockholm gerufen. Auf dem Weg dorthin wird er von dem schwed. Adelsmann Magnus Bengtsson ermordet.

1436 Nach Engelbrechts Tod sucht der schwed. Reichsrat wieder Kontakt mit König Erich zu bekommen. Er trifft auch mit den schwed. Räten in Kalmar zusammen und geht, unter dem Druck des dän. Reichsrats, auf deren Forderung nach Selbstverwaltung ein, so wie es auch 1397 in Kalmar beschlossen worden war. Darauf findet auf dem Marktplatz der Stadt ein öffentliches Versöhnungstreffen statt. Gleich danach begibt sich Erich nach Gotland.

1437 Während eines kurzen Besuchs in Dänemark versucht Erich seinen Vetter Bogislaw IX. vom Reichsrat zu seinem Nachfolger wählen zu lassen. Der aber lehnt ab. Auch die Belehnung einiger pommerscher Verwandten mit dänischen Burgen, die Erich ebenfalls kurzfristig durchgeführt hatte, verändert die Meinung des Reichsrates nicht.

1438 König Erich verläßt mit allen seinen Schätzen Dänemark für immer und begibt sich wieder nach Gotland. Die nordischen Reiche sind ohne Herrscher. Die Folgen sind Bauernaufstände in Dänemark und Schweden gegen die

Herrschaft des Adels. Der dänische Reichsrat ist jetzt die oberste Regierung des Landes; er ist nicht bereit, seine neugewonnene Macht aus den Händen zu geben. Er sieht sich deshalb nach einem Schattenkönig um, und die Wahl fällt auf Herzog Christopher von Bayern, den Sohn von Erichs Schwester Katharina, die mit dem Pfalzgrafen Johann I. von Bayern verheiratet war. Ihm wird die dänische Krone angeboten. Auf einem Reichstag in Stockholm wird Karl Knutsson zum Reichsverweser gewählt. Holland gerät mit den Hanseaten wegen des Salzmarktes in einen Krieg. Der dänische Reichsrat nimmt Partei für die Hanseaten und erklärt Holland den Krieg.

1439 Anfang des Jahres trifft Christopher von Bayern in Lübeck mit Repräsentanten des dän. Reichsrats zusammen. Die Zustimmung Herzog Adolfs von Schleswig zu Christophers Königswahl wird durch das Versprechen der Auslieferung von Hadersleben und Ærø erkauft sowie die erbliche Belehnung mit ganz Schleswig. Den Hanseaten wird die Befreiung vom Öresundzoll versprochen. Damit ist der Weg für die Absetzung König Erichs gebahnt. Herzog Christopher wird zum Reichsverweser des Königreichs Dänemark ernannt. Im Juni schickt der Reichsrat ein feierliches Kündigungsschreiben an König Erich auf Gotland, der jetzt dort, zusammen mit seiner Lebensgefährtin Cäcilia, lebt und von seinem stark befestigten Schloß Visborg aus Seeräuberei betreibt. Erich widerspricht der Kündigung und versucht – allerdings vergebens –, sie durch einen Schiedsspruch rückgängig zu machen.

1440 Im April wird Christopher auf dem Landsthing von Viborg zum König Christopher III. ausgerufen. Dänemark hat wieder einen König, aber die Regierungsmacht liegt weiter beim Reichsrat und dessen tüchtigem Vorsteher, dem Erzbischof von Lund, Hans Laxmand. Karl Knutsson wird gegen Belehnung mit Finnland zum Rücktritt als schwed. Reichsverweser veranlaßt.

1441 Christopher von Bayern wird auf Mora zum schwed. König ausgerufen und in Uppsala gekrönt.

1442 Norwegen hat sich bis jetzt nicht von König Erich getrennt, schließt sich aber nun der Union an und wählt in Lødøse Christopher von Bayern zum norw. König.

1443 In Ribe krönt Dänemarks Erzbischof Christopher von Bayern zu Dänemarks König.

1445 Am 26. Oktober hält Christopher Hochzeit mit der 15jährigen Dorothea von Brandenburg.

1446 Als Gegenleistung für Schwedens Krone mußte Christopher versprechen, Gotland an Schweden zurückzugeben. Er verhandelt daher mit seinem Onkel Erich wegen Abtretung der Insel, hat aber keinen Erfolg.

1447 Auf Island treten die englischen Kaufleute gewalttätig auf. Als Repressalie beschlagnahmen die Dänen daher englische Schiffe im Öresund. Später wird die Durchfuhr englischer Waren durch dänisches Fahrwasser total verboten.

1448 Christopher stirbt plötzlich kinderlos auf Schloß Helsingborg. Der dän. Reichsrat bietet Herzog Adolf von Schleswig die dän. Krone an, der verweist auf seinen 22jährigen Neffen Graf Christian von Oldenburg. Bei einer Zusammenkunft mit dem Reichsrat erfährt Christian die Bedingungen: Die Regierungsmacht soll bei dem Reichsrat bleiben, und Christian muß die 18jährige Witwe von Christopher heiraten, damit die dän. Regierung an diese keinen Unterhalt zu zahlen braucht. Zusätzlich verlangt Herzog Adolf, daß sein Neffe sein Erbrecht auf Schleswig aufgibt und die alte Bestimmung der *Constitutio Valdemariana* bestätigt, derzufolge Dänemark und Schleswig niemals unter demselben Herrscher vereint werden dürfen. Darauf wird Christian zum dän. König gewählt. Der norw. u. schwed. Reichsrat wurde hierbei nicht zu Rate gezogen, und im Juni wählen die Schweden Karl Knutsson zu ihrem König.

1449 Am 28. Oktober wird Christian I. im Schloß von Kopenhagen gekrönt und heiratet gleichzeitig Christophers Witwe. Karl Knutsson greift mit einer starken Heeresmacht Gotland an, aber Erich übergibt die Insel einer dänischen Flotte, die unter dem Kommando von Oluf Akselsen Thott steht. Danach verläßt er mit Cäcilia und seinen Schätzen Gotland und läßt Kurs auf Pommern nehmen. Dort tritt er sein altes Herzogtum Pommern-Stolp an und lebt als pommerscher Herzog Erich I. noch zehn Jahre auf seinem väterlichen Schloß in Rügenwalde.

1459 König Erich von Pommern – den Titel hat er nie abgelegt – stirbt im Sommer 1459 auf seinem Schloß in Rügenwalde. Seine Lebensgefährtin Cäcilia, die er vermutlich noch geheiratet hatte, überlebt ihn. Der Leichnam des Fürsten wurde zuerst im Kloster Buckow beigesetzt, dann in die Fürstengruft der Marienkirche zu Rügenwalde, dem heutigen Darlowo, überführt.

1460 Im Rathaussaal zu Ribe wird König Christian I., nachdem er versprochen hat, daß Schleswig und Holstein „auf ewige Zeit“ ungeteilt zusammenbleiben müssen, zum Herzog von Schleswig und Grafen von Holstein gewählt. Damit war dem erfolglosen Kampf König Erichs nach dessen Tod doch noch eine für Dänemark günstige Revision geschehen, die später zum Bestehen des „Gesamtstaates Dänemark“, allerdings ohne Holstein, bis ins 19. Jahrh. führte (Helstaten Danmark). Formal blieb die Kalmarer Union bis zum Stockholmer Blutbad, das der dän. König Christian II. verschuldete, im Jahr 1523 bestehen, dem Jahr, in welchem Gustav Vasa (reg. 1523-1560) den schwedischen Nationalstaat ins Leben rief.

Die Nachfolger Waldemars IV. Atterdag

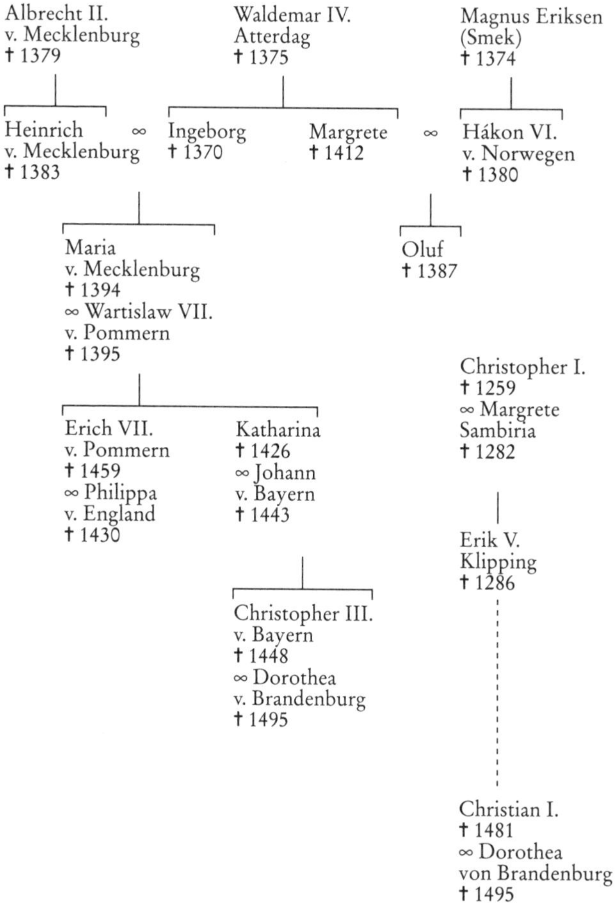

Das Pommersche Herzoghaus

bis auf Erich von Pommern und seinen Nachfolger. Die späteren Herzöge gehen bis Herzog Bogislaw XIV., mit dem das Greifengeschlecht ausstirbt.

Wartislaw I.
Pommern
† 1136 oder nach 1147?

Bogislaw I.
Stettin
† 1187
∞ Valborg v. Dänemark
Anastasia v. Polen

Bogislaw II.
Stettin
† 1220
∞ Miroslawa v. Pomerellen

Barnim I.
Stettin
† 1278
∞ Marianne
Margarete v. Braunschweig-Lüneburg
Mechthild v. Brandenburg

Bogislaw IV.
Wolgast
† 1309
∞ Mechthild v. Brandenburg
Sophia
Margarete v. Rügen

Wartislaw IV.
Wolgast u. Fürst v. Rügen
† 1326
∞ Elisabeth v. Schlesien

- Bogislaw V.
  Wolgast u. Rügen
  † 1374
  ∞ Elisabeth v. Polen
  Adelheid v. Braunschweig
  - Wartislaw VII.
    Stolp
    † 1395
    ∞ Maria v. Mecklenburg
    - Erich I.
      Pom.-Stolp
      als Erich VII.
      König v. Dänemark
      Schwed. u. Norw.
      † 1459
      ∞ Philippa v. Engl.
    - Katharina
      † 1426
      ∞ Johann
      v. Bayern
      - Christopher III.
        v. Bayern
        † 1448
        ∞ Dorothea v.
        Brandenburg
  - Bogislaw VIII.
    Cammin
    † 1418
    ∞ Sophia v.
    Holstein
    - Bogislaw IX.
      Hinter-
      pommern
      † 1446
      ∞ Maria v.
      Masowien
- Barnim IV.
  Wolgast u. Rügen
  † 1365
  - Wartislaw VI.
    Barth u. Rügen
    † 1344
    ∞ Anna v.
    Mecklenburg
    - Barnim VI.
      Wolgast
      † 1405
      ∞ Veronika v.
      Hohenzollern
      - Wartislaw IX.
        Pom.-Wolgast
        † 1457
        ∞ Sophia v.
        Braunschweig

Die Schauenburger Grafen

- Adolf I. † 1130
  - Adolf II. † 1164
    - Adolf III. † 1225
      - Adolf IV. † 1261
        - Mechthilde † 1288 ∞ Herzog Abel
        - Johann I. † 1263 Kiel
          - Adolf V. † 1308 Segeberg
          - Johann II. † 1321 Kiel
        - Gerhard I. † 1290 Itzehoe
          - Gerhard II. † 1312 Plön
            - Johann III. † 1359 Kiel
          - Adolf VI. † 1317 Pinneberg
          - Heinrich I. † 1304 Rendsburg
            - Gerhard III † 1340 1326-1330 Herzog v. Schleswig
              - Heinrich II. † 1384
                - Gerhard VI. † 1404
                  - Heinrich IV. † 1427
                  - Heilwig † 1436 ∞ Dietrich v. Oldenburg
                  - Adolf VIII. † 1459 Herzog v. Schleswig
                    - Christian I. † 1481 Nord. König, Herzog v. Schleswig Graf v. Holstein
                    - Gerhard † 1500
                    - Moritz † 1464
                  - Gerhard VII. † 1433 ∞ Agnes v. Baden
                - Heinrich III. † 1421 Bischof v. Osnabrück
              - Klaus † 1397

Bartholdy, Nils G.:	Das Dreikronenwappen des ersten nordischen Unionskönigs. In: „Genealogica et Heraldica. Kongreßberichte". Keszthely 1992. S. 119-131 (deutschsprachig).
Barüske, Heinz:	Die Nordischen Literaturen I. Berlin 1974.
Barüske, Heinz: (Hrsg.)	Land aus dem Meer. Zur Kultur Islands und der Färöer. Tórshavn 1980.
Barüske, Heinz:	Norwegen. Kunst- u. Reiseführer mit Landeskunde. Stuttgart 1986.
Barüske, Heinz:	Grönland. Kultur und Landschaft am Polarkreis. Köln 1990.
Barüske, Heinz:	Island. Kunst- u. Reiseführer mit Landeskunde. Stuttgart 1991.
Boehmer, F.:	Geschichte der Stadt Rügenwalde bis zur Aufhebung der alten Stadtverfassung (1720). Stettin 1900.
Breydenbach, Bernhard von:	Die Reise ins Heilige Land. Dt. Ausgabe. Wiesbaden 1977.
Erichsen, Johannes (Hrsg.):	1000 Jahre Mecklenburg. Geschichte und Kunst einer europäischen Region. Rostock 1995.
Erslev, Kristian:	Dronning Margrethe og Kalmarunionens Grundlæggelse. Kjøbenhavn 1882.
Erslev, Kristian:	Erik af Pommorn, hans Kamp om Sønderjylland og Kalmarunionens Opløsning. København 1901.
Etting, Vivian:	Margrete den Første. En regent og hendes samtid. København 1986.

Gesellschaft für Flensburger Stadtgeschichte (Hrsg.): Flensburg, Geschichte einer Grenzstadt. 2. Aufl., Flensburg 1983.

Gregersen, H. V.: Slesvig og Holsten – indtil 1830. København 1981.

Hannes, Hellmut: Auf den Spuren des Greifengeschlechts in Dänemark. In: Baltische Studien. Neue Folge. Bd. 74. Marburg 1988. S. 48-91.

Jonsson, Kenneth u.a. (Hrsg.): Myntningen i Sverige, 995-1995. Numismatiska Meddelanden XL. Svenska Numismatiska Föreningen. Stockholm 1995.

Kantzow, Thomas: Chronik von Pommern in hochdeutscher Mundart. Hrsg. v. Georg Gaebel. Stettin 1897.

Lappenberg, J. M. (Hrsg.): Chronicon Holzatiae auctore Presbytero Bremensi. Kiel 1862.

Nilsson, Harald: Landskrona, 1413-1963. Historisk-Topografisk Beskrivning. Landskrona 1963.

Niitema, V.: Der Kaiser u. die Nordische Union. Helsinki 1960.

Nordischer Ministerrat (Hrsg.): Margrete I. Nordens Frue og Husbond. Kalmarunionen 600 år. København 1997.

Nordmann, V. A.: Albrecht, König von Schweden. Helsinki 1938.

Olesen, J. E.: Rigsråd, Kongemagt, Union. Studier over det danske rigsråd og den nordiske kongemagts politik 1434-1449. Århus 1980.

Rerup, Lorenz: Slesvig og Holsten efter 1830. København 1982.

Scharff, Alexander: Geschichte Schleswig-Holsteins. Neuausgabe von Manfred Jessen-Klingenberg. Freiburg-Würzburg 1991.

Schück, Adolf: Gotlands politiska historia. Boken om Gotland. Stockholm 1945.

Seeliger, Martin: Die politischen Beziehungen König Sigmunds zu Erich von Dänemark bis zum Jahre 1422. Dissertation. Halle a. S. 1910.

Tümpel, Karl: Neustettin in 6 Jahrhunderten, nach den archivalischen und anderen Quellen im Auftrag des Magistrats dargestellt. Neustettin 1910.

Wehrmann, Martin: Geschichte von Pommern. Stettin 1903. Neuausgabe 1982.

Wehrmann, Martin: Geschichte der Stadt Stettin. Stettin 1911. Neuausgabe 1993.

Wilcke, Julius A.: Chronik der Stadt Neustettin. Neustettin 1862.

Wille, Emil: Zur Besiedlung des Newen-Stettiner Landes. Hrsg. v. Georg Zehm. Neustettin 1940.

Lexikographische Werke

Kulturhistorisk Leksikon for nordisk middelalder, fra vikingetid til reformationstid. I-XXII. København 1956-1978.

Norsk Biografisk Leksikon. I-XIV. Kristiania 1925, Oslo 1926-1983.

Dansk Biografisk Leksikon. I-XVI. København 1979-1984.

Svenskt Biografiskt Lexikon. I-XXVIII. Stockholm 1918-1994 (noch nicht abgeschlossen).

Danmarks Historiens Hvornår skete det. Af Karl A. Petersen. København 1985.

Laur, Wolfgang: Historisches Ortsnamenlexikon v. Schleswig-Holstein. 2. völlig veränderte u. erweiterte Aufl. Neumünster 1992.

Sammelwerke

Den Svenska Historien, 1-15. Stockholm 1977-1979.

Danmarks Historie, 1-14. København 1962-1966.

Norges Historie, 1-15. Oslo 1976-1980.

Weiteres historisches Material für die im vorliegenden Werk dargestellte Zeit findet sich in den drei Historischen Zeitschriften von Schweden, Dänemark und Norwegen: (Dansk) Historisk Tidsskrift, (Norsk) Historisk Tidsskrift u. (Svensk) Historisk Tidskrift. In Klammern wurden die Länderbezeichnungen gesetzt, weil die Zeitschriften jeweils nur den Titel führen: Historisk Tidskrift (resp. Historisk Tidsskrift).

Orts- und Personenregister

(Bei den Personennamen des Mittelalters stehen die Vornamen an erster Stelle.)